譯註 禮記集說大全
問喪

編　陳澔(元)

附　正義・訓纂・集解

譯註 禮記集說大全

問喪

編 陳澔（元）

附 正義・訓纂・集解

鄭秉燮 譯

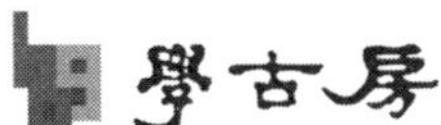

역자서문

『예기』「문상(問喪)」편은 부모의 상을 치르는 자식의 슬픔을 기술하고 있으며, 또 문답형식을 통해 염(斂)·단(袒)·면(免)·장(杖) 등의 의미를 기술하고 있다. 내용에 있어서 상례를 다루고 있는 「단궁(檀弓)」, 「상복소기(喪服小記)」, 「잡기(雜記)」, 「상대기(喪大記)」편 등과 관련이 깊다. 다만 각 절차와 형식을 시행하는 이유에 초점이 맞춰져 있다는 측면에서, 다른 편들과 차이를 보인다. 따라서 「문상」편은 상례를 발달시켰던 고대 유가의 상례관을 추론하는데 중요한 문헌이 된다.

「문상」편은 기술형식에 있어서도 중반부 이후부터는 문답형식을 통해 각 절차의 이유를 설명하고 있는데, 이것은 『예기』의 다른 편들과 차이가 드러나는 점이다. 『예기』에는 문답형식의 기록들이 상당수 존재하지만, 대부분 특정 인물을 통해 기록하고 있다. 즉 공자와 그 제자 사이의 문답형식이 주된 기술방식이다. 그러나 「문상」편은 '혹문(或問)'의 형식을 빌려 일종의 자문자답식 기술을 하고 있다. 이러한 방식들이 어느 시점에 유행을 했는지 현재로서는 가늠할 수 없지만, 전국말기(戰國末期)부터 전한초기(前漢初期) 사이에 있었던 기술 방식 중 하나였을 것으로 추정된다.

독자분들께 내놓기에는 부끄러운 번역이다. 볼품없는 번역이지만 이 책을 발판으로 더 좋은 역서와 연구가 진행되었으면 하는 바람이다. 이 책에 나오는 오역은 전적으로 역자의 실력이 부족해서이다. 본 역서에 나온 오역과 역자의 부족함에 대해 일갈을 해주실 분들이 있다면, bbaja@nate.com으로 연락을 주시거나 출판사에 제 연락처를 문의하셔서 가르침을 주신다면, 부족한 실력이지만 가르침을 받도록 최선을 다할 것이다.

역자는 성균관 대학교에서 유교철학(儒敎哲學)을 전공했으며, 예악학(禮樂學) 전공으로 박사논문을 작성했다. 역자가 처음 『예기』를 접한 것은 경서연구회(經書硏究會)의 오경강독을 통해서이다. 이 모임을 만들어 후배들에게 경전에 대한 이해를 넓혀주신 임옥균 선생님, 경서연구회 역대 회장님인 김동민, 원용준, 김종석, 길훈섭 선배님께도 감사를 드리고, 현재 함께 경서연구회를 하고 있는 김회숙, 손정민, 김아랑, 임용균, 김현태, 하나 회원님께도 감사를 드린다. 끝으로 「문상」편을 출판할 수 있도록 허락해주신 학고방의 하운근 사장님께도 감사를 전한다.

일러두기

1. 본 책은 역주서(譯註書)로써, 『예기집설대전(禮記集說大全)』의 「문상(問喪)」편을 완역하고, 자세한 주석을 첨부했다. 송대(宋代) 이전의 주석을 포함하고자 하여, 『예기정의(禮記正義)』를 함께 수록하였다. 그리고 송대 이후의 주석인 청대(淸代)의 주석을 포함하고자 하여 『예기훈찬(禮記訓纂)』과 『예기집해(禮記集解)』를 함께 수록하였다.

2. 『예기』 경문(經文)의 경우, 의역으로만 번역하면 문장을 번역한 방식을 확인하기 어렵고, 보충 설명 없이 직역으로만 번역하면 내용을 이해하기 힘들다. 따라서 경문에 한하여 직역과 의역을 함께 수록하였다. 나머지 주석들에 대해서는 의역을 위주로 번역하였다.

3. 『예기』 경문에 대한 해석은 진호의 『예기집설』 주석에 근거하였다. 경문 해석에 있어서, 『예기정의』, 『예기훈찬』, 『예기집해』마다 이견(異見)이 많다. 『예기집섭대전』의 소주(小註) 또한 진호의 주장과 이견을 보이는 곳이 있고, 소주 사이에도 이견이 많다. 따라서 『예기』 경문 해석의 표준은 진호의 『예기집설』 주석에 근거했으며, 진호가 설명하지 않은 부분들은 『대전』의 소주를 참고하였다. 또한 경문 해석에 있어서 『예기정의』, 『예기훈찬』, 『예기집해』에 나타나는 이견들은 특별한 경우를 제외하고는 각각의 문장을 읽어보면, 경문에 대한 이견을 알 수 있기 때문에, 이러한 경우에는 주석처리를 하지 않았다.

4. 본 역서가 저본으로 삼은 책은 다음과 같다.

- 『禮記』, 서울 : 保景文化社, 초판 1984 (5판 1995)
- 『禮記正義』 1~4(전4권, 『十三經注疏 整理本』 12~15), 北京 : 北京大學出版社, 초판 2000
- 朱彬 撰, 『禮記訓纂』 上·下(전2권), 北京 : 中華書局, 초판 1996 (2쇄 1998)
- 孫希旦 撰, 『禮記集解』 上·中·下(전3권), 北京 : 中華書局, 초판 1989 (4쇄 2007)

5. 본 책은 『예기』의 경문, 진호의 『집설』, 호광 등이 찬정한 『대전』의 세주, 정현의 주, 육덕명의 『경전석문』, 공영달의 소, 주빈(朱彬)의 『훈찬』, 손희단(孫希旦)의 『집해』 순으로 번역하였다.

6. 본래 『예기』「문상」편은 목차가 없으며, 내용 구분에 있어서도 학자들마다 의견차이가 있다. 또한 내용의 연관성으로 인하여, 장과 절을 나누기가 애매한 부분이 많다. 본 책의 목차는 역자가 임의대로 나눈 것이며, 세세하게 분절하여, 독자들이 관련내용들을 찾아보기 쉽게 하였다.

7. 본 책의 뒷부분에는 ≪問喪 人名 및 用語 辭典≫을 수록하였다. 본문에 처음으로 등장하는 용어 및 인명에 대해서는 주석처리를 하였다. 이후에 같은 용어가 등장할 때마다 동일한 주석처리를 할 수 없어서, 뒷부분에 사전으로 수록한 것이다. 가나다순으로 기록하여, 번역문을 읽는 도중 앞부분에서 설명했던 고유명사나 인명 등에 대해서 쉽게 찾아볼 수 있도록 하였다.

【675d】

親始死, 雞斯徒跣, 扱上衽, 交手哭.

【657d】 등과 같이 【 】 안에 숫자가 기입되어 있는 것은 『예기』의 '경문'을 뜻한다. '657'은 보경문화사(保景文化社)판본의 페이지를 말한다. 'd'는 d단에 기록되어 있다는 표시이다. 밑의 그림은 보경문화사판본의 한 페이지 단락을 구분한 표시이다.

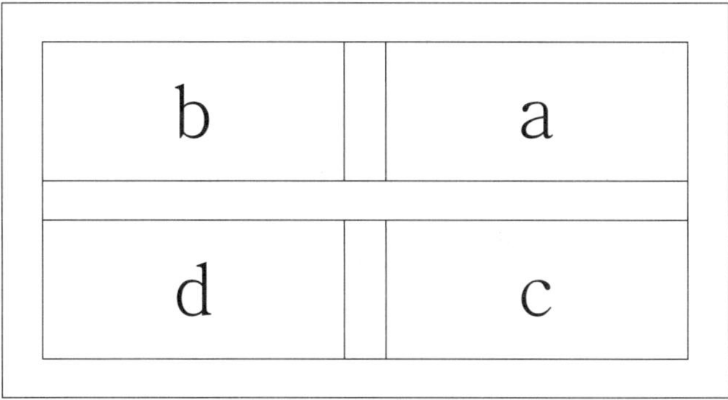

◆ 集說 雞斯, 讀爲笄纚. 笄, 骨笄也.

"集說"로 표시된 것은 진호(陳澔)의 『예기집설(禮記集說)』 주석을 뜻한다.

◆ 大全 山陰陸氏曰: 扱上衽, 則以有辟踊之端焉.

"大全"으로 표시된 것은 호광(胡廣) 등이 찬정(撰定)한 『예기집설대전』의 세주(細註)를 뜻한다.

◆ 鄭注 親, 父母也. "雞斯", 當爲"笄纚", 聲之誤也.

"**鄭注**"로 표시된 것은 『예기정의(禮記正義)』에 수록된 정현(鄭玄)의 주(注)를 뜻한다.

◆ **釋文** "雞斯", 依注爲"笄纚", 笄音古兮反; 纚, 色買反, 徐所綺反.

"**釋文**"으로 표시된 것은 『예기정의』에 수록된 육덕명(陸德明)의 『경전석문(經典釋文)』을 뜻한다. 『경전석문』의 내용은 글자들의 음을 설명하고, 간략한 풀이를 한 것인데, 육덕명 당시의 음가로 기록이 되었기 때문에, 현재의 음과는 맞지 않는 부분이 많다. 단순히 참고만 하기 바란다.

◆ **孔疏** ● "雞斯"者, 笄, 謂骨笄. 纚, 謂縚髮之繒.

"**孔疏**"로 표시된 것은 『예기정의』에 수록된 공영달(孔穎達)의 소(疏)를 뜻한다. 공영달의 주석은 경문과 정현의 주에 대해서 세분화하여 기록되어 있다. 따라서 '●'으로 표시된 부분은 공영달이 경문에 대해 주석을 한 부분이고, '◎'으로 표시된 부분은 정현의 주에 대해 주석을 한 부분이다. 한편 '○'으로 표시된 부분은 공영달의 주석 부분이다.

◆ **訓纂** 戴德曰: 童子當室, 謂年十五以上.

"**訓纂**"으로 표시된 것은 『예기훈찬(禮記訓纂)』에 수록된 주석이다. 『예기훈찬』 또한 기존 주석들을 종합한 책이므로, 『예기집설대전』 및 『예기정의』와 중복되는 부분은 생략하였다.

◆ **集解** 愚謂: 童子不免・不緦・不杖, 蓋免所以代冠, 童子本未冠, 則不必有以代之也.

"**集解**"로 표시된 것은 『예기집해(禮記集解)』에 수록된 주석이다. 『예기집해』 또한 기존 주석들을 종합한 책이므로, 『예기집설대전』 및 『예기정의』와 중복되는 부분은 생략하였다.

◆ 원문 및 번역문 중 '▼'로 표시된 부분은 한글로 표기할 수 없는 한자를 기록한 부분이다. 예를 들어 '▼(囧/皿)'의 경우 맹(盟)자의 이체자인데, '明'자 대신 '囧'자가 들어간 한자를 프로그램상 삽입할 수가 없어서, '▼(囧/皿)'으로 표시한 것이다. 즉 '▼(A/B)'의 형식으로 기록된 경우, A에 해당하는 글자가 한 글자의 상단 부분에 해당하고, B에 해당하는 글자가 한 글자의 하단 부분에 해당한다는 표시이다. 또한 '▼(A+B)'의 형식으로 기록된 경우, A에 해당하는 글자가 한 글자의 좌측 부분에 해당하고, B에 해당하는 글자가 한 글자의 우측 부분에 해당한다는 표시이다. 또한 '▼((A-B)/C)'의 형식으로 기록된 경우, A에 해당하는 글자에서 B 부분을 뺀 글자가 한 글자의 상단 부분에 해당하고, C에 해당하는 글자가 한 글자의 하단 부분에 해당한다는 표시이다.

목차

그림목차

경문목차

【657c】

問喪 第三十五 /「문상」 제35편

大全 臨川吳氏曰: 前半篇, 通論孝子悲哀痛疾之意, 後半篇, 列問喪禮斂袒免杖之義, 故以問喪名篇.

번역 임천오씨[1]가 말하길,「문상」편의 전반부에서는 효자가 비통하고 애통해하는 뜻을 통괄적으로 논의하였고, 후반부에서는 문상하는 예에서 염(斂)·단(袒)·면(免)·장(杖)을 하는 뜻을 차례대로 질문했다. 그렇기 때문에 '문상(問喪)'으로 편명을 정했다.

孔疏 陸曰: 鄭云, "問喪者, 善其問以知居喪之禮所由也."

번역 육덕명[2]이 말하길, 정현[3]은 "'문상(問喪)'은 질문을 통해 상을 치르는 예법이 유래된 것을 알 수 있게 된 것을 좋게 여긴 것이다."라고 했다.

孔疏 正義曰: 按鄭目錄云: "名曰問喪者, 以其記善問居喪之禮所由也. 此於別錄屬喪服也."

번역 『정의』[4]에서 말하길, 정현의 『목록』[5]을 살펴보면, "편명을 '문상

---

1) 오징(吳澄, A.D.1249~A.D.1333) : =임천오씨(臨川吳氏)·오유청(吳幼淸)·초려오씨(草廬吳氏). 송원대(宋元代)의 유학자이다. 이름은 징(澄)이다. 자(字)는 유청(幼淸)이다. 저서로 『예기해(禮記解)』가 있다.

2) 육덕명(陸德明, A.D.550~A.D.630) : =육원랑(陸元朗). 당대(唐代)의 경학자이다. 이름은 원랑(元朗)이고, 자(字)는 덕명(德明)이다. 훈고학에 뛰어났으며, 『경전석문(經典釋文)』 등을 남겼다.

3) 정현(鄭玄, A.D.127~A.D.200) : =정강성(鄭康成)·정씨(鄭氏). 한대(漢代)의 유학자이다. 자(字)는 강성(康成)이다. 『주역(周易)』, 『상서(尙書)』, 『모시(毛詩)』, 『주례(周禮)』, 『의례(儀禮)』, 『예기(禮記)』, 『논어(論語)』, 『효경(孝經)』 등에 주석을 하였다.

4) 『정의(正義)』는 『예기정의(禮記正義)』 또는 『예기주소(禮記注疏)』를 뜻한다. 당(唐)나라 때에는 태종(太宗)이 공영달(孔穎達) 등을 시켜서 『오경정의(五經

(問喪)'이라고 한 것은 질문을 통해 상을 치르는 예법이 유래된 것을 알 수 있게 된 것을 좋게 여겼기 때문이다. 「문상」편을 『별록』[6]에서는 '상복(喪服)' 항목에 포함시켰다."라고 했다.

集解 此篇設爲問答, 以發明居喪之禮, 故曰問喪.

번역 「문상」편은 문답 형식으로 기술하여 상을 치르는 예법을 드러내고 있다. 그렇기 때문에 '문상(問喪)'이라고 했다.

正義)』를 편찬하였는데, 이때 『예기정의』에는 정현(鄭玄)의 주(注)와 공영달의 소(疏)가 수록되었다. 송대(宋代)에는 『오경정의』와 다른 경전(經典)에 대한 주석서를 포함한 『십삼경주소(十三經注疏)』가 편찬되어, 『예기주소』라는 명칭이 되었다.

5) 『목록(目錄)』은 정현이 찬술했다고 전해지는 『삼례목록(三禮目錄)』을 가리킨다. 『십삼경주소(十三經注疏)』에서 인용되고 있지만, 이 책은 『수서(隋書)』가 편찬될 당시에 이미 일실되어 존재하지 않았다. 『수서』「경적지(經籍志)」편에는 "三禮目錄一卷, 鄭玄撰, 梁有陶弘景注一卷, 亡."이라는 기록이 있다.

6) 『별록(別錄)』은 후한(後漢) 때 유향(劉向)이 찬(撰)했다고 전해지는 책이다. 현재는 일실되어 존재하지 않으며, 『한서(漢書)』「예문지(藝文志)」편을 통해서 대략적인 내용만을 추측해볼 수 있다.

• 제 1 절 •

부모가 이제 막 돌아가셨을 때

【657d】

親始死, 雞斯徒跣, 扱上衽, 交手哭. 惻怛之心, 痛疾之意, 傷腎乾肝焦肺, 水漿不入口. 三日不擧火, 故鄰里爲之糜粥以飮食之. 夫悲哀在中, 故形變於外也. 痛疾在心, 故口不甘味, 身不安美也.

직역 親이 始히 死함에, 雞斯하고 徒跣하며, 上衽을 扱하고, 手를 交하여 哭한다. 惻怛의 心과 痛疾의 意가 腎을 傷하고 肝을 乾하며 肺를 焦하여, 水漿이 口으로 不入이라. 三日에 火를 不擧라, 故로 鄰里에서 之를 爲하여 糜粥하여 飮食한다. 夫히 悲哀가 中에 在라, 故로 形은 外에서 變이라. 痛疾이 心에 在라, 故로 口는 味를 不甘하고, 身은 美를 不安이라.

의역 부모님이 이제 막 돌아가시게 되면, 자식은 관을 제거하고 비녀와 머리싸개만 남기며 신발을 벗어 맨발을 만들며, 심의(深衣)의 앞섶을 허리띠에 꼽고, 두 손을 교차하여 가슴을 두들기며 곡을 한다. 슬픈 마음과 애통한 생각은 콩팥을 상하게 하고 간을 마르게 하며 폐를 태우니, 물이나 음료도 마실 수 없다. 3일 동안 밥 짓는 불을 때지 않기 때문에 이웃 사람들이 그를 위해 된죽과 묽은 죽을 만들어서 그에게 마시고 먹게끔 한다. 슬픔이 마음에 있기 때문에 모습이 겉으로 드러남에 초췌하게 변한다. 애통함이 마음에 있기 때문에 입은 맛을 느끼지 못하고, 몸은 좋은 것을 편안히 여기지 못한다.

集說 雞斯, 讀爲笄纚. 笄, 骨笄也. 纚, 韜髮之繒也. 親始死, 孝子先去冠, 惟留笄纚也. 徒, 空也. 徒跣, 無屨而空跣也. 上衽, 深衣前襟也, 以號踊履踐爲妨, 故扱之於帶也. 交手哭, 謂兩手交以拊心而哭也. 糜厚而粥薄, 薄者以飮之, 厚者以食之也.

번역 '계사(雞斯)'는 계리(笄纚)로 풀이한다. '계(笄)'는 골계(骨笄)[1]이다. '이(纚)'는 머리카락을 감싸는 비단이다. 부모가 이제 막 돌아가셨을 때, 자식은 우선 쓰고 있던 관을 제거하는데, 오직 비녀와 머리싸개만 남겨둔다. '도(徒)'자는 "비다[空]."는 뜻이다. '도선(徒跣)'은 신발이 없어서 맨발로 있다는 뜻이다. '상임(上衽)'은 심의(深衣)[2]의 앞섶이니, 울부짖으며 발을 구르는데 방해가 되기 때문에 대(帶)에 꼽게 된다. 손을 교차하여 곡한다는 말은 두 손을 교차하여 가슴을 두들기며 곡을 한다는 뜻이다. 미(糜)는 된죽이고 죽(粥)는 묽은 죽인데, 묽은 죽은 마시고 된죽은 먹는다.

大全 山陰陸氏曰: 扱上衽, 則以有辟踊之端焉. 交手哭, 捧心而哭, 發胸擊心, 在斂之後. 惻怛痛疾, 而精先傷, 魂次之, 魄又次之, 故曰傷腎乾肝焦肺. 傷, 傷而已, 乾, 於是爲甚, 乾, 猶可也, 焦, 又甚矣.

번역 산음육씨[3]가 말하길, 옷의 앞섶을 허리띠에 꼽는다면, 가슴을 치고 발을 구르는 단서가 포함되어 있는 것이다. 두 손을 교차하여 곡을 하는 것은 가슴에 손을 얹고 곡을 하니, 앞쪽의 옷을 젖히고 가슴을 두들기는 것으로 염(斂)[4]을 한 이후에 해당한다. 슬프고 애통하여 정기가 먼저 상하고 혼이 그 다음으로 상하며 백이 또 그 다음으로 상한다. 그렇기 때문에 "콩팥을 상하게 하고 간을 마르게 하며 폐를 태운다."라고 말한 것이다. 상

1) 골계(骨笄)는 짐승의 뼈로 만든 비녀이다.
2) 심의(深衣)는 일반적으로 상의와 하의가 서로 연결된 옷을 뜻한다. 제후, 대부(大夫), 사(士)들이 평상시 집안에 거처할 때 착용하던 복장이기도 하며, 서인(庶人)에게는 길복(吉服)에 해당하기도 한다. 순색에 채색을 가미하기도 했다.
3) 산음육씨(山陰陸氏, A.D.1042~A.D.1102) : =육농사(陸農師)·육전(陸佃). 북송(北宋) 때의 유학자이다. 자(字)는 농사(農師)이며, 호(號)는 도산(陶山)이다. 어려서 집안이 매우 가난했다고 전해지며, 왕안석(王安石)에게 수학하였으나 왕안석의 신법에 대해서는 반대하였다. 저서로는 『비아(埤雅)』, 『춘추후전(春秋後傳)』, 『도산집(陶山集)』 등이 있다.
4) 염(斂)은 시신에 옷을 입혀서 관에 안치하는 것을 뜻한다.

하게 하는 것은 단지 상하게만 할 따름이며, 마르게 하는 것은 보다 심한 것이지만, 마르는 것까지는 오히려 괜찮다. 그러나 태우는 것은 더욱 심한 것이다.

大全 臨川吳氏曰: 此一節言初死至斂三日以前之哀. 夫悲哀以下, 總結上意. 形變於外, 卽上所謂笄纚徒跣, 扱衽交手也. 口不甘味, 卽上所謂水漿不入口, 三日不擧火也.

번역 임천오씨가 말하길, 이곳 문단은 이제 막 돌아가셨을 때로부터 염(斂)을 하기까지, 상이 발생한 후 3일 이전에 나타나는 애통함을 나타내고 있다. '부비애(夫悲哀)'로부터 그 이하의 구문은 앞의 뜻을 총괄적으로 결론 맺은 말이다. "모습이 겉으로 드러남에 초췌하게 변한다."는 앞에서 비녀와 머리싸개를 하고 맨발을 하며, 옷의 앞섶을 허리띠에 꼽고 손을 교차하는 것을 말한다. "입은 맛을 느끼지 못한다."는 앞에서 물이나 음료도 마실 수 없고, 3일 동안 밥 짓는 불을 때지 않는다는 것을 말한다.

鄭注 親, 父母也. "雞斯", 當爲"笄纚", 聲之誤也. 親始死去冠, 二日乃去笄纚, 括髮也. 今時始喪者邪巾貊頭, 笄纚之存象也. 徒, 猶空也. 上衽, 深衣之裳前. 五藏者, 腎在下, 肝在中, 肺在上, 擧三者之焦傷, 而心脾在其中矣. 五家爲鄰, 五鄰爲里. 言人情之中外相應.

번역 '친(親)'자는 부모를 뜻한다. '계사(雞斯)'는 마땅히 계리(笄纚)가 되어야 하니, 소리가 비슷해서 생긴 오류이다. 부모가 이제 막 돌아가셨을 때에는 관을 제거하고, 2일째에는 비녀와 머리싸개를 제거하며, 머리를 묶게 된다. 현재는 부모가 이제 막 돌아가셨을 때 사건(邪巾)[5]을 하고 맥두(貊頭)[6]를 하는데, 이것은 비녀를 꼽고 머리싸개를 했던 잔상이 남아있는

---

5) 사건(邪巾)은 부모가 이제 막 돌아가셨을 때 자식이 머리에 쓰게 되는 천을 뜻한다.

6) 맥두(貊頭)는 고대에 남자들이 머리를 묶을 때 사용하던 두건이다.

것이다. '도(徒)'자는 "비다[空]."는 뜻이다. '상임(上衽)'은 심의(深衣) 중에서도 치마에 해당하는 앞자락이다. 다섯 가지 장기 중 콩팥은 밑에 있고 간은 중간에 있으며 폐는 위에 있는데, 이 세 가지가 타거나 상한다고 제시했으니, 심장과 비장은 그 안에 포함된다. 5개의 가(家)는 1개의 인(鄰)이 되고, 5개의 인(鄰)은 1개의 리(里)가 된다. 사람의 정감은 안과 겉이 서로 호응하게 된다는 뜻이다.

釋文 "雞斯", 依注爲"笄纚", 笄音古兮反; 纚, 色買反, 徐所綺反. 跣, 悉典反. 扱, 初洽反. 衽, 而鴆反, 又而甚反, 注同. 怛, 都達反. 腎, 市軫反. 乾肝並音干. 肺, 芳廢反. 漿, 本亦作▼(將-寸+水), 子羊反. ▼(麻/食), 武皮反, 本亦作糜, 同. 粥, 之六反, 字林與六反, 云: "淖糜也." 飮音蔭. 食音嗣. 去冠, 起呂反. 耶, 似嗟反, 亦作邪. 袒, 亡睹反, 本或作貊. 藏, 才浪反. 脾, 婢支反. 夫音扶. 應, 應對之應.

번역 '雞斯'자는 정현의 주에 따르면 '笄纚'가 되니, '笄'자의 음은 '古(고)'자와 '兮(혜)'反; '纚'자는 '色(색)'자와 '買(매)'자의 반절음이며, 서음(徐音)은 '所(소)'자와 '綺(기)'자의 반절음이다. '跣'자는 '悉(실)'자와 '典(전)'자의 반절음이다. '扱'자는 '初(초)'자와 '洽(흡)'자의 반절음이다. '衽'자는 '而(이)'자와 '鴆(짐)'자의 반절음이며, 또한 '而(이)'자와 '甚(심)'자의 반절음도 되며, 정현의 주에 나오는 글자도 그 음이 이와 같다. '怛'자는 '都(도)'자와 '達(달)'자의 반절음이다. '腎'자는 '市(시)'자와 '軫(진)'자의 반절음이다. '乾'자와 '肝'자는 모두 그 음이 '干(간)'이다. '肺'자는 '芳(방)'자와 '廢(폐)'자의 반절음이다. '漿'자는 판본에 따라서 또한 '▼(將-寸+水)'자로도 기록하는데, '子(자)'자와 '羊(양)'자의 반절음이다. '▼(麻/食)'자는 '武(무)'자와 '皮(피)'자의 반절음이며, 판본에 따라서는 또한 '糜'자로도 기록하고, 그 음은 동일하다. '粥'자는 '之(지)'자와 '六(륙)'자의 반절음이며, 『자림』[7]에서는 '與(여)'자와 '六(륙)'자의 반절음이라고 했고, "된죽이다."라고

7) 『자림(字林)』은 고대의 자서(字書)이다. 진(晉)나라 때 학자인 여침(呂忱)이 지었다. 원본은 일실되어 전해지지 않고, 다른 문헌들 속에 일부 기록들만 남

했다. '歠'자의 음은 '蔭(음)'이다. '食'자의 음은 '嗣(사)'이다. '去冠'에서의 '去'자는 '起(기)'자와 '呂(려)'자의 반절음이다. '耶'자는 '似(사)'자와 '嗟(차)'자의 반절음이며, 또한 '邪'자로도 기록한다. '袹'자는 '亡(망)'자와 '瞎(할)'자의 반절음이며, 판본에 따라서는 또한 '貊'자로도 기록한다. '藏'자는 '才(재)'자와 '浪(랑)'자의 반절음이다. '髀'자는 '婢(비)'자와 '支(지)'자의 반절음이다. '夫'자의 음은 '扶(부)'이다. '應'자는 '응대(應對)'의 '應'자이다.

孔疏 ●"親始"至"實也". ○正義曰: 此一節明初死三日以來, 居喪哭踊, 悲哀疾痛之意也.

번역 ●經文: "親始"~"實也". ○이곳 문단은 부모가 이제 막 돌아가셨을 때로부터 3일 이전까지 상중에 곡하고 용(踊)[8]하며, 슬프고 애통한 뜻을 나타내고 있다.

孔疏 ●"主人奉尸"者, 謂於阼階之上, 西面奉持其尸. 知西面者, 以賓在西, 故知西面對賓也.

번역 ●經文: "雞斯". ○'계(笄)'는 골계(骨笄)를 뜻한다. 이(纚)는 머리카락을 감싸는 비단이다. 즉 부모가 이제 막 돌아가셨을 때, 자식은 우선 관을 제거하는데, 오직 비녀와 머리싸개만은 남겨둔다는 뜻이다.

孔疏 ●"徒跣"者, 徒, 空也, 無屨而空跣也.

번역 ●經文: "徒跣". ○'도(徒)'자는 "비다[空]."는 뜻이니, 신발이 없어서 맨발로 있다는 의미이다.

孔疏 ●"扱上衽"者, 上衽, 謂深衣前衽, 扱之於帶, 以號踊履踐爲妨, 故

아 있다.

8) 용(踊)은 상중(喪中)에 취하는 행동으로, 곡(哭)에 맞춰서 발을 구르는 행위이다.

扱之.

번역 ●經文: "扱上衽". ○'상임(上衽)'은 심의(深衣)의 앞섶이며, 이것을 허리띠에 꼽으니, 울부짖으며 발을 구르는데 방해가 되기 때문에 허리띠에 꼽는 것이다.

孔疏 ●"交手哭"者, 謂交手拊心而爲哭也.

번역 ●經文: "交手哭". ○두 손을 교차하여 가슴을 두들기며 곡을 한다는 뜻이다.

孔疏 ●"傷腎·乾肝·焦肺"者, 言肺在上, 性近於燥, 故云"焦". 肝近肺, 故云"乾". 腎近下, 故云"傷". 言近下, 性多潤而爲傷矣. 擧此三者, 五藏俱傷可知也.

번역 ●經文: "傷腎·乾肝·焦肺". ○장기 중 폐는 가장 위에 있고, 그 성질은 마르는 것에 가깝다. 그렇기 때문에 "태운다."라고 했다. 간은 폐와 가까이 있기 때문에 "마른다."라고 했다. 콩팥은 가장 아래에 있다. 그렇기 때문에 "상한다."라고 했다. 아래와 가까운 것은 성질이 대체로 축축하여 상하게 된다. 이 세 가지를 제시했으니, 오장이 모두 손상된다는 사실을 알 수 있다.

孔疏 ●"不擧火"者, 哀痛之甚, 情不在食, 故不擧火也. 言旁親以下, 食不可廢, 故"鄰里爲之糜粥以飮食之". 糜厚而粥薄, 薄者以飮之, 厚者以食之.

번역 ●經文: "不擧火". ○애통함이 심하여, 그 정감은 음식에 관심을 두지 않는다. 그렇기 때문에 불을 때지 않는다. 즉 방계 친족으로부터 그 이하의 관계에 있는 자들도 음식을 먹을 수 없다는 뜻이다. 그렇기 때문에 "이웃에서 그를 위해 된죽과 묽은 죽을 만들어서 마시고 먹게 한다."라고 했다. 미(糜)는 된죽이고 죽(粥)는 묽은 죽인데, 묽은 죽은 마시고 된죽은 먹는다.

孔疏 ◎注"親父"至"爲里". ○正義曰: 凡云"親"者, 包之五服也. 以此經悲哀之甚, 故知"父母也". 云"雞斯當爲笄纚"者, 以經"雞斯"二字不當始死者之義, 聲與"笄纚"相涉, 故云"笄纚"也. 云"親始死去冠"者, 檀弓云: "始死, 羔裘玄冠者易之", 是去冠也. 云"二日乃去笄纚"者, 以士喪禮云"小斂髺髮", 是死二日, 故云"乃去笄纚"也. 云"上衽, 深衣之裳前"者, 言旣始死, 朝服易之, 故知著深衣. 按深衣篇云"續衽鉤邊", 故知此衽, 深衣之衽. 按深衣衽當旁, 此云"深衣之裳前"者, 旣"扱之", 恐履踐爲妨, 故解爲"裳前"也. 其實衽象小要屬裳處皆狹, 旁與在前俱得衽名, 但所扱之處當衽也. 按公羊傳云, 昭公以衽受於齊之唁禮, 亦謂裳當前者也.

번역 ◎鄭注: "親父"~"爲里". ○무릇 '친(親)'이라고 한 말은 오복(五服)[9]의 친족들을 모두 포괄한다. 이곳 경문의 내용은 슬픔과 애통함이 매우 심하다고 했기 때문에 정현이 "부모를 뜻한다."라고 한 말이 사실임을 알 수 있다. 정현이 "'계사(雞斯)'는 마땅히 계리(笄纚)가 되어야 한다."라고 했는데, 경문에 기록된 '계사(雞斯)'라는 두 글자는 부모가 이제 막 돌아가셨을 때와는 관련된 의미가 없으며, 그 소리는 '계리(笄纚)'와 서로 유사하다. 그렇기 때문에 정현이 '계리(笄纚)'라고 말한 것이다. 정현이 "부모가 이제 막 돌아가셨을 때에는 관을 제거한다."라고 했는데, 『예기』「단궁(檀弓)」편에서는 "어떤 자가 이제 막 죽게 되면, 새끼양의 가죽으로 만든 갖옷과 현관(玄冠)[10]의 복식은 바꾼다."[11]라고 했는데, 이것은 관을 제거한다

---

9) 오복(五服)은 죽은 자와 친하고 소원한 관계에 따라 입게 되는 다섯 가지 상복(喪服)을 뜻한다. 참최복(斬衰服), 자최복(齊衰服), 대공복(大功服), 소공복(小功服), 시마복(緦麻服)을 가리킨다. 『예기』「학기(學記)」편에는 "師無當於五服, 五服弗得不親."이라는 기록이 있는데, 이에 대한 공영달(孔穎達)의 소(疏)에서는 "五服, 斬衰也, 齊衰也, 大功也, 小功也, 緦麻也."라고 풀이했다. 또한 '오복'에 있어서는 죽은 자와 가까운 관계일수록 중대한 상복을 입고, 복상(服喪) 기간도 늘어난다. 위의 '오복' 중 참최복이 가장 중대한 상복에 속하며, 그 다음은 자최복이고, 대공복, 소공복, 시마복 순으로 내려간다.

10) 현관(玄冠)은 흑색으로 된 관(冠)이다. 고대에는 조복(朝服)을 입을 때 착용

는 사실을 나타낸다. 정현이 "2일째에는 비녀와 머리싸개를 제거한다."라고 했는데, 『의례』「사상례(士喪禮)」편에서는 "소렴(小斂)[12]을 하고 머리를 묶는다."[13]라고 했으며, 이것은 죽은 후 2일째에 해당한다. 그렇기 때문에 "비녀와 머리싸개를 제거한다."라고 했다. 정현이 "'상임(上衽)'은 심의(深衣) 중에서도 치마에 해당하는 앞자락이다."라고 했는데, 이제 막 돌아가셨다고 말했으므로, 조복(朝服)[14]은 바꾸게 된다. 그렇기 때문에 심의를 착용한다는 사실을 알 수 있다. 『예기』「심의(深衣)」편을 살펴보면, "하의의 옷자락을 봉합하고, 봉합된 부분을 덮어서 재차 봉합한다."[15]라고 했다. 그렇기 때문에 이곳의 '임(衽)'자가 심의의 옷섶에 해당함을 알 수 있다. 살펴보면 심의의 옷섶은 측면에 있는데, 이곳에서는 "심의 중에서도 치마에 해당하는 앞자락이다."라고 했고, 이미 "꼽는다."라고 했다면, 발을 구르는데 방해가 될 것을 염려한 것이다. 그렇기 때문에 "치마에 해당하는 앞자락이다."라고 풀이한 것이다. 실제로 옷섶은 나무를 연결시킬 때 사용하는 소요(小要)를 본뜬 것이니 치마부분에 연결되며 모두 좁게 되어 있고, 측면과 앞에 있는 것을 모두 '임(衽)'이라고 부를 수 있는데, 허리띠에 꼽게 되는 부분은 임(衽)에 해당한다. 『공양전』을 살펴보면, 소공은 임(衽)을 통해 제(齊)나라의 위문하는 예물을 받아들였다고 했으니,[16] 여기에서 말하는 임(衽)도 치마의 앞부분에 해당하는 것을 뜻한다.

을 하였다. 『의례』「사관례(士冠禮)」편에는 "主人玄冠朝服, 緇帶素韠."이라는 기록이 있다.

11) 『예기』「단궁상(檀弓上)」【98d】: 夫子曰, "始死, 羔裘·玄冠者, 易之而已." 羔裘·玄冠, 夫子不以弔.

12) 소렴(小斂)은 상례(喪禮) 절차 중 하나이다. 죽은 자의 시신을 목욕시키고, 의복을 착용시키며, 그 위에 이불 등으로 감싸는 절차를 뜻한다.

13) 『의례』「사상례(士喪禮)」: 卒斂, 徹帷. 主人西面馮尸, 踊無筭. 主婦東面馮, 亦如之. 主人髺髮袒, 衆主人免于房.

14) 조복(朝服)은 군주와 신하가 조회를 열 때 착용하는 복장을 뜻한다. 중요한 의식을 치를 때 착용하는 예복(禮服)을 가리키기도 한다.

15) 『예기』「심의(深衣)」【672b】: 古者深衣, 蓋有制度, 以應規矩繩權衡. 短毋見膚, 長毋被土, 續衽鉤邊, 要縫半下.

16) 『춘추공양전(春秋公羊傳)』「소공(昭公) 25년」: 昭公曰, 君不忘吾先君, 延及喪人, 錫之以大禮, 再拜稽首, 以衽受.

集解 陳氏祥道曰: 檀弓"始死, 羔裘玄冠者易之而已", 則始死有易冠, 無去冠. 又云, "主人旣小斂, 袒括髮." 又云, "袒括髮, 變也", "袒括髮, 去飾之甚也." 又"叔孫武叔之母死, 旣小斂, 擧者出, 尸出戶袒, 且投其冠", 則小斂乃投冠, 但投冠在尸未出戶之前耳.

번역 진상도[17]가 말하길, 『예기』「단궁(檀弓)」편에서는 "어떤 자가 이제 막 죽게 되면, 새끼양의 가죽으로 만든 갖옷과 현관(玄冠)의 복식은 바꿀 따름이다."라고 했으니, 이제 막 죽었을 때에는 관을 바꾸는 경우는 있어도 관을 제거하는 일은 없다. 또 "상주가 소렴(小斂)을 끝내고, 단(袒)[18]을 하고 괄발(括髮)[19]을 했다."[20]라고 했고, 또 "단(袒)을 하고 머리를 묶는 것은 모습을 변화시키는 것이다."라고 했고, "단(袒)과 머리를 묶는 것은 치장을 제거하는 것 중에서도 수위가 가장 높은 것이다."라고 했으며,[21] 또 "숙손무숙의 모친이 돌아가셨다. 소렴(小斂)을 끝내고, 시신을 들고서 밖으로 나왔는데, 시신이 호(戶)를 빠져나오자 숙손무숙은 서둘러 단(袒)을 했고, 또 그 관을 내던졌다."[22]라고 했으니, 소렴을 끝내게 되면 관을 벗게 되는 것인데, 다만 관을 벗는 것은 시신이 아직 방문을 빠져나오지 않은

---

17) 진상도(陳祥道, A.D.1159~A.D.1223) : =장락진씨(長樂陳氏)・진씨(陳氏)・진용지(陳用之). 북송대(北宋代)의 유학자이다. 자(字)는 용지(用之)이다. 장락(長樂) 지역 출신으로, 1067년에 과거에 급제하여 태상박사(太常博士) 등을 지냈다. 왕안석(王安石)의 제자로, 그의 학문을 전파하는데 공헌하였다. 저서에는 『예서(禮書)』, 『논어전해(論語全解)』 등이 있다.

18) 단(袒)은 상중(喪中)에 남자들이 취하는 복장 방식이다. 상의 중 좌측 어깨 쪽을 드러내는 방법이다. 한편 일반적인 의례절차에서도 단(袒)의 복장 방식을 취하는 경우가 있다.

19) 괄발(括髮)은 상(喪)을 치를 때, 관(冠)을 벗고 머리를 마(麻)로 된 천으로 싸매는 것을 뜻한다.

20) 『예기』「단궁상(檀弓上)」【88c】: 曾子襲裘而弔, 子游裼裘而弔. 曾子指子游而示人曰, "夫夫也, 爲習於禮者, 如之何其裼裘而弔也?" 主人旣小斂, 袒・括髮, 子游趨而出, 襲裘・帶・絰而入. 曾子曰, "我過矣! 我過矣! 夫夫是也."

21) 『예기』「단궁하(檀弓下)」【114b】: 袒・括髮, 變也. 慍, 哀之變也. 去飾, 去美也. 袒・括髮, 去飾之甚也. 有所袒, 有所襲, 哀之節也.

22) 『예기』「단궁상(檀弓上)」【92c】: 叔孫武叔之母死, 旣小斂, 擧者出, 尸出戶, 袒, 且投其冠, 括髮. 子游曰: "知禮."

직전에 할 따름이다.

集解 愚謂: 雞斯之義未詳, 鄭氏讀爲笄纚, 此雖別無考據, 然古人於吉凶之變, 皆有其漸. 始死而去冠, 至小斂而去笄纚, 自吉而變凶, 其漸固當如此. 且冠屨相配, 始死徒跣, 則首宜去冠. 此鄭氏之說所以雖他無明據, 而可以遵信者也. 然檀弓言叔孫武叔去冠, 則知大夫士小斂之有冠; 喪大記"君將大斂, 子弁絰卽位于序端", 則知人君大斂之有弁. 蓋大小斂, 喪之大事也, 故不敢以不冠臨之. 笄纚者, 所以爲變; 冠且弁者, 所以爲敬. 喪之有冠, 蓋自小斂始與. 又喪大記"主人之出也, 徒跣扱衽", 則非出時不必徒跣扱衽矣. 笄纚與徒跣扱衽爲類, 非出時不徒跣扱衽, 則亦不必笄纚. 蓋自始死踰日始小斂, 而時有寒暑, 體有强弱, 故小斂以前, 雖出時必笄纚, 而室中亦或有深衣素冠之時, 此孔子所以言"始死, 羔裘玄冠者易之"也.

번역 내가 생각하기에, '계사(雞斯)'의 뜻에 대해서는 자세히 알 수 없는데, 정현이 비녀와 머리싸개로 풀이한 것은 비록 별다른 근거가 없는 것이지만, 고대 사람들은 길흉의 변화에 대해서 모두 점진적으로 시행했다. 이제 막 돌아가셨을 때 관을 제거하고, 소렴(小斂) 때가 되면 비녀와 머리싸개를 제거하니, 길한 상태로부터 흉한 상태로 변한 것으로, 점진적인 시행은 마땅히 이처럼 해야 한다. 또 관과 신발은 상호 짝이 되니, 이제 막 돌아가셨을 때 맨발로 있었다면, 머리에 있어서도 마땅히 관을 제거해야 한다. 이것이 정현의 주장은 비록 별다른 근거가 없는 것이지만, 믿을 수 있는 이유이다. 그런데 『예기』「단궁(檀弓)」편에서는 숙손무숙이 관을 제거했다고 했으니, 대부와 사는 소렴 때 쓰는 관(冠)이 있었음을 알 수 있고, 『예기』「상대기(喪大記)」편에서는 "군주의 대렴(大斂)[23]을 치르게 되면, 상주는 흰색의 변(弁)을 쓰고 그 위에 환질(環絰)을 두르며, 동쪽 서(序)의 남쪽 끝으로 나아가 자리한다."[24]라고 했으니, 군주의 대렴 때에는 쓰는 변(弁)

---

23) 대렴(大斂)은 상례(喪禮) 절차 중 하나이다. 소렴(小斂)을 끝낸 뒤에, 시신을 관에 안치하는 절차이다.

24) 『예기』「상대기(喪大記)」【537a~b】: 君將大斂, 子弁絰, 卽位于序端; 卿大夫

이 있었음을 알 수 있다. 무릇 대렴이나 소렴은 상사에서도 중대한 절차이다. 그렇기 때문에 감히 관을 벗고서 그 일에 임할 수 없는 것이다. 비녀와 머리싸개는 변화를 주기 위한 것이며, 관과 변은 공경을 나타내기 위한 것이다. 상에서 관을 쓰는 것은 아마도 소렴을 치르는 시기부터 시작될 것이다. 또 「상대기」편에서는 "상주가 빈객을 맞이하기 위해 밖으로 나올 때에는 맨발을 하며 심의(深衣)의 앞자락을 허리띠에 꼽는다."[25]라고 했으니, 밖으로 나오는 시기가 아니라면 반드시 맨발을 하고 심의의 앞자락을 허리띠에 꼽았던 것은 아니다. 비녀와 머리싸개를 하는 것은 맨발을 하고 심의의 앞자락을 허리띠에 꼽는 것들과 비슷한 부류가 되고, 밖으로 나올 때가 아니라면 반드시 맨발을 하고 심의의 앞자락을 허리띠에 꼽는 것이 아니라면, 또한 반드시 비녀와 머리싸개를 했던 것도 아니다. 이제 막 돌아가셨을 때로부터 시일이 지나 비로소 소렴을 하게 되면, 그 시기에는 춥거나 더운 차이가 있고, 상을 치르는 자에게 있어서도 건장하거나 연약한 차이가 있다. 그렇기 때문에 소렴을 치르기 이전에는 비록 밖으로 나올 때 반드시 비녀를 꼽고 머리싸개를 하지만, 방안에 있을 때에는 또한 간혹 심의와 소관(素冠)[26]을 착용하는 경우도 있으니, 이것이 바로 공자가 "어떤 자가 이제 막 죽게 되면, 새끼양의 가죽으로 만든 갓옷과 현관(玄冠)의 복식은 바꾼다."라고 말한 이유이다.

集解 口不甘味, 故水漿不入口. 身不安美, 故有笄纚徒跣扱衽之變也.

번역 입으로 맛을 느끼지 못하기 때문에 물이나 음료도 마실 수 없다.

卽位于堂廉楹西, 北面東上; 父兄堂下北面; 夫人・命婦尸西, 東面; 外宗房中南面. 小臣鋪席, 商祝鋪絞・紟・衾・衣, 士盥于盤上, 士擧遷尸于斂上. 卒斂, 宰告, 子馮之踊, 夫人東面亦如之.

25) 『예기』「상대기(喪大記)」【528d~529a】: 凡主人之出也, 徒跣扱衽拊心, 降自西階. 君拜寄公國賓于位. 大夫於君命, 迎于寢門外, 使者升堂致命, 主人拜于下. 士於大夫親弔則與之哭, 不逆於門外.

26) 소관(素冠)은 상사(喪事)나 흉사(凶事)의 일을 접했을 때 쓰게 되는 흰색 관(冠)이다.

몸은 좋은 것을 편안히 여기지 못하기 때문에 비녀와 머리싸개를 하고 맨발을 하며 심의의 앞자락을 허리띠에 꼽아서 복식의 변화를 주는 것이다.

참고 『예기』「단궁상(檀弓上)」 기록

경문-98d 夫子曰: "始死, 羔裘·玄冠者, 易之而已." 羔裘·玄冠, 夫子不以弔.

번역 공자는 "어떤 자가 이제 막 죽게 되면, 새끼양의 가죽으로 만든 갖옷과 현관(玄冠)의 복식은 바꿀 따름이다."라고 했다. 그리고 공자는 새끼양의 가죽으로 만든 갖옷과 현관의 차림을 하고서 조문을 하지 않았다.

鄭注 不以吉服弔喪.

번역 길복(吉服)[27]을 착용하고서, 상사에 조문할 수 없기 때문이다.

孔疏 ●"夫子"至"以弔". ○正義曰: 此一節論始死易服, 小斂後不得吉服弔之事. 但養疾者朝服, 羔裘·玄冠, 即朝服也. 始死則易去朝服, 著深衣, 故云"易之而已". 記時有不易者, 又有小斂後羔裘弔者, 記人引論語·鄉黨孔子身自行事之禮, 以譏當時之事, 故曰"羔裘玄冠, 夫子不以弔". 時多失禮, 唯孔子獨能行之, 故言之也.

번역 ●經文: "夫子"~"以弔". ○이곳 문단에서는 어떤 자가 이제 막 죽었을 때, 복식을 바꾸게 되고, 소렴(小斂)을 한 이후에는 길복(吉服)을 착용하고서 조문을 할 수 없다는 사안을 논의하고 있다. 다만 질병에 걸린 자를

27) 길복(吉服)에는 세 가지 뜻이 있다. 첫 번째는 제사 때 입는 복장인 제복(祭服)을 뜻한다. 제사(祭祀)는 길례(吉禮)에 해당하므로, 그때 착용하는 복장을 '길복'이라고 부르는 것이다. 두 번째는 예의를 갖출 때 입는 예복(禮服)을 범칭하는 말이다. 세 번째는 흉사나 상사가 없이 일상적인 때 착용하는 복장을 가리키기도 한다.

봉양할 때에는 조복(朝服)을 착용하는데, 새끼양의 가죽으로 만든 갖옷과 현관(玄冠)을 착용하는 것은 곧 조복의 복식에 해당한다. 이제 막 죽었을 때라면, 조복을 벗고, 심의(深衣)를 착용한다. 그렇기 때문에 "바꿀 따름이다."라고 말한 것이다. 당시에는 또한 복식을 바꾸지 않았던 자가 있었고, 또한 소렴을 한 이후에 새끼양의 가죽으로 만든 옷을 착용하고서 조문을 하던 자도 있었음을 기록한 것이니, 『예기』를 기록한 자는 『논어』「향당(鄕黨)」편에 기록된 공자 본인이 직접 일에 따라 시행했던 예를 인용하여,[28] 당시의 일들을 기롱했던 것이다. 그래서 "갖옷과 현관을 착용했을 때, 공자는 이러한 복장으로 조문을 하지 않았다."라고 말한 것이다. 당시에는 대부분 실례를 자행했고, 공자만이 유독 이러한 예의 규정들을 준수할 수 있었다. 그렇기 때문에 공자에 대한 일화를 언급한 것이다.

集解 喪大記"疾病", "男女改服", 謂改其養疾之玄端而深衣也. 問喪云"親始死", "扱上衽", 但言扱上衽, 而不言改衣, 則前此已深衣, 而至此特扱其衽明矣. 此始死乃有羔裘・玄冠者, 謂疏親不與於養, 至死而方以吉服至者也. 易之者, 改而素冠・深衣也. 羔裘・玄冠, 吉服也. 弔於未成服之前者皆吉服, 以主人尙未喪服也; 主人旣成服, 則不以吉服弔矣. 羔裘不以弔, 則弔衰皆襲麑裘也.

번역 『예기』「상대기(喪大記)」편에서는 "질병에 걸렸다."라는 경우를 언급하며, "남녀가 복식을 바꾼다."라고 했는데,[29] 이 말은 질병에 걸린 자를 봉양할 때 착용하는 현단복(玄端服)을 벗고서, 심의(深衣)를 착용한다는 뜻이다. 『예기』「문상」편에서는 "부모가 이제 막 죽었다."라는 경우를 언급하며, "옷자락을 허리띠에 꼽는다."라고 했는데,[30] 이 문장에서는 단지 옷

28) 『논어』「향당(鄕黨)」: 羔裘玄冠不以弔. 吉月, 必朝服而朝. 齊必有明衣, 布.
29) 『예기』「상대기(喪大記)」【526a】: 疾病, 外內皆埽. 君大夫徹縣, 士去琴瑟. 寢東首於北牖下. 廢牀, 徹褻衣, 加新衣, 體一人. 男女改服. 屬纊以俟絶氣. 男子不死於婦人之手, 婦人不死於男子之手.
30) 『예기』「문상(問喪)」【657d】: 親始死, 雞斯, 徒跣, 扱上衽, 交手哭. 惻怛之心, 痛疾之意, 傷腎, 乾肝, 焦肺, 水漿不入口, 三日不擧火, 故鄰里爲之糜粥以飮食之. 夫悲哀在中, 故形變於外也. 痛疾在心, 故口不甘味, 身不安美也.

자락을 허리춤에 낀다는 내용만 말했고, 복식을 바꾼다고는 언급하지 않았으니, 이보다 앞서 이미 심의를 착용하고 있어서, 이 시기에 이르러서는 단지 옷자락을 허리춤에 끼었던 것이 분명하다. 이곳 문장에서는 어떤 자가 이제 막 죽었는데, 그 상을 치르는 자들 중 새끼양의 가죽으로 만든 갖옷과 현관(玄冠)을 착용하는 자가 있었다고 하였으니, 이 말은 곧 친소관계가 먼 친척 중 봉양하는 일에 참여하지 않았던 자가 친척이 죽음에 이르렀을 때, 이제 막 길복(吉服)의 차림으로 당도했던 것을 뜻한다. 바꾼다는 말은 복식을 고쳐서, 흰색의 관(冠)과 심의를 착용한다는 뜻이다. 고구(羔裘)와 현관은 길복에 해당하는 복식이다. 상주가 아직 성복(成服)[31]을 하기 이전에 조문을 하는 자들은 모두 길복을 착용하게 되니, 상주가 여전히 상복을 완전히 갖춘 것이 아니기 때문이다. 상주가 성복을 끝내게 되면, 길복을 착용하고서 조문을 할 수 없다. 고구를 입고서 조문을 할 수 없다면, 조문할 때의 복장은 모두 새끼 사슴의 가죽으로 만든 갖옷을 입고 습(襲)[32]의 복식을 취하게 된다.

참고 『의례』「사상례(士喪禮)」 기록

경문 卒斂, 徹帷.

번역 소렴(小斂)을 마치면 휘장을 걷는다.

鄭注 尸已飾.

번역 이미 시신에 대해 치장을 했기 때문이다.

---

31) 성복(成服)은 상례(喪禮)에서 대렴(大斂) 이후, 죽은 자와의 관계에 따라, 각각 규정에 맞는 상복(喪服)을 갖춰 입는다는 뜻이다.

32) 습(襲)은 고대에 의례를 시행할 때 하는 복장 방식 중 하나이다. 겉옷으로 안에 입고 있던 옷들을 완전히 가리는 방식이다. 한편 '습'은 비교적 성대한 의식 때 시행하는 복장 방식으로도 사용되어, 안에 있고 있는 옷을 드러내지 않음으로써, 공경의 뜻을 표하기도 했다.

경문 主人西面馮尸, 踊無筭. 主婦東面馮, 亦如之.

번역 상주는 서쪽을 바라보며 시신을 부여잡고, 용(踊)을 함에 정해진 수가 없다. 주부는 동쪽을 바라보며 시신을 부여잡고 또한 상주처럼 한다.

鄭注 馮, 服膺之.

번역 '빙(馮)'은 시신에게 엎드려 부여잡는 것이다.

경문 主人髻髮, 袒, 衆主人免于房.

번역 상주는 머리를 묶고 단(袒)을 하며, 나머지 형제들은 방에서 면(免)을 한다.

鄭注 始死, 將斬衰者雞斯, 將齊衰者素冠. 今至小歛變, 又將初喪服也. 髻髮者, 去笄纚而紒. 衆主人免者, 齊衰將袒, 以免代冠. 冠, 服之尤尊, 不以袒也. 免之制未聞. 舊說以爲如冠狀, 廣一寸. 喪服小記曰: "斬衰髻髮以麻, 免而以布." 此用麻布爲之, 狀如今之著幓頭矣. 自項中而前, 交於額上, 却繞紒也. 于房于室, 釋髻髮宜於隱者. 今文免皆作絻, 古文髻作括.

번역 어떤 자가 이제 막 죽었을 때, 참최복(斬衰服)을 착용해야 하는 자는 비녀와 머리싸개를 하고, 자최복(齊衰服)을 착용해야 하는 자는 소관(素冠)을 쓴다. 현재 소렴(小歛)에 이르러 복장을 바꾸니, 또한 처음으로 상복을 착용하게 된다. '괄발(髻髮)'은 비녀와 머리싸개를 제거하고 머리를 묶어 상투를 튼다는 뜻이다. 나머지 형제들은 면(免)을 한다고 했는데, 자최복을 착용하는 자들이 단(袒)을 하게 되면 면(免)으로 관(冠)을 대체하게 된다. 관이라는 것은 상복 중에서도 가장 존귀한 복식이니, 단(袒)을 할 때 관을 쓸 수 없다. 면(免)의 제도에 대해서는 들어보지 못했다. 옛 학설에 따르면 관의 모양과 비슷한데, 그 너비는 1촌(寸)이라고 했다. 『예기』「상복소기(喪服小記)」편에서는 "돌아가신 부친을 위해 참최복을 착용할 때에는 머리를 묶을 때 마(麻)를 사용한다. 면(免)을 하면 포(布)를 사용한다."[33]라고 했다. 이곳에서 말한 면(免)은 마(麻)와 포(布)로 만드는데, 그 모습은 지금의 삼두(幓頭)를 착용한 것과 같다. 목에서부터 앞으로 둘러 이마에서 교차하며, 위로 올려 상투를 두른다. 방(房)에서 하거나 실(室)에서 하는 것은 묶은 머리를 푸는 것은 은밀한 곳이 적합하기 때문이다. 금문에서는 '면(免)'자를 문(絻)자로 기록했고, 고문에서는 '괄(髺)'자를 괄(括)자로 기록했다.

賈疏 ◎注"始死"至"作括". ○釋曰: 知"始死將斬衰者雞斯"者, 按禮記·問喪云: "親始死, 雞斯徒跣." 鄭注云: "雞斯, 當爲笄纚." 以成服乃斬衰, 是始死未斬衰, 故云始死將斬衰者雞斯也. 云"將齊衰者素冠"者, 喪服小記云: "男子冠而婦人笄." 冠笄相對. 問喪親始死, 男子云笄纚, 明齊衰男子素冠可知. 云"今至小斂變"者, 謂服麻之節, 故云"變"也. 云"又將初喪服也. 髺髮者, 去笄纚而紒"者, 此卽喪服小記云: "斬衰髺髮以麻, 爲母髺髮以麻, 免而以布." 是母雖齊衰, 初亦髺髮, 與斬衰同, 故云"去笄纚而紒", 紒上著髺髮也. 云"衆主人免者, 齊衰將袒, 以免代冠"者, 此亦小斂節與斬衰髺髮同時, 此皆據男子. 若婦人, 斬衰, 婦人以麻爲髽, 齊衰, 婦人以布爲髽. 髽與髺髮, 皆以麻布自項而向前, 交於額上, 卻繞紒如著幓頭焉. 免亦然, 但以布廣一寸爲異也. 云"于房于室釋, 髺髮宜於隱者", 幷下文婦人髽于室兼言之也.

번역 ◎鄭注: "始死"~"作括". ○정현이 "어떤 자가 이제 막 죽었을 때, 참최복(斬衰服)을 착용해야 하는 자는 비녀와 머리싸개를 한다."라고 했는데, 『예기』「문상」편을 살펴보면, "부모님이 이제 막 돌아가시게 되면, 자식은 관을 제거하고 비녀와 머리싸개만 남기며 신발을 벗어 맨발을 만든다."라고 했고, 정현의 주에서는 "'계사(雞斯)'는 마땅히 계리(笄纚)가 되어야 한다."라고 했다. 성복(成服)을 해야만 참최복을 착용하게 되니, 이것은 이제 막 돌아가셨을 때에는 아직까지 참최복을 착용하지 않는다는 사실을 나타낸다. 그렇기 때문에 "어떤 자가 이제 막 죽었을 때, 참최복을 착용해야

33) 『예기』「상복소기(喪服小記)」【407a】: 斬衰括髮以麻. 爲母括髮以麻, 免而以布.

하는 자는 비녀와 머리싸개를 한다."라고 말한 것이다. 정현이 "자최복(齊衰服)을 착용해야 하는 자는 소관(素冠)을 쓴다."라고 했는데, 『예기』「상복소기(喪服小記)」편에서는 "남자는 길(吉)한 때나 상(喪)을 당했을 때, 관(冠)을 쓰지만 부인은 비녀를 꼽는다."[34]라고 했으니, 관과 비녀가 서로 상대됨을 나타낸다. 「문상」편에서 부모가 이제 막 돌아가셨을 때, 남자에 대해서 비녀와 머리싸개를 남긴다고 했다면, 자최복을 착용해야 하는 남자들은 소관을 써야 한다는 사실을 알 수 있다. 정현이 "현재 소렴(小斂)에 이르러 복장을 바꾼다."라고 했는데, 이것은 마(麻)를 착용하는 절차를 뜻한다. 그렇기 때문에 '변(變)'이라고 했다. 정현이 "또한 처음으로 상복을 착용하게 된다. '괄발(髺髮)'은 비녀와 머리싸개를 제거하고 머리를 묶어 상투를 튼다는 뜻이다."라고 했는데, 이것은 「상복소기」편에서 "돌아가신 부친을 위해 참최복을 착용할 때에는 머리를 묶을 때 마(麻)를 사용한다. 돌아가신 모친을 위해서도 머리를 묶을 때 마(麻)를 사용하고, 면(免)을 하면 포(布)를 사용한다."라고 한 말에 해당하니, 모친에 대해서는 비록 자최복을 착용하지만, 초상에서도 머리를 묶어서 참최복을 착용할 때와 동일하게 한다. 그렇기 때문에 "비녀와 머리싸개를 제거하고 머리를 묶어 상투를 튼다."라고 했으니, 상투 위로 머리를 묶는 것이다. 정현이 "나머지 형제들은 면(免)을 한다고 했는데, 자최복을 착용하는 자들이 단(袒)을 하게 되면 면(免)으로 관(冠)을 대체하게 된다."라고 했는데, 이것 또한 소렴의 절차가 참최복을 착용하는 자들이 머리를 묶는 것과 시기가 같음을 뜻하니, 이 모두는 남자를 기준으로 한 말이다. 부인의 경우라면, 참최복을 착용할 때, 부인들은 마(麻)를 이용해서 좌(髽)의 방식으로 머리를 틀고, 자최복을 착용할 때, 부인들은 포(布)를 이용해서 좌(髽)의 방식으로 머리를 튼다. 좌(髽)의 방식으로 머리를 틀고 머리를 묶는 것들은 모두 마(麻)와 포(布)를 이용해서 목에서부터 앞으로 돌려 이마에서 교차하고, 상투로 넘겨서 두르니, 삼두(幓頭)를 한 것과 같다. 면(免) 또한 이러하지만 포(布)의 너비가 1촌(寸)이

---

34) 『예기』「상복소기(喪服小記)」【407c】: 男子冠而婦人笄, 男子免而婦人髽. 其義爲男子則免, 爲婦人則髽.

라는 것이 다르다. 정현이 "방(房)에서 하거나 실(室)에서 하는 것은 묶은 머리를 푸는 것은 은밀한 곳이 적합하기 때문이다."라고 했는데, 아래문장에서 부인이 실(室)에서 좌(髽)의 방식으로 머리를 튼다는 것까지도 함께 언급한 것이다.

참고 『예기』「심의(深衣)」 기록

경문-672b 古者深衣, 蓋有制度, 以應規·矩·繩·權·衡. 短毋見膚, 長毋被土. 續衽, 鉤邊, 要縫半下.

번역 고대의 심의(深衣)는 일정한 제도가 정해져 있어서, 둥근 자·곱자·먹줄·저울추·저울대 등의 도량형에 맞았다. 따라서 옷의 길이가 짧더라도 피부를 드러내는 일이 없었고 길더라도 땅에 닿는 일이 없었다. 하의의 옷자락을 봉합하고, 봉합된 부분을 덮어서 재차 봉합하였으며, 허리부분을 봉합한 것은 하단의 끝부분 길이의 절반이 된다.

鄭注 言聖人制事, 必有法度. 衣取蔽形. 爲汚辱也. 續, 猶屬也. 衽, 在裳旁者也. 屬連之, 不殊裳前後也. 鉤, 讀如"鳥喙必鉤"之"鉤". 鉤邊, 若今曲裾也. 續, 或爲"裕". 三分要中, 減一以益下, 下宜寬也. 要, 或爲"優".

번역 성인이 어떤 사안을 제어할 때에는 반드시 그에 대한 법도를 제정했다는 뜻이다. 옷은 몸을 가리기 위해서 만든다. 땅에 닿지 않게 만드는 것은 더럽게 되기 때문이다. '속(續)'자는 "붙이다[屬]."는 뜻이다. '임(衽)'은 하의의 측면에 있는 것을 뜻한다. 연결해 붙여서 하의의 전면과 후면에 차이가 생기지 않게끔 하는 것이다. '구(鉤)'자는 "새의 부리는 반드시 굽어 있다."라고 할 때의 '구(鉤)'자처럼 풀이한다. '구변(鉤邊)'이라는 것은 오늘날의 곡거(曲裾)라는 것과 같다. '속(續)'자를 다른 판본에서는 '유(裕)'자로 기록하기도 한다. 허리부분을 세 등분하여 그 중 하나 만큼을 줄여서 하단부가 넓어지도록 하니, 하단부는 마땅히 넓어야 하기 때문이다. '요(要)'자를 다른 판본에서는 '우(優)'자로 기록하기도 한다.

孔疏 ●"古宅深衣, 蓋有制度"者, 以作記之人爲記之時, 深衣無復制度, 故稱"古者深衣, 蓋有制度". 言"蓋"者, 疑辭也.

번역 ●經文: "古宅深衣, 蓋有制度". ○『예기』를 기록한 자가 『예기』를 기록했을 때에는 심의(深衣)에 대해 일정한 제도가 없었기 때문에, "고대의 심의에는 아마도 일정한 제도가 있었을 것이다."라고 말한 것이다. '개(蓋)' 자를 언급한 것은 의문의 뜻을 드러낸 것이다.

孔疏 ●"以應規矩繩權衡"者, 此則制度之事, 所應者備在下文.

번역 ●經文: "以應規矩繩權衡". ○이것은 제도에 대한 구체적인 사안으로, 제도에 맞는 것은 뒤의 문장에 모두 기록되어 있다.

孔疏 ●"短毋見膚"者, 深衣所取覆形體, 縱令稍短, 不得見其膚肉, 若見膚肉, 則褻也.

번역 ●經文: "短毋見膚". ○심의(深衣)는 몸을 덮어서 가리는 것인데, 조금 짧게 만들더라도 피부가 노출되게 할 수 없으니, 만약 피부가 노출된다면 무례하게 된다.

孔疏 ●"長毋被土"者, 其衣縱長, 無覆被於土, 爲汚辱也.

번역 ●經文: "長毋被土". ○옷을 길게 만들더라도 땅을 덮거나 닿게 하지 않으니, 더럽게 되기 때문이다.

孔疏 ●"續衽鉤邊"者, 衽, 謂深衣之裳, 以下闊上狹, 謂之爲"衽". 接續此衽而鉤其旁邊, 卽今之朝服有曲裾而在旁者是也.

번역 ●經文: "續衽鉤邊". ○'임(衽)'은 심의(深衣)의 하의를 뜻하는데, 하단부는 넓고 상단부는 좁아서 '임(衽)'이라고 부르는 것이다. 이러한 임(衽)을 붙이고 연결해서 측면을 접으니, 곧 오늘날 조복(朝服)을 만들 때 곡거(曲裾)라는 부분이 있고, 그것이 측면에 있는데, 바로 이것을 뜻한다.

孔疏 ◎注"續猶"至"裾也". ○正義曰: "衽當旁"者, 凡深衣之裳十二幅, 皆寬頭在下, 狹頭在上, 皆似小要之衽, 是前後左右皆有衽也. 今云"衽當旁"者, 謂所續之衽, 當身之一旁, 非爲餘衽悉當旁也. 云"屬連之, 不殊裳前後也", 若其喪服, 其裳前三幅·後四幅各自爲之, 不相連也. 今深衣裳, 一旁則連之相著, 一旁則有曲裾掩之, 與相連無異, 故云"屬, 連之, 不殊裳前後也". 云"鉤, 讀如鳥喙必鉤之鉤"者, 按援神契云: "象鼻必卷, 長鳥喙必鉤", 鄭據此讀之也. 云"若今曲裾也", 鄭以後漢之時, 裳有曲裾, 故以"續衽鉤邊"似漢時曲裾. 今時朱衣朝服, 從後漢明帝所爲, 則鄭云今曲裾者, 是今朝服之曲裾也. 其深衣之衽, 已於玉藻釋之, 故今不得言也.

번역 ◎鄭注: "續猶"~"裾也". ○"연결 부분을 꿰맨 것은 양쪽 측면으로 오도록 한다."라고 했는데, 심의(深衣)의 하의는 12폭으로 되어 있고, 넓은 부분은 하단부에 있고 좁은 부분은 상단부에 있는데, 이 모두는 관(棺)을 결합시킬 때 사용하는 나무인 소요(小要)의 임(衽)과 유사하니, 전면·후면·좌측·우측에 모두 임(衽)이 있는 것이다. 현재 "연결 부분을 꿰맨 것은 양쪽 측면으로 오도록 한다."라고 한 것은 연결된 부분의 임(衽)으로, 몸의 한쪽 측면에 오도록 하는 것이며, 나머지 임(衽)마저 모두 측면으로 오도록 한다는 말이 아니다. 정현이 "연결해 붙여서 하의의 전면과 후면에 차이가 생기지 않게끔 하는 것이다."라고 했는데, 상복의 경우라면 하의는 전면은 3폭으로 만들고 후면은 4폭으로 만들어서 각각 떨어트려 만들며 서로 연결하지 않는다. 현재 심의의 하의는 한쪽 측면이 연결되어 서로 붙어 있고, 또 다른 측면은 곡거(曲裾)라는 부분을 두어서 가리고 있으니, 서로 연결된 것과 차이가 없게 된다. 그렇기 때문에 "연결해 붙여서 하의의 전면과 후면에 차이가 생기지 않게끔 하는 것이다."라고 말한 것이다. 정현이 "'구(鉤)'자는 '새의 부리는 반드시 굽어 있다.'라고 할 때의 '구(鉤)'자처럼 풀이한다."라고 했는데, 『원신계』를 살펴보면, "코끼리의 코는 반드시 말려 있고, 큰 새의 부리는 반드시 굽어 있다."라고 했는데, 정현은 이러한 문장에 근거해서 이처럼 풀이한 것이다. 정현이 "오늘날의 곡거(曲裾)라는 것과 같다."라고 했는데, 정현이 생존했던 후한 때에는 하의에 곡거라는 것을 두었다. 그렇기 때문에 '속임구변(續衽鉤邊)'을 한나라 때의 복식제도에 나타난 곡거와 유사하다고 한 것이다. 오늘날 주색의 옷으로 조복(朝服)을 만드는 것은 후한 명제(明帝)가 시행했던 것을 따르는 것이니, 정현이 말한 오늘날의 곡거라는 것은 바로 지금의 조복에 있는 곡거에 해당한다. 심의의 임(衽)에 대해서는 이미 『예기』「옥조(玉藻)」편에서 풀이를 했으므로, 여기에서는 자세히 설명하지 않는다.

孔疏 ●"要縫半下", 要縫, 謂要中之縫, 尺寸闊狹, 半下畔之闊, 下畔一丈四尺四寸, 則要縫半之, 七尺二寸.

번역 ●經文: "要縫半下". ○'요봉(要縫)'은 허리부분을 봉합한 것으로, 그 폭은 하단부의 폭에 절반이 되며, 하단부의 폭이 1장(丈) 4척(尺) 4촌(寸)이므로, 허리부분의 봉합은 그 절반이 되어 7척 2촌이 된다.

孔疏 ◎注"三分"至"寬也". ○正義曰: 此據裳之一幅, 分爲二幅. 凡布廣二尺二寸, 四寸爲縫. 一尺八寸在三分之一, 分爲六寸, 減此六寸, 以益於下, 是下二幅有二尺四寸, 上二幅有一尺二寸, 故云"三分要中, 減一以益下". 下容擧足而行, 故宜寬也.

번역 ◎鄭注: "三分"~"寬也". ○이것은 하의의 1폭을 나눠서 2폭으로 만든 것을 기준으로 한 말이다. 포(布)의 너비는 2척(尺) 2촌(寸)이며, 4촌만큼을 봉합부분으로 삼는다. 1척 8촌을 3분의 1로 하면 한 등분은 6촌이 되며, 이러한 6촌만큼을 줄여서 하단부를 넓히는 것이다. 즉 하단부의 2폭은 2척 4촌이고 상단부의 2폭은 1척 2촌이 된다. 그렇기 때문에 "세 등분하여 그 중 하나 만큼을 줄여서 하단부가 넓어지도록 한다."라고 말한 것이다. 하단부는 발을 들어서 움직일 수 있도록 만들어야 하기 때문에 마땅히 넓게 만들어야만 한다.

集說 朝服・祭服・喪服, 皆衣與裳殊, 惟深衣不殊, 則其被於體也. 深邃, 故名深衣. 制同而名異者有四焉. 純之以采曰深衣, 純之以素曰長衣, 純之以布曰麻衣, 著在朝服祭服之內曰中衣. 但大夫以上助祭用冕服, 自祭用爵弁服, 則以素爲中衣. 士祭用朝服, 則以布爲中衣也. 皆謂天子之大夫與士也. 喪服亦用中衣. 檀弓云, "練衣, 黃裏縓緣", 是也, 但不得繼揜尺耳.

번역 조복・제복・상복은 모두 상의와 하의가 달랐는데, 오직 심의(深衣)만은 차이가 없었으니, 몸을 가리는 것이다. 조금의 틈도 없이 깊이 감싸기 때문에 '심의(深衣)'라고 부른다. 옷을 만드는 방법은 동일하지만 명칭이 다른 것은 네 가지이다. 채색된 천으로 가선을 달면 '심의(深衣)'라고 부르며, 흰색의 천으로 가선을 달면 '장의(長衣)'라고 부르고, 포(布)로 가선을 달면 '마의(麻衣)'라고 부르고, 조복이나 제복 안에 착용하게 되면 '중의(中衣)'라고 부른다. 다만 대부 이상의 계급이 제사를 돕게 되면 면복(冕服)[35]을 착용하고, 자신이 제사를 지내게 되면 작변복(爵弁服)[36]을 착용하니, 흰색의 천으로 중의를 만들게 된다. 사는 제사를 지낼 때 조복을 착용하니, 포로 중의를 만들게 된다. 이 모두는 천자에게 소속된 대부와 사를 뜻한다. 상복에도 또한 중의를 착용한다. 『예기』「단궁(檀弓)」편에서 "연의(練衣)[37]

35) 면복(冕服)은 대부(大夫) 이상의 계층이 착용하는 예관(禮冠)과 복식을 뜻한다. 무릇 길례(吉禮)를 시행할 때에는 모두 면류관[冕]을 착용하는데, 복장의 경우에는 시행하는 사안에 따라서 달라진다.

36) 작변(爵弁)은 고대의 예관(禮冠) 중 하나로, 면류관[冕] 다음 등급에 해당한다. '작(爵)'자는 관의 모습이 참새의 머리처럼 생겼기 때문에 붙여진 명칭이다. 적색과 은미한 흑색이 나는 30승(升)의 포(布)로 만든다. 또한 '작변'은 작변복(爵弁服)을 지칭하기도 한다. 예복(禮服)의 경우 착용하는 관(冠)에 따라서 그 복장의 명칭을 붙이기도 하기 때문이다. '작변복'은 작변의 관, 분홍색의 하의, 명주로 만든 상의, 검은색의 대(帶), 매겹(韎韐)이라는 슬갑을 착용한다.

를 착용하니, 연의는 황색의 옷감으로 중의의 속단을 대고, 옅은 홍색의 옷감으로 옷깃과 소매의 끝단을 댄 것이다.”[38]라고 한 말이 이러한 사실을 나타내지만, 소매를 덧대어 1척(尺)을 가리지는 않을 따름이다.

集說 楊氏曰: 深衣制席, 惟續衽鉤邊一節難考, 鄭註續衽二字文義甚明, 特疏家亂之耳. 鄭註云, “續, 猶屬也. 衽, 在裳旁者也, 屬連之不殊裳前後也.” 鄭意蓋言凡裳前三幅, 後四幅, 旣分前後, 則其旁兩幅分開而不相屬; 惟深衣裳十二幅, 交裂裁之, 皆名爲衽. 所謂續衽者, 指在裳旁兩幅言之, 謂屬連裳旁兩幅, 不殊裳之前後也. 又衣圖云, “旣合縫了, 又再覆縫, 方便於著, 以合縫者爲續衽, 覆縫爲鉤邊.”

번역 양씨[39]가 말하길, 심의(深衣)를 만드는 제도에서 ‘속임구변(續衽鉤邊)’에 대해서는 고찰하기 어려운데, 정현의 주에서는 ‘속임(續衽)’이라는 두 글자에 대해서 그 뜻을 매우 분명하게 풀이했지만, 주소학의 학자들이 혼란스럽게 만들었을 따름이다. 정현의 주에서는 “‘속(續)’자는 연결하다는 뜻이다. ‘임(衽)’은 하의의 측면 자락을 뜻하니, 연결해 붙여서 하의의 전문과 후면에 차이가 생기지 않도록 했다.”라고 했다. 정현의 의도는 아마도 일반적은 하의는 전면은 3폭이고 후면은 4폭이니, 전면과 후면이 구분되므로, 측면의 양폭이 갈라져서 서로 연결되어 있지 않다. 오직 심의의 하의만 12폭으로 만들며 벌려진 것을 교차하여 만들기 때문에 이 모두를 ‘임(衽)’이라고 부른다고 한 것이다. 이른바 ‘속임(續衽)’이라는 것은 하의의 측면 양폭에 있는 것을 가리켜서 말한 것이니, 하의의 측면에 양폭을 붙여서, 하의의 전면과 후면에 차이가 생기지 않게끔 한 것을 뜻한다. 또 『의도』에

---

37) 연의(練衣)는 누이는 공정을 기마한 포(布)로 제작한 옷을 뜻한다. 고대에는 부모의 상을 치를 때 소상(小祥)을 치른 뒤에 착용했다.

38) 『예기』「단궁상(檀弓上)」【103d】: 練, 練衣, 黃裏, 縓緣.

39) 양시(楊時, A.D.1053~A.D.1135) : =구산양씨(龜山楊氏)·양씨(楊氏)·양중립(楊中立). 북송(北宋) 때의 학자이다. 자(字)는 중립(中立)이고, 호(號)는 구산(龜山)이다. 저서로는 『구산집(龜山集)』·『구산어록(龜山語錄)』·『이정수언(二程粹言)』 등이 있다.

서는 "두 자락을 봉합하고 그것이 끝나면 재차 덮어서 봉합을 하니, 입을 때 편리하게 만들기 위해서이며, 두 자락을 봉합하는 것을 속임(續衽)이라고 하며, 덮어서 봉합하는 것을 구변(鉤邊)이라고 한다."라고 했다.

集說 要縫七尺二寸, 是比下齊之一丈四尺四寸爲半之也. 玉藻云, "縫齊倍要", 是也.

번역 허리부분을 봉합한 것은 7척(尺) 2촌(寸)인데, 이것은 하의의 끝부분의 길이인 1장(丈) 4척 4촌과 비교를 해보면 절반이 된다. 『예기』「옥조(玉藻)」편에서 "끝부분을 재봉한 것은 허리부분의 너비보다 2배로 한다."[40]라고 한 말이 이러한 사실을 나타낸다.

訓纂 江氏永曰: 疏分續衽鉤邊在兩旁最是. 一旁連之相著者, 左旁也. 一旁有曲裾揜之者, 右旁也. 鉤邊, 似漢時曲裾, 當別用一幅爲之, 上狹下闊, 綴於右後內衽, 使其鉤曲而前, 以揜裳際.

번역 강영[41]이 말하길, 공영달[42]의 소에서는 속임(續衽)과 구변(鉤邊)을 양쪽 측면으로 나눠서 설명을 했는데, 그 설명은 매우 옳다. 한쪽 측면은 서로 연결하여 붙게 만드는데 이것은 좌측 측면을 뜻한다. 다른 측면은 곡거(曲裾)를 두어서 가리는데 이것은 우측 측면을 뜻한다. '구변(鉤邊)'은 한나라 때의 곡거와 유사하니, 마땅히 별도의 1폭을 사용해서 만들고 상단부는 좁게 하고 하단부는 넓게 하여 우측 뒷면에 있는 안쪽의 임(衽)에 연결하여 접어서 앞으로 오도록 해서 하의의 벌어진 틈을 가리게 한다.

---

40) 『예기』「옥조(玉藻)」【380a～b】: 深衣三袪, 縫齊倍要, 衽當旁, 袂可以回肘.

41) 강영(江永, A.D.1681～A.D.1762): 청(淸)나라 때의 경학자이다. 자(字)는 신수(愼修)이다. 『십삼경주소(十三經注疏)』에 대한 연구를 했으며, 특히 삼례(三禮)에 대해 해박했다.

42) 공영달(孔穎達, A.D.574～A.D.648): =공씨(孔氏). 당대(唐代)의 경학자이다. 자(字)는 중달(仲達)이고, 시호(諡號)는 헌공(憲公)이다. 『오경정의(五經正義)』를 찬정(撰定)하는데 중심적인 역할을 했다.

集解 愚謂: 深衣之裳, 用布六幅, 而斜裁爲十二幅, 前六幅, 後六幅. 於前幅左右之兩旁, 用布續之, 以掩其前後際謂之衽. 衽之在左者, 續於前幅, 而縫著於後幅; 其在右者, 但續於前幅而不縫著, 至衣之, 則掩於後幅也. 鉤, 曲也. 邊, 卽衽之交掩處也. 深衣之裳, 幅上狹而下廣, 其衽之掩於後幅者則上廣而下狹, 二者相交, 上下皆廣, 而中央獨狹, 則其形鉤曲矣. 勉齋黃氏與朱子論深衣之制云"曲裾, 以一幅布交解之爲兩條, 上闊下狹, 綴之兩旁, 如燕尾然", 是也. 禮衣之衽, 垂於裳之兩旁, 而不屬於裳. 其裳用正幅而襞積之, 與衽相値之處亦無鉤邊之象, 故續衽鉤邊惟深衣之制爲然. 要縫, 謂要中所縫紩之度也. 下, 謂齊也. 深衣之裳, 用布六幅, 斜裁爲十二幅. 布廣二尺二寸, 除四寸爲縫, 餘布一尺八寸, 三分之, 狹頭得一分, 爲六寸, 合十二幅, 則爲七尺二寸也; 闊頭得二分, 爲一尺二寸, 合十二幅, 則爲一丈四尺四寸也. 以七尺二寸爲要, 以一丈四尺四寸爲齊, 是要縫之度, 半於齊縫之度也.

번역 내가 생각하기에, 심의(深衣)의 하의는 포(布) 6폭을 사용해서 만드는데, 비스듬하게 잘라 12폭을 만드니 전면은 6폭이 되고 후면은 6폭이 된다. 전면의 폭 좌우 양쪽 측면은 포를 이용해서 연결하는데, 전면과 후면의 갈라진 틈을 가리기 때문에 '임(衽)'이라고 부른다. 임(衽) 중 좌측에 있는 것은 전면의 폭에 연결을 하고, 후면의 폭과 봉합하여 붙이고, 우측에 있는 것은 단지 전면의 폭에만 연결하고 봉합하여 붙이지 않으니, 옷을 착용하게 되면 후면의 폭을 가리게 된다. '구(鉤)'자는 "굽히다[曲]."는 뜻이다. '변(邊)'은 임(衽)이 교차되어 가려진 곳을 뜻한다. 심의의 하의는 폭에 있어서 상단부는 좁고 하단부는 넓은데, 임(衽) 중 후면의 폭을 가리는 것은 상단부가 넓고 하단부가 좁아서, 둘을 서로 교차하면 상단부와 하단부가 모두 넓게 되고 중앙만 유독 좁아지니, 그 모습이 굴곡진 것처럼 보이게 된다. 면재황씨[43]와 주자는 심의의 제도를 논의하며, "곡거(曲裾)는 1폭의

43) 황간(黃幹, A.D.1152~A.D.1221) : =면재황씨(勉齋黃氏)・삼산황씨(三山黃氏)・장락황씨(長樂黃氏)・황면재(黃勉齋)・황직경(黃直卿). 남송(南宋) 때의 학자이다. 자(字)는 직경(直卿)이고, 호(號)는 면재(勉齋)이다. 주자(朱子)에게서 수학하였으며, 주자의 사위였다. 저서로는 『오경통의(五經通義)』 등이 있다.

포를 교차시켜 두 가닥으로 나누는데 상단부는 넓고 하단부는 좁으며 양쪽 측면에 연결하니, 마치 제비의 꼬리처럼 생겼다."라고 한 말이 이러한 사실을 나타낸다. 예복에 달려 있는 임(衽)은 하의의 양쪽 측면에 늘어트리게 되고, 하의에 연결하지 않는다. 하의는 정폭의 천을 사용하며 주름을 접어서 만드는데, 임(衽)이 달려 있는 곳에도 굴곡진 모습이 없게 된다. 그렇기 때문에 속임(續衽)과 구변(鉤邊)이라는 것은 오직 심의의 제도에서만 이처럼 하는 것이다. '요봉(要縫)'은 허리부분을 꿰매는 치수를 뜻한다. '하(下)'자는 하단부의 끝부분을 뜻한다. 심의의 하의는 6폭의 포를 사용해서 비스듬하게 잘라 12폭을 만든다. 포의 너비는 2척(尺) 2촌(寸)이고 4촌의 봉합하는 부분을 제외하면 나머지 포의 너비는 1척 8촌이 되고, 그것을 세 등분하면 좁은 부분은 한 등분으로 삼아 6촌으로 만들고, 12폭의 길이를 합하면 7척 2촌이 되며, 넓은 부분은 두 등분으로 삼아 1척 2촌으로 만들고, 12폭의 길이를 합하면 1장(丈) 4척 4촌이 된다. 7척 2촌의 길이를 허리부분으로 삼고 1장 4척 4촌을 하단부의 끝부분으로 삼으니, 이것은 허리부분을 봉합하는 치수가 하단부를 봉합하는 치수의 반이 됨을 뜻한다.

참고 『춘추공양전』「소공(昭公) 25년」 기록

傳文 昭公曰, "君不忘吾先君, 延及喪人, 錫之以大禮." 再拜稽首, 以衽受.

번역 소공이 말하길, "군주께서 우리 선대 군주를 잊지 않으시고 나라를 잃은 저에게 은혜를 베푸시어, 큰 예우를 베풀어주셨습니다."라고 했다. 그리고 재배를 하고 머리를 조아렸으며, 임(衽)으로 받았다.

何注 衽, 衣下裳當前者. 乏器, 謙不敢求索.

번역 '임(衽)'은 의복 중 하의에서도 앞자락에 해당하는 곳이다. 기물이 부족해서이니, 감히 구하고 찾지 않는다는 혐의를 받기 때문이다.

徐疏 ●"錫之以大禮", ○上文糗是也.

번역 ●傳文: "錫之以大禮", ○앞 문장에서 마른 식량이라고 한 것에 해당한다.

徐疏 ◎注"衽衣"至"乏器". ○解云, 所以衽受之者, 而以行客之人於器物乏故也.

번역 ◎何注: "衽衣"~"乏器". ○임(衽)으로 받은 것은 여정 중에 있는 사람은 기물이 부족하기 때문이다.

참고 『예기』「단궁상(檀弓上)」 기록

경문-88c 曾子襲裘而弔, 子游裼裘而弔. 曾子指子游而示人曰: "夫夫也, 爲習於禮者, 如之何其裼裘而弔也?" 主人旣小斂, 袒·括髮, 子游趨而出, 襲裘·帶·絰而入. 曾子曰: "我過矣! 我過矣! 夫夫是也."

번역 증자는 갖옷을 겉옷으로 가리고 조문을 했고, 자유는 겉옷을 걷어서 갖옷을 드러내고 조문을 했다. 증자가 자유를 지목하여, 다른 사람들에게 보여주며 말하길, "저 사람은 예를 익힌 자이다. 그런데 어찌하여 갖옷을 드러낸 상태에서 조문을 한단 말인가?"라고 했다. 상주가 소렴(小斂)을 끝내고, 단(袒)을 하고 머리를 틀자, 자유는 종종걸음으로 나갔다가 갖옷을 가리고, 대(帶)와 질(絰)을 차고서 들어왔다. 그 모습을 본 증자는 "내가 잘못한 것이구나! 내가 잘못한 것이구나! 저 사람이 하는 것이 옳다."라고 했다.

鄭注 曾子蓋知臨喪無飾. 夫夫, 猶言此丈夫也. 子游於時名爲習禮. 於主人變乃變也, 所弔者朋友. 服是, 善子游.

번역 증자는 아마도 상에 임했을 때에는 치장을 하지 않는다고 알았던 것 같다. '부부(夫夫)'는 '저 사내[此丈夫]'라는 말과 같다. 자유는 당시 예를 익힌 것으로 명성이 높았다. 자유가 복식을 바꾼 것은 상주가 복식을 바꾼 것에 따라서 곧 자신도 복식을 바꾼 것이며, 조문을 받는 자는 자유의 벗이다. 자유의 행동이 옳다고 인정하고, 자유를 칭찬한 것이다.

孔疏 ●"子游趨而出, 襲裘帶絰而入", 凡弔喪之禮, 主人未變之前, 弔者吉服而弔. 吉服謂羔裘·玄冠·緇衣·素裳. 又袒去上服, 以露裼衣, 則此"裼裘而弔", 是也. 主人既變之後, 雖著朝服而加武以絰, 又掩其上服, 若是朋友又加帶, 則此"襲裘帶絰而入", 是也. 按喪大記云: "弔者襲裘, 加武, 帶絰." 注云: "始死, 弔者朝服裼裘, 如吉時也. 小斂則改襲而加武與帶絰矣. 武, 吉冠之卷也. 加武者, 明不改冠, 但加絰於武." 喪大記所云亦據朋友, 故云"帶絰", 帶既在腰, 鄭注"加武與帶絰", 似帶亦加武者, 其實加武唯絰, 連言帶耳. 主人成服之後, 弔者大夫則錫衰, 士則疑衰, 當事皆首服弁絰. 此子游之弔, 未知主人小斂以否, 何因出則有帶絰服之而入, 但子游既及弔喪, 豫備其事, 故將帶絰行也.

번역 ●經文: "子游趨而出, 襲裘帶絰而入". ○무릇 상사에 조문하는 예에 있어서, 상주가 아직 복식을 바꾸기 이전이라면, 조문객은 길복(吉服)을 착용하고 조문을 한다. '길복(吉服)'이라는 것은 검은 양의 가죽으로 만든 갖옷과 현관(玄冠)을 착용하고, 검은색의 상의와 흰색의 하의를 착용하는 것을 뜻한다. 또 단(袒)을 하여 상의를 걷어서, 석의(裼衣)[44]를 드러내니, 이곳에서 "갖옷을 석(裼)[45]하여 조문을 한다."라고 한 말에 해당한다. 상주가 이미 복식을 바꾼 이후라면, 비록 조복(朝服)을 착용하고 있는 상태라고

44) 석의(裼衣)는 고대에 의례를 시행할 때 입는 옷이다. 가죽옷이나 갈옷 위에 걸쳤던 외투 중 하나이다. '석의' 위에는 습의(襲衣)를 걸쳤기 때문에, 중간에 입는 옷이라는 뜻에서 '중의(中衣)'라고도 부른다.

45) 석(裼)은 고대에 의례를 시행할 때 하는 복장 방식 중 하나이다. 좌측 소매를 걷어 올려서, 안에 입고 있는 석의(裼衣)를 드러내는 것이다. 한편 '석'은 비교적 성대하지 않은 의식 때 시행하는 복장 방식으로도 사용되어, 좌측 소매를 걷어 올려서 공경의 뜻을 표하기도 했다.

하더라도, 관(冠)의 테에 질(絰)을 두르고, 또한 그 상의를 가리는데, 만약 그 자가 자신의 벗이라면, 대(帶)를 더하게 되니, 이곳에서 "갓옷을 습(襲)하고 대(帶)와 질(絰)을 하고서 들어갔다."라고 한 말에 해당한다. 『예기』「상대기(喪大記)」편을 살펴보면, "조문객은 갓옷을 습(襲)하고, 무(武)를 더하며, 대(帶)와 질(絰)을 찬다."[46]라고 했고, 이 문장에 대한 정현의 주에서는 "사람이 이제 막 죽었을 때, 조문객은 조복을 착용하고, 갓옷을 석(裼)하여, 길(吉)한 때처럼 한다. 소렴(小斂)을 하게 되면, 습(襲)으로 복장방식을 바꾸고, 무(武)와 대(帶) 및 질(絰)을 추가하게 된다. '무(武)'라는 것은 길관(吉冠)[47]에 하는 권(卷)을 뜻한다. 무(武)를 더한다는 것은 관(冠)을 고쳐 쓰지 않고, 단지 질(絰)을 무(武)에 더하게 된다는 사실을 나타낸다."라고 했다. 「상대기」편에서 언급한 내용 또한 죽은 자가 벗인 경우에 기준을 둔 것이다. 그렇기 때문에 "대(帶)와 질(絰)을 착용한다."라고 말한 것이니, 대(帶)라는 것은 허리에 차는 것인데도, 정현의 주에서는 "무(武)와 대(帶) 및 질(絰)를 더한다."라고 하여, 대(帶) 또한 무(武)에 덧대는 것처럼 기록하였다. 그러나 실제로 무(武)에는 오직 질(絰)만을 덧대는 것이며, 그 연장선에서 대(帶)를 함께 언급한 것일 뿐이다. 상주가 성복(成服)을 한 이후이고, 조문객이 대부의 신분이라면 석최(錫衰)[48]의 복장을 착용하며, 사(士)인 경우라면 의최(疑衰)[49]를 착용하는데, 해당하는 일이 있는 자들은 모두 머리에 변질(弁絰)[50]을 쓰게 된다. 이곳에서 자유가 조문을 할 때에는 상주

---

46) 『예기』「상대기(喪大記)」【529d~530a】: 主人卽位, 襲帶絰踊, 母之喪, 卽位而免, 乃奠. 弔者襲裘, 加武, 帶絰, 與主人拾踊.

47) 길관(吉冠)은 길복(吉服)을 착용할 때 쓰는 관(冠)이다. '길복'은 제례(祭禮)나 의례(儀禮)를 시행할 때 착용하는 제복(祭服)과 예복(禮服)을 가리킨다. 신분의 등급 및 제사의 종류의 따라서 '길복'이 변화되는데, '길관' 또한 각 길복에 따라 변화된다. 한편 일상적으로 쓰는 '관' 또한 '길관'이라고 부른다. 길흉(吉凶)에 의해 각 시기를 구분하게 되면, 상사(喪事)나 재앙 등을 당했을 때에는 흉(凶)에 해당하고, 그 나머지 시기는 길(吉)한 시기에 해당하기 때문이다.

48) 석최(錫衰)는 가는 베로 만든 옷으로, 일종의 상복(喪服)에 해당한다. 천자의 경우, 삼공(三公)이나 육경(六卿)의 상(喪)에 착용했던 복장이다.

49) 의최(疑衰)는 길복(吉服)에 가까운 복장으로, 일종의 상복(喪服)에 해당한다. 천자의 경우, 대부(大夫)나 사(士)의 상(喪)에 착용했던 복장이다.

50) 변질(弁絰)은 흰 색으로 된 작변(爵弁)에 환질(環絰)을 두른 것이다.

가 소렴을 했는지 아닌지를 아직 알 수 없었는데, 어떻게 그 일에 따라 밖으로 나가서, 미리 준비해온 대(帶)와 질(絰)을 착용하고서 들어올 수 있는가? 다만 자유는 이미 상사 때 조문하는 일에 있어서, 그 사안들을 미리 대비했던 것이다. 그렇기 때문에 대(帶)와 질(絰)을 가지고서 찾아갔던 것이다.

集解 喪服記, "朋友麻." 奔喪, "無服而爲位者惟嫂叔, 及婦人降而無服者麻." 此二者之麻, 皆弔服也. 而特言麻, 可以見凡弔絰之非麻矣. 喪服記, "公子爲其母練冠麻", "爲其妻縓冠, 葛絰·帶", 以麻對葛而言, 可以見喪服記"朋友麻"及奔喪所言之"麻", 皆對葛而言麻矣. 士虞禮, "祝免, 澡葛絰·帶" 祝乃公有司, 其所服固弔服也, 而葛絰·帶則弔服之絰·帶, 於此可見矣. 士爲朋友麻, 若弔於未成服, 則亦葛絰·帶, 蓋未成服則弔者猶玄冠, 麻不加於采也. 又註謂子游"所弔者朋友", 疏謂"弔服惟有絰, 朋友乃加帶", 非也. 子游所弔, 不言其爲何人, 安知其爲朋友乎? 喪大記, "弔者加武, 帶·絰", 則凡弔者皆帶·絰備有, 不獨朋友矣.

번역 『의례』「상복(喪服)」편의 기문(記文)에서는 "벗을 위해서 마(麻)를 한다."[51]라고 했고, 『예기』「분상(奔喪)」편에서는 "상복관계가 성립되지 않는데도 곡하는 자리를 마련하는 자는 오직 형제의 아내와 남편의 형제에 한해서이며, 부인의 경우 본래의 상복관계보다 단계를 낮추고, 상복관계가 성립되지 않는 경우에는 마(麻)를 한다."[52]라고 했다. 이 두 기록에서 말하는 '마(麻)'라는 것은 모두 조복(弔服)을 가리킨다. 그런데 단지 '마(麻)'라고만 언급하였으니, 일상적으로 조문을 할 때 착용하는 질(絰)은 마(麻)로 제작한 것이 아니었음을 확인할 수 있다. 「상복」편의 기문에서는 "공자(公子)는 그의 모친을 위해서 연관(練冠)[53]에 마(麻)를 한다."라고 했고, "그 처를

51) 『의례』「상복(喪服)」: 傳曰, 小功以下爲兄弟. 朋友皆在他邦, 袒免, 歸則已. 朋友麻.

52) 『예기』「분상(奔喪)」【657b】: 無服而爲位者, 唯嫂叔, 及婦人降而無服者麻.

53) 연관(練冠)은 상(喪) 중에 착용하는 관(冠)이다. 부모의 상 중에서 1주기에 지내는 제사 때 착용을 하였다.

위해서는 전관(縓冠)[54]과 갈(葛)로 엮은 질(絰)과 대(帶)를 한다."라고 했으니,[55] '마(麻)'를 '갈(葛)'에 대비해서 말한 것으로, 이를 통해서 「상복」편의 기문에서 말한 "벗을 위해 마(麻)를 한다."라는 말과 「분상」편에서 말한 '마(麻)'라는 것이 모두 갈(葛)과 대비해서 마(麻)를 언급한 것임을 확인할 수 있다. 『의례』「사우례(士虞禮)」편에서는 "축(祝)이 면(免)을 하고, 갈(葛)을 다듬어서 질(絰)과 대(帶)를 만든다."[56]라고 했는데, 여기에서 말하는 '축(祝)'은 곧 공유사(公有司)[57]에 해당하니, 그가 착용하는 복장은 진실로 조복(弔服)에 해당하므로, 갈(葛)로 만든 질(絰)과 대(帶)가 곧 조복(弔服)에 착용하는 질(絰)과 대(帶)가 됨을 이를 통해서도 확인할 수 있다. 사 계급이 죽은 벗을 위해 마(麻)를 한다고 했는데, 만약 상주가 아직 성복을 하기 이전에 조문을 하는 경우라면, 또한 갈(葛)로 만든 질(絰)과 대(帶)를 착용하게 되니, 무릇 아직 성복을 하기 이전이라면, 조문객은 여전히 현관(玄冠)을 쓰고 있으므로, 마(麻)로 제작한 질(絰) 등은 채색이 들어간 관(冠)에 덧댈 수 없기 때문일 것이다. 또한 정현의 주에서는 자유에 대해 설명하며, "그가 조문을 했던 자는 벗이었다."라고 했고, 공영달의 소에서는 "조복(弔服)에는 오직 질(絰)만 있게 되고, 벗인 경우에는 곧 대(帶)를 더하게 된다."라고 했는데, 이 주장은 모두 잘못되었다. 자유가 조문한 대상에 대해서는 그가 어떤 사람인가에 대해서는 언급하지 않았는데, 어떻게 그가 자유의 벗이라는 것을 알 수 있는가? 『예기』「상대기(喪大記)」편에서는 "조문하는 자는 무(武)를 더하고, 대(帶)와 질(絰)을 한다."라고 했으니, 무릇 조문하는 자들은 모두 대(帶)와 질(絰)을 준비했던 것으로, 유독 벗에 대해서만 그처럼 했던 것이 아니다.

---

54) 전관(縓冠)은 옅은 홍색으로 된 관(冠)을 뜻한다.

55) 『의례』「상복(喪服)」: 記. 公子爲其母, 練冠, 麻, 麻衣縓緣. 爲其妻縓冠, 葛絰帶, 麻衣縓緣. 皆旣葬除之.

56) 『의례』「사우례(士虞禮)」: 祝免, 澡葛絰帶, 布席于室中, 東面, 右几, 降出, 及宗人卽位于門西, 東面, 南上.

57) 공유사(公有司)는 사(士)가 맡았던 직책으로, 군주에게 특명을 받은 유사(有司)이다. '유사'는 실무 담당자를 뜻한다.

참고 『예기』「단궁하(檀弓下)」 기록

경문-114b 袒·括髮, 變也. 慍, 哀之變也. 去飾, 去美也. 袒·括髮, 去飾之甚也. 有所袒, 有所襲, 哀之節也.

번역 단(袒)을 하고 괄발(括髮)을 하는 것은 모습을 변화시키는 것이다. 원망함은 애통한 감정이 변화된 것이다. 치장을 제거하는 것은 아름다운 것을 제거하는 것이다. 단(袒)과 괄발(括髮)은 치장을 제거하는 것 중에서도 수위가 가장 높은 것이다. 단(袒)을 하는 경우도 있고, 습(襲)을 하는 경우도 있는 것은 애통한 감정에 대해서 절제를 한 것이다.

孔疏 ●"袒括"至"節也". ○正義曰: 言袒衣括髮者, 是孝子形貌之變也. 悲哀慍恚者, 是孝子哀情之變也. 去其尋常吉時服飾也者, 是去其華美也. 孝子去飾, 雖有多塗, 袒括髮者, 就去飾之中, 最爲甚也. 孝子悲哀, 理應常袒, 何以有所袒·有所襲時者, 表明哀之限節, 哀甚則袒, 哀輕則襲.

번역 ●經文: "袒括"~"節也". ○옷에 대해서 단(袒)을 하고 괄발(括髮)을 했다고 말한 것은 자식의 외형이 변화된 것을 뜻한다. 비통하고 애통해하며 원망하게 된다고 말한 것은 자식의 슬퍼하는 감정이 변화된 것을 뜻한다. 일상적으로 길(吉)한 때 착용하는 복식을 제거한다고 말한 것은 화려하고 아름다운 치장을 제거한다는 것을 뜻한다. 자식이 치장을 제거할 때, 비록 여러 단계가 있지만, 오직 단(袒)과 괄발(括髮)만을 언급한 것은 이것이 또한 치장을 제거하는 것 중에서도 가장 수위가 높은 것이기 때문이다. 자식은 비통하고 애통한 마음이 들어서, 이치상 항상 단(袒)을 하고 있어야만 하는데, 어떻게 단(袒)을 하는 때가 있고, 또 습(襲)을 하는 때가 있을 수 있는가? 그 이유는 애통함을 절제하고 제한시킨다는 것을 나타내기 위함이니, 애통함이 심하다면 단(袒)을 하는 것이고, 애통함이 경감되면 습(襲)을 하는 것이다.

訓纂 江氏永曰: 袒, 肉袒也. 喪禮亦左袒, 以左袂扱於前衿帶. 士喪禮"主人左袒, 扱諸面之右", 是也. 括髮者, 去笄纚, 以麻括髮, 而露紒也. 爲父喪小斂至大斂皆括髮, 爲母喪小斂一括髮, 及奉尸侇於堂, 拜賓卽位而著免也. 士喪禮袒襲之節, 初喪時凡三: 飯含一, 小斂一, 大斂一. 葬時凡四: 啓殯一, 祖行一, 柩時一, 窆時一也.

번역 강영이 말하길, '단(袒)'은 의복을 걷어서 신체를 노출시키는 것이다. 상례에서는 또한 좌단(左袒)을 하게 되니, 앞의 옷고름을 여미는 대(帶)에 좌측 소매를 끼우는 것이다. 『의례』「사상례(士喪禮)」편에서 "상주는 좌단(左袒)을 하여, 앞면의 오른쪽으로 끼운다."[58]라고 한 말이 바로 이것을 가리킨다. '괄발(括髮)'이라는 것은 비녀와 머리싸개를 제거하고, 마(麻)로 된 천으로 머리를 묶어서, 머리를 묶은 상투가 드러나도록 하는 것이다. 부친의 상에서는 소렴(小斂)으로부터 대렴(大斂)에 이르기까지 모두 괄발을 하게 되고, 모친의 상에서는 소렴 때 한 차례 괄발을 하는데, 시신을 들어서 당(堂)으로 옮기고, 빈객에게 절을 하며 자리로 나아가게 되면, 면(免)을 착용하게 된다. 「사상례」편에 기록된 단(袒)과 습(襲)을 하는 절차에 있어서, 초상(初喪) 때에는 모두 3차례의 절차가 있게 된다. 반함(飯含)[59]·소렴·대렴을 할 때 각각 한 차례씩 한다. 장례를 치를 때에는 모두 4차례의 절차가 있게 된다. 계빈(啓殯), 조묘(朝廟)[60]를 하기 위해 움직일 때, 영구를 장지(葬地)로 이동시킬 때, 하관을 할 때 각각 한 차례씩 한다.

---

58) 『의례』「사상례(士喪禮)」: 商祝襲祭服, 褖衣次. <u>主人</u>出, 南面, <u>左袒, 扱諸面之右</u>, 盥于盆上, 洗貝, 執以入.

59) 반(飯)은 반함(飯含)이라고도 부른다. 상례를 치를 때 시신의 입에 옥·구슬·쌀·화폐 등을 넣는 것이다.

60) 조묘(朝廟)는 종묘(宗廟)에 전제(奠祭)를 지낸다는 뜻이다. 또 『춘추』「문공(文公) 6년」 경문(經文)에는 "閏月不告月, 猶朝于廟."라는 기록이 있고, 이에 대한 두예(杜預)의 주에서는 "諸侯每月必告朔聽政, 因朝宗廟."라고 풀이했다. 즉 제후들은 매월 반드시 고삭(告朔)을 하며 정사(政事)를 돌보게 되는데, 이것에 연유하여 종묘에서 전제사를 지낸다. 또한 '조묘'는 상례(喪禮)를 치르며 영구를 조묘로 이동시켜서, 장차 장지로 떠나게 됨을 아뢰는 의식이기도 하다.

集解 愚謂: 袒・括髮者, 飾之變於外也; 慍者, 情之變於中也. 上以二者並言, 而下乃專以袒・括髮言之者, 以哀情之變, 其事易明, 不煩申釋也.

번역 내가 생각하기에, '단(袒)'과 '괄발(括髮)'이라는 것은 겉으로 드러나는 치장 형식에 변화를 주는 것이다. '온(慍)'이라는 것은 내면에 있는 감정이 변화된 것이다. 앞에서는 이러한 두 가지 사안을 모두 언급하였지만, 그 뒤의 구문들은 전적으로 단(袒)과 괄발(括髮)에 대해서만 말한 것이니, 애통한 마음의 변화는 그 사안이 쉽게 드러나므로, 번거롭게 다시 해석을 하지 않는 것이다.

참고 『예기』「단궁상(檀弓上)」 기록

경문-92c 叔孫武叔之母死, 旣小斂, 擧者出, 尸出戶, 袒, 且投其冠, 括髮. 子游曰: "知禮."

번역 숙손무숙의 모친이 돌아가셨다. 소렴(小斂)을 끝내고, 시신을 들고서 밖으로 나왔는데, 시신이 호(戶)를 빠져나오자 숙손무숙은 서둘러 단(袒)을 했고, 또 그 관(冠)을 내던진 다음에 머리카락을 틀어 올렸다. 자유는 그 모습을 보고, "예를 아는구나."라고 하여, 그를 비난하였다.

鄭注 武叔, 公子牙之六世孫, 名州仇, 毁孔子者. 尸出戶, 乃變服, 失哀節. 冠, 素委貌. 嗤之.

번역 '무숙(武叔)'은 공자(公子) 아(牙)의 6세손이며, 이름은 주구(州仇)이고, 공자를 비난했던 자이다. 시신이 호(戶)를 빠져나오자, 곧 복식을 바꾼 것이니, 상례의 절차에서 벗어난 것이다. '관(冠)'은 흰색의 위모(委貌)[61]이다. 자유는 그를 비웃은 것이다.

61) 위모(委貌)는 검은색의 명주로 짠 관(冠)이다. '위(委)'자는 안정시킨다는 뜻으로, 이 관을 착용하여 용모를 안정시키기 때문에 '위모'라고 부른다.

孔疏 ◎注"尸出"至"委貌". ○正義曰, 按士喪禮"卒斂徹帷, 主人西面馮尸, 踊, 無筭, 主婦東面馮, 亦如之. 主人髻髮, 袒, 衆主人免". 下云: "士擧, 男女奉尸, 夷于堂." 喪大記亦云: "卒小斂, 主人袒, 說髦, 括髮以麻." 下云: "奉尸夷于堂." 是括髮在小斂之後, 奉尸夷于堂之前, 主人爲欲奉尸, 故袒而括髮在前. 今武叔奉尸夷堂之後, 乃投冠括髮, 故云"尸出戶, 乃變服, 失哀節". 云"冠, 素委貌"者, 按雜記云: "小斂環絰, 公・大夫・士一也." 注云: "士素委貌, 大夫以上素爵弁, 而加此絰焉." 鄭知然者, 以喪大記云: "君將大斂, 子弁絰." 大夫大斂無文, 明亦弁絰, 大斂旣爾, 明小斂亦然, 故云大夫以上弁絰. 按武叔投冠, 武叔是諸侯大夫, 當天子之士, 故云: "士素委貌." 若然, 按士喪禮主人括髮, 鄭注云"始死, 將斬衰者雞斯, 將括髮者去笄, 纚而紒", 無素委貌者, 熊氏云: "士喪禮謂諸侯之士, 故無素冠也." 崔氏云: "將小斂之時已括髮, 括髮後, 大夫以上加素弁, 士加素委貌. 至小斂訖, 乃投去其冠, 而見括髮." 今按士喪禮及大記皆小斂卒, 乃括髮, 無小斂之前爲括髮者, 崔氏之言非也. 按士喪禮小斂括髮, 鄭注喪服變除云: "襲而括髮者, 彼據大夫以上之禮, 死之明日而襲, 與士小斂同日, 俱是死後二日也." 鄭注士喪禮一括髮之後, 比至大斂自若. 所以大記云: "小斂, 主人袒, 說髦, 括髮." 是諸侯小斂之時更括髮者, 崔氏云: "謂說去其髦, 更正括髮, 非重爲括髮也."

번역 ◎鄭注: "尸出"~"委貌". ○『의례』「사상례(士喪禮)」편을 살펴보면, "소렴(小斂)을 끝내면, 유(帷)를 거두고, 상주는 서쪽을 바라보고서 시신을 어루만지며, 용(踊)을 함에 수를 헤아리지 않고, 주부(主婦)는 동쪽을 바라보고서 시신을 어루만지며, 또한 이처럼 한다. 상주는 머리를 묶고, 단(袒)을 하며, 중주인(衆主人)은 면(免)을 한다."라고 했다. 또 그 아래문장에서는 "사가 시신을 들면, 남녀가 시신을 받들어서 당(堂)으로 시신을 옮긴다."[62]라고 했다. 『예기』「상대기(喪大記)」편에서도 또한 "소렴을 끝내면, 상주는 단(袒)을 하고 다팔머리를 풀고서 마(麻)를 이용해서 머리를 묶는다."[63]라고 했고, 그 다음 구문에서는 "시신을 받들어서 당(堂)으로 옮긴

62) 『의례』「사상례(士喪禮)」 : 士擧, 男女奉尸, 侇于堂, 幠用夷衾.
63) 『예기』「상대기(喪大記)」【529b】 : 小斂, 主人卽位于戶內, 主婦東面, 乃斂. 卒

다.”라고 했다. 이 말은 곧 머리를 묶는 시기는 소렴을 끝낸 이후로부터 시신을 받들어서 당(堂)으로 옮기기 이전이 된다는 사실을 나타내는 것으로, 상주는 시신을 받들고자 하기 때문에, 단(袒)을 하고 머리를 묶는 것을 그 이전에 하는 것이다. 그런데 현재 무숙(武叔)은 시신을 받들어서 당(堂)으로 옮긴 이후에야, 곧 관(冠)을 벗어던지고서 머리를 묶었다. 그렇기 때문에 “시신이 호(戶)를 빠져나오자 곧 복식을 바꾼 것이니, 상례의 절차에서 벗어난 것이다.”라고 말한 것이다. 정현이 “‘관(冠)’은 흰색의 위모(委貌)이다.”라고 했는데, 『예기』「잡기(雜記)」편을 살펴보면, “소렴을 하고 환질(環絰)을 두르는 것은 공·대부·사가 동일하다.”[64]라고 했고, 이 문장에 대한 정현의 주에서는 “사는 흰색의 위모를 착용하고, 대부 이상의 계급은 흰색의 작변(爵弁)을 착용하며, 이러한 질(絰)을 덧대게 된다.”라고 했다. 정현이 이러한 사실을 알았던 이유는 「상대기」편에서 “군주의 경우 장차 대렴(大斂)을 하게 되면, 자식은 변질(弁絰)을 쓴다.”[65]라고 했는데, 대부의 경우, 대렴을 했을 때에 대해서는 관련 기록이 나타나지 않으므로, 이것은 또한 변질(弁絰)을 쓰게 된다는 사실을 나타내고, 대렴에서 이미 이처럼 하였다는 것은 곧 소렴 때에도 또한 이처럼 한다는 사실을 나타낸다. 그래서 대부 이상의 계급에서는 변질(弁絰)을 쓴다고 말한 것이다. 무숙(武叔)이 관(冠)을 벗어던졌다고 한 것을 살펴보면, 무숙은 제후에게 소속된 대부이므로, 그 명(命)의 등급으로 따지자면, 천자에게 소속된 사에 해당한다. 그렇기 때문에 “사는 흰색의 위모를 착용한다.”라고 말한 것이다. 만약 그렇다고 한다면, 「사상례」편에서 상주가 머리를 묶는다고 한 내용에 대해, 정현의 주에서는 “이제 막 돌아가셨을 때, 참최복(斬衰服)을 입어야 하는 자는 비녀를 꼽고 리(纚)로 머리를 싸매며, 머리를 묶어야 하는 자들은 비

斂, 主人馮之踊, 主婦亦如之. 主人袒, 說髦, 括髮以麻, 婦人髽, 帶麻于房中. 徹帷, 男女奉尸夷于堂, 降拜.

64) 『예기』「잡기상(雜記上)」【503b】: 小斂環絰, 公大夫士一也.

65) 『예기』「상대기(喪大記)」【537a~b】: 君將大斂, 子弁絰即位于序端. 卿大夫即位于堂廉, 楹西, 北面, 東上. 父兄堂下北面. 夫人命婦尸西東面. 外宗房中南面. 小臣鋪席, 商祝鋪絞紟衾衣, 士盥于盤上. 士擧遷尸于斂上. 卒斂, 宰告, 子馮之踊, 夫人東面亦如之.

녀를 제거하고, 리(纚)로 머리를 싸매고 상투를 튼다."라고 했는데, 이 기록에는 흰색의 위모를 쓴다는 기록이 없다. 그 이유에 대해서 웅안생[66]은 "「사상례」편의 내용은 제후에게 소속된 사 계층에 대한 내용이기 때문에, 흰색의 관(冠)을 쓴다는 내용이 없는 것이다."라고 했고, 최영은[67]은 "소렴을 치러야 할 때가 되어, 이미 머리를 틀었던 것이고, 머리를 튼 이후에, 대부 이상의 계급에서는 흰색의 변(弁)을 쓰게 되며, 사 계급은 흰색의 위모를 쓰게 된다. 소렴을 끝내게 되면, 곧 그 관(冠)을 제거하고, 머리 튼 것을 드러낸다."라고 했다. 그런데 「사상례」편과 「상대기」편의 내용을 살펴보면, 모두 소렴을 끝내고서, 곧 머리를 튼다고 했고, 소렴 이전에 머리를 튼다는 기록이 없다. 따라서 최영은의 주장은 잘못된 말이다. 「사상례」편을 살펴보면, 소렴을 하며 머리를 튼다고 했고, 『의례』「상복(喪服)」편에 대한 정현의 주를 살펴보면, 복식을 바꾸고 상을 끝낸다는 것에 대해서, "습(襲)을 하고 머리를 튼다는 말은 대부 이상의 계급이 시행하는 예에 기준을 둔 것이니, 죽은 다음날 습(襲)을 하는 것이며, 사 계층이 소렴을 하는 날과 같고, 두 경우 모두 죽은 이후 이틀째에 해당한다."고 했다. 「사상례」편에 대한 정현의 주에서는 한 차례 머리를 튼 이후에, 대렴에 이르기까지 이처럼 하게 된다고 했다. 「상대기」편에서 "소렴을 하며 상주가 단(袒)을 하고, 다팔머리를 풀고 머리를 튼다."라고 한 이유는 제후가 소렴을 할 때, 재차 머리를 튼다는 것을 뜻하는데, 최영은은 "그 다팔머리를 풀고서, 다시금 머리를 고쳐서 틀게 되는 것으로, 거듭 머리를 튼다는 뜻이 아니다."라고 했다.

---

66) 웅안생(熊安生, ?~A.D.578) : =웅씨(熊氏). 북조(北朝) 때의 경학자이다. 자(字)는 식지(植之)이다. 『주례(周禮)』, 『예기(禮記)』, 『효경(孝經)』 등 많은 전적에 의소(義疏)를 남겼지만, 모두 산일되어 남아 있지 않다. 현재 마국한(馬國翰)의 『옥함산방집일서(玉函山房輯佚書)』에 『예기웅씨의소(禮記熊氏義疏)』 4권이 남아 있다.

67) 최영은(崔靈恩, ?~?) : =최씨(崔氏). 남북조(南北朝) 때의 학자이다. 오경(五經)에 능통하였고, 다른 경전에도 두루 해박하였다고 전해진다. 『모시(毛詩)』, 『주례(周禮)』 등에 주석을 달았고, 『삼례의종(三禮義宗)』, 『좌씨경전의(左氏經傳義)』 등을 지었다.

集說 禮, 始死將斬衰者笄纚, 將齊衰者素冠, 小斂畢而徹帷, 主人括髮袒于房, 婦人髽于室. 擧者出, 擧尸以出也. 括髮當在小斂之後, 尸出堂之前, 主人爲將奉尸, 故袒而括髮耳. 今武叔待尸出戶, 然後袒而去冠括髮, 失禮節矣. 故註以子游知禮之言爲嗤之也.

번역 예에 따르면, 이제 막 돌아가셨을 때, 장차 참최복(斬衰服)을 착용하게 되는 자는 비녀를 꼽고 머리싸개로 머리를 싸매게 되며, 자최복(齊衰服)을 착용하는 자는 소관(素冠)을 착용하고 되는데, 소렴(小斂)이 모두 끝나면, 유(帷)를 치우고, 상주는 방에서 머리를 틀고 단(袒)을 하며, 부인은 실(室)에서 좌(髽)의 방식으로 머리를 튼다. '거자출(擧者出)'이라는 말은 시신을 들고서 밖으로 나온다는 뜻이다. 머리를 트는 것은 마땅히 소렴을 한 이후와 시신이 당(堂)으로 나오기 이전에 해야 하는데, 상주가 시신을 받들게 되기 때문에, 단(袒)을 하고서 머리를 트는 것일 뿐이다. 그런데 현재 무숙(武叔)은 시신이 호(戶) 밖으로 나오기를 기다렸다가 그 이후에야 단(袒)을 하고, 관(冠)을 벗은 뒤에 머리를 틀었으니, 예의 절차를 잃은 것이다. 그렇기 때문에 정현의 주에서는 자유가 예를 안다고 한 말을 비웃는 뜻으로 풀이한 것이다.

集說 馮氏曰: 經文作"戶出戶", 上戶字, 乃尸字之訛也. 鄭註云, "尸出戶乃變服", 義甚明. 然註文尸亦訛爲戶, 遂解不通.

번역 풍씨[68]가 말하길, 경문에서는 '호출호(戶出戶)'로 기록되어 있는데, 앞의 '호(戶)'자는 '시(尸)'자가 잘못 기록된 것이다. 정현의 주에서는 "시신이 호(戶)를 빠져나오자, 곧 복식을 바꾼 것이다."라고 했으니, 그 의미가 매우 명확하다. 그러나 정현의 주에서는 '시(尸)'자를 또한 '호(戶)'자로 잘못 기록하고 있어서, 마침내 그 해석이 통용되지 않게 되었다.

訓纂 劉氏台拱曰: 擧者出戶, 卽謂擧尸出戶也. 下"出戶"句字向下讀, 謂

---

68) 양헌풍씨(亮軒馮氏, ?~?) : =풍씨(馮氏). 자세한 행적이 남아 있지 않다.

主人出戶.

번역 유태공[69]이 말하길, '거자출호(擧者出戶)'라는 말은 시신을 들어서 호(戶)로 빠져나온다는 뜻이다. 그 뒤의 '출호(出戶)'라는 구문은 뒤의 구문과 연결해서 해석하니, 상주가 호(戶)로 빠져나온다는 뜻이다.

集解 愚謂: 上云"出戶"者, 擧尸者出戶也; 下云"出戶"者, 武叔出戶也. 始死笄・纚, 至小斂乃加素冠, 蓋殯斂者喪之大節, 故不敢以不冠臨之. 笄・纚者所以爲變, 冠者所以爲敬也. 士喪禮小斂卒斂, 馮尸之後, 主人至東房, 袒・括髮, 乃反於室, 而男女奉尸以俠於堂, 今武叔袒・括髮於擧尸出戶之後, 失禮一也. 尸旣出戶, 乃出戶而袒, 則主人不與於奉尸, 失禮二也. 袒・括髮旣後, 故不復至東房, 遂於出戶爲之, 失禮三也. 言投其冠, 括髮, 以見其悤遽失節之甚. 子游曰"知禮"者, 反言以譏之也.

번역 내가 생각하기에, 앞 구문에 나온 '출호(出戶)'라는 말은 시신을 들고서 호(戶)를 빠져나온다는 뜻이고, 뒤에 나오는 '출호(出戶)'라는 말은 무숙(武叔)이 호(戶)로 빠져나왔다는 뜻이다. 어떤 자가 이제 막 죽었을 때, 상을 치르는 자들은 비녀를 꼽고 머리싸개로 머리를 싸매며, 소렴(小斂)을 하게 되면, 곧 흰색의 관(冠)을 쓰게 되는데, 무릇 빈(殯)을 하고 염(斂)을 한다는 것은 상에 있어서는 중대한 절차가 된다. 그렇기 때문에 감히 관(冠)을 쓰지 않고서 그 절차에 임할 수가 없는 것이다. 비녀를 꼽고 머리싸개로 머리를 싸매는 것은 복식에 변화를 주기 위해서이며, 관(冠)을 쓰는 것은 공경스러운 태도를 취하기 위해서이다. 『의례』「사상례(士喪禮)」편에서는 소렴(小斂)을 하여 염(斂)을 끝내고, 시신에게 고별을 아뢴 이후에, 상주는 동쪽 방(房)으로 가서 단(袒)을 하고 머리를 틀며, 그 일이 끝나면 곧 실(室)로 되돌아가고, 남자와 여자는 시신을 받들고서 당(堂)으로 옮긴다고 했다. 그런데 현재 무숙(武叔)은 단(袒)을 하고 머리를 트는 것을 시신

---

69) 유태공(劉台拱, A.D.1751～A.D.1805) : 청(淸)나라 때의 경학자이다. 천문학(天文學), 율려학(律呂學), 문자학(文字學) 등에 조예가 깊었다.

을 들어서 호(戶)를 빠져나온 이후에 시행했으니, 이것이 첫 번째 실례이다. 시신이 호(戶)로 빠져나오고, 그런 뒤에 곧 호(戶)로 나와서 단(袒)을 하게 되면, 상주는 시신을 드는 일에 참여를 할 수 없으니, 이것이 두 번째 실례이다. 단(袒)과 머리를 트는 것을 이미 끝낸 이후이기 때문에, 다시는 동쪽 방(房)으로 갈 수 없어서, 결국 호(戶)를 나오는 시기에, 이처럼 하였으니, 이것이 세 번째 실례이다. 관(冠)을 던지고, 머리를 틀었다고 한 말은 급작스럽게 시행하여 절도에서 벗어난 것이 매우 심함을 나타낸다. 자유가 "예를 안다."고 한 말은 그 말을 반대로 하여, 그를 기롱한 것이다.

集解 雜記, "小斂環絰, 君大夫士一也". 鄭氏云, "環絰, 一股而環之. 小斂時, 士素委貌, 大夫素爵弁而加此絰." 曾子問疏引崔氏說, 謂小斂前, 大夫士皆素冠; 小斂括髮後, 士加素冠, 大夫加素弁. 今以武叔投冠觀之, 可以見小斂前之有冠, 又可以見大夫士小斂之同素冠也. 喪大記言"人君大斂, 子弁絰, 即位于序端." 雜記云, "大夫與殯亦弁絰." 與殯弁絰, 則已喪可知, 可以見大夫以上喪服之有弁, 又可以見大夫以上至大斂乃弁絰, 而未大斂以前猶素冠也. 至雜記所言"小斂環絰", 及喪大記所言大斂之弁絰, 皆謂大鬲之苴絰, 而註疏乃以弔服之環絰·弁絰混之, 則誤甚矣. 說各見本篇.

번역 『예기』「잡기(雜記)」편에서는 "소렴(小斂)을 하고 환질(環絰)을 두르는 것은 군주·대부·사 계층이 모두 동일하다."라고 했다. 그리고 정현은 "환질(環絰)은 한 가닥으로 꼬아서 두르는 것이다. 소렴을 치를 때, 사는 흰색의 위모(委貌)를 착용하고, 대부는 흰색의 작변(爵弁)을 착용하고서, 이러한 질(絰)을 두르게 된다."라고 했다. 『예기』「증자문(曾子問)」편에 대한 공영달의 소에서는 최영은의 주장을 인용하여, 소렴을 치르기 이전에 대부와 사는 모두 흰색의 관(冠)을 쓰고, 소렴을 하고 머리를 튼 이후에 사는 흰색의 관(冠)을 쓰며, 대부는 흰색의 변(弁)을 쓰게 된다고 했다. 그런데 현재 무숙(武叔)은 관(冠)을 던졌다고 했으니, 이를 통해 살펴본다면, 소렴 이전에도 관(冠)이 있었다는 것을 확인할 수 있고, 또한 대부와 사는 소렴 때 동일하게 흰색의 관(冠)을 쓰게 된다는 사실도 확인할 수 있다.

『예기』「상대기(喪大記)」편에서는 "군주의 경우 대렴(大斂)을 하게 되면, 자식은 변질(弁絰)을 쓰고서, 곧 서쪽 끝단에 가서 서 있게 된다."라고 했고, 『예기』「잡기」편에서는 "대부가 빈(殯)에 참여할 때에는 또한 변질(弁絰)을 쓴다."라고 했다. 빈(殯)에 참여할 때, 변질(弁絰)을 쓴다고 했다면, 이미 상의 절차들을 끝냈다는 것을 알 수 있으니, 이를 통해서 대부 이상의 계급에서는 상복을 착용할 때, 변(弁)이 포함되어 있었음을 확인할 수 있고, 또한 대부 이상의 계급에서는 대렴을 치르게 되면 곧 변질(弁絰)을 착용하며, 아직 대렴을 치르기 이전이라면 여전히 흰색의 관(冠)을 쓰게 된다는 사실도 확인할 수 있다. 「잡기」편에서 "소렴 때에는 환질(環絰)을 두른다."라고 했을 때의 '환질(環絰)'과 「상대기」편에서 말한 대렴 때의 변질(弁絰)들은 모두 크게 엮은 저질(苴絰)을 뜻하는 것인데, 정현의 주와 공영달의 소에서는 조복(弔服)의 환질(環絰)과 변질(弁絰) 등으로 풀이하여, 그 내용을 혼란스럽게 하였으니, 매우 잘못된 주장이다. 해당하는 설명들은 각각의 편에 나온다.

참고 『예기』「상대기(喪大記)」 기록

경문-537a~b 君將大斂, 子弁絰, 即位于序端; 卿大夫即位于堂廉楹西, 北面東上; 父兄堂下北面; 夫人・命婦尸西, 東面; 外宗房中南面. 小臣鋪席, 商祝鋪絞・紟・衾・衣, 士盥于盤上, 士擧遷尸于斂上. 卒斂, 宰告, 子馮之踊, 夫人東面亦如之.

번역 군주의 대렴(大斂)을 치르게 되면, 상주는 흰색의 변(弁)을 쓰고 그 위에 환질(環絰)을 두르며, 동서(東序)의 남쪽 끝으로 나아가 자리한다. 경과 대부는 당상(堂上)의 남쪽 중 모가진 부분에서 기둥의 서쪽에 자리하여, 북쪽을 바라보며 동쪽 끝에서부터 차례대로 정렬한다. 군주의 제부나 제형들 중 관직에 나아가지 않은 자들은 당하(堂下)에서 북쪽을 바라본다. 부인(夫人)과 명부(命婦)들은 시신의 서쪽에서 동쪽을 바라본다. 외종(外

宗)은 방안에서 남쪽을 바라본다. 소신이 자리를 깔게 되면, 상축(商祝)[70]은 그 위에 묶는 끈 · 홑이불 · 이불 · 의복들을 펼쳐두고, 상축에게 소속된 말단 관리들은 대야에서 손을 씻고 시신을 들어서 염(斂)을 치르는 장소로 옮긴다. 염(斂)을 끝내면, 태재(太宰)[71]는 상주에게 끝났다는 사실을 아뢰며, 상주는 시신을 부여잡고 용(踊)을 하고, 부인도 동쪽을 바라보며 동일하게 한다.

鄭注 子弁絰者, 未成服, 弁如爵弁而素. 大夫之喪, 子亦弁絰.

번역 상주가 변질(弁絰)을 하는 것은 아직 성복(成服)을 하지 않았기 때문이니, 변(弁)은 작변(爵弁)과 같지만 흰색으로 된 것이다. 대부의 상에서 자식 또한 변질을 착용한다.

孔疏 ●"子弁絰, 卽位于序端"者, 序, 謂東序. 端, 謂序之南頭也.

번역 ●經文: "子弁絰, 卽位于序端". ○'서(序)'는 동쪽의 서(序)를 뜻한다. '단(端)'은 서(序)의 남쪽 끝을 뜻한다.

孔疏 ●"卿·大夫卽位于堂廉楹西"者, 卿·大夫, 謂群臣也. 堂廉, 謂堂基南畔廉陵之上. 楹, 謂南近堂廉者. 子位旣在東序端, 故群臣列於基上東楹之

---

70) 상축(商祝)은 상(商)나라 즉 은(殷)나라 때의 예법을 익혀서, 제사를 돕는 자를 뜻한다. 『예기』「악기(樂記)」편에는 "商祝辨乎喪禮, 故後主人."이라는 기록이 있는데, 이에 대한 공영달(孔穎達)의 소(疏)에서는 "商祝, 謂習商禮而爲祝者."라고 풀이했다.

71) 대재(大宰)는 태재(太宰) 또는 총재(冢宰)라고도 부른다. 은대(殷代) 때 설치된 관직이라고 전해지며, 주대(周代)에서는 '총재'라고도 불렀다. 『주례』의 체제상으로는 천관(天官)의 수장이며, 경(卿) 1명이 담당했다. '대재'가 담당했던 일은 여러 가지이며, 국정(國政)의 전반적인 것들을 관리하였다. 또한 『주례』「천관(天官) · 대재(大宰)」편에는 "祀五帝, 則掌百官之誓戒與其具脩."라고 하여, 오제(五帝)에게 제사를 지내게 되면, 뭇 관리들에게 근신하라고 권고하는 일 및 제물이 갖추어진 것을 확인하고, 그 청결상태 등을 감독했다고 기록하고 있다.

西也. 按隱義云: "堂廉卽堂上, 近高霤爲廉也."

번역 ●經文: "卿・大夫卽位于堂廉楹西". ○경과 대부는 뭇 신하들을 뜻한다. '당렴(堂廉)'은 당(堂)의 터 중 남쪽에 모가진 자리를 뜻한다. '영(楹)'은 남쪽으로 모진 부분과 가까운 자리를 뜻한다. 상주의 자리는 이미 동쪽 서(序)의 남쪽 끝단이라고 했기 때문에, 뭇 신하들은 당상의 터 중에서도 동쪽 기둥의 서쪽에서 차례대로 나열한다. 『은의』를 살펴보면, "당렴(堂廉)은 곧 당상(堂上)이니 중앙의 높게 솟은 류(霤)와 가까운 곳이 염(廉)이다."라고 했다.

孔疏 ●"北面, 東上"者, 在基上俱北面, 東頭爲上也. 子在東, 尸在阼階, 故在基者以東爲上也.

번역 ●經文: "北面, 東上". ○당상에 있는 자들은 모두 북쪽을 바라보는데, 동쪽 끝을 상등의 자리로 삼는다. 세자가 동쪽에 있고 시신은 동쪽 계단 위에 있기 때문에, 당상에 있을 때에는 동쪽을 상등의 자리로 삼는다.

孔疏 ●"父・兄堂下, 北面"者, 謂諸父諸兄不仕者, 以其賤, 故在堂下而向北, 以東爲上也. 若士則亦在堂下.

번역 ●經文: "父・兄堂下, 北面". ○제부와 제형들 중 관직에 나아가지 않은 자들을 뜻하는데, 이들은 미천하기 때문에 당하에서 북쪽을 바라보니, 이때에도 동쪽을 상등의 자리로 삼는다. 만약 사의 경우라면 또한 당하에 있게 된다.

孔疏 ●"外宗房中南面"者, 外宗, 君之姑・姊妹之女及姨舅之女也. 輕, 故在房中而鄕南也. 皇氏云: "當在西房, 以東爲上也." 今謂尸在阼, 夫人・命婦在尸西北, 外宗等當在東房.

번역 ●經文: "外宗房中南面". ○'외종(外宗)'은 군주의 고모와 자매들

이 낳은 딸자식과 외숙의 딸자식을 뜻한다. 이들은 죽은 자와 관계가 소원하기 때문에 방안에서 남쪽을 향하게 된다. 황간은 "마땅히 서쪽 방에 있으면서 동쪽을 상등의 자리로 삼는다."라고 했다. 그러나 현재 시신은 동쪽 계단 위에 있고, 부인 및 명부들이 시신의 서북쪽에 있다고 했으니, 외종들은 마땅히 동쪽 방에 있게 된다.

孔疏 ●"小臣鋪席"者, 謂下莞上簟, 敷於阼階上, 供大斂也. 士喪禮云: "布席如初." 注云: "亦下莞上簟也. 鋪於阼階上, 於堂南北爲少南."

번역 ●經文: "小臣鋪席". ○아래에는 완(莞)으로 짠 자리를 깔고 위에는 점(簟)으로 짠 자리가 까는데, 이것을 합쳐서 동쪽 계단 위에 펼친다는 뜻이니, 대렴(大斂)을 치르는데 공급하기 위해서이다. 『의례』「사상례(士喪禮)」편에서는 "자리를 펼칠 때 처음처럼 한다."72)라고 했고, 정현의 주에서는 "이 또한 아래에는 완(莞)으로 짠 자리가 있고 위에는 점(簟)으로 짠 자리가 있는 것이다. 동쪽 계단 위에 펼치니, 당(堂)의 남북 방향에서 조금 더 남쪽으로 치우친 자리이다."라고 했다.

孔疏 ●"商祝鋪絞・紟・衾・衣"者, 商祝亦是周禮喪祝也. 其鋪絞・紟・衾・衣等, 致于小臣所鋪席上以待尸.

번역 ●經文: "商祝鋪絞・紟・衾・衣". ○'상축(商祝)'은 『주례』에 나오는 상축(喪祝)을 뜻한다. 그는 묶는 끈・홑이불・이불・의복 등을 펼치게 되니, 소신이 깔아둔 자리 위에 펼쳐서 시신을 그 위에 올려두게 한다.

孔疏 ●"士盥于盤上"者, 士亦喪祝之屬也. 周禮: "喪祝上士二人, 中士四人, 下士八人." 是將應擧尸, 故先盥手於盤上也. 雜記云"士盥于盤北", 是也.

번역 ●經文: "士盥于盤上". ○'사(士)' 또한 상축(喪祝)의 휘하에 있는

---

72) 『의례』「사상례(士喪禮)」: 布席如初. 商祝布絞・紟・衾・衣, 美者在外.

말단 관리이다. 『주례』에서는 "상축은 상사 2명이 담당하고, 그 휘하에 중사 4명이 있으며, 하사 8명이 있다."[73]라고 했다. 이 내용은 시신을 들어 올리려고 하기 때문에 먼저 대야에서 손을 씻는다는 뜻이다. 『예기』「잡기(雜記)」편에서는 "사는 대야의 북쪽에서 손을 씻는다."[74]라고 했다.

孔疏 ●"士舉遷尸于斂上"者, 斂上, 卽斂處也.

번역 ●經文: "士舉遷尸于斂上". ○'염상(斂上)'은 염(斂)을 하는 장소이다.

孔疏 ●"卒斂"者, 大斂衣裝畢也.

번역 ●經文: "卒斂". ○대렴(大斂)에서 의복으로 시신 감싸는 일이 끝났다는 뜻이다.

孔疏 ●"宰告"者, 宰, 大宰也. 斂畢, 大宰告孝子道: 斂畢也.

번역 ●經文: "宰告". ○'재(宰)'자는 태재(太宰)를 뜻한다. 염(斂)을 끝내면 태재는 상주에게 그 사실을 아뢰며, "염(斂)을 끝냈습니다."라고 말한다.

孔疏 ●"子馮之踊"者, 孝子待得告, 乃馮尸而起踊.

번역 ●經文: "子馮之踊". ○상주가 끝났다는 보고를 받게 되면, 시신을 부여잡고 일어나서 용(踊)을 한다.

孔疏 ●"夫人東面亦如之"者, 亦馮尸而踊. 嚮者夫人·命婦俱東向於尸

---

73) 『주례』「춘관종백(春官宗伯)」: 喪祝, 上士二人, 中士四人, 下士八人, 府二人, 史二人, 胥四人, 徒四十人.

74) 『예기』「잡기상(雜記上)」【506c】: 外宗房中南面, 小臣鋪席, 商祝鋪絞紟衾, 士盥於盤北, 舉遷尸於斂上. 卒斂宰告, 子馮之踊, 夫人東面坐馮之興踊.

西, 今獨云夫人馮者, 命婦賤, 不得馮也. 馮竟乃斂於棺.

번역 ●經文: "夫人東面亦如之". ○부인 또한 시신을 부여잡고 용(踊)을 한다. 앞에서는 부인과 명부는 모두 시신의 서쪽에서 동쪽을 바라본다고 했는데, 이곳에서 "부인이 시신을 부여잡는다."라고만 말한 것은 명부는 상대적으로 신분이 미천하므로 시신을 부여잡을 수 없기 때문이다. 부여잡는 의식이 끝나면, 곧 관에 시신을 안치한다.

孔疏 ◎注"子弁"至"弁絰". ○正義曰: 成服則著喪冠, 此云弁絰, 是未成服. 此雖以大斂爲文, 其小斂時, 子亦弁絰, 君・大夫・士之子皆然. 故雜記云"小斂環絰, 公・大夫・士一也". 云"弁絰, 爵弁而素"者, 已具於下檀弓疏. 云"大夫之喪, 子亦弁絰"者, 按雜記云"大夫與殯亦弁絰", 與他殯事尙弁絰, 明自爲父母弁絰可知. 其士則素冠. 故武叔小斂投冠, 是諸侯大夫與天子士同.

번역 ◎鄭注: "子弁"~"弁絰". ○성복(成服)을 하게 되면 상을 치를 때 쓰는 관을 착용한다. 그런데 이곳에서는 '변질(弁絰)'이라고 했으니, 아직 성복을 하지 않은 것이다. 이곳에서는 비록 대렴(大斂)이라고 기록했지만, 소렴(小斂)을 치를 때에도 상주는 또한 변질을 착용하니, 군주・대부・사의 자식들은 모두 이처럼 따른다. 그러므로 『예기』「잡기(雜記)」편에서는 "소렴 때 환질(環絰)을 두르는 것은 군주・대부・사가 동일하다."[75]라고 한 것이다. 정현이 "변(弁)은 작변(爵弁)과 같지만 흰색으로 된 것이다."라고 했는데, 그 설명은 이미 『예기』「단궁하(檀弓下)」편의 소에서 했다. 정현이 "대부의 상에서 자식 또한 변질을 착용한다."라고 했는데, 「잡기」편을 살펴보면, "대부가 다른 대부의 빈소 만드는 일에 참여하게 되면 또한 변질을 착용한다."[76]라고 했으니, 다른 자의 빈소 만드는 일에 참여할 때에도 오히려 변질을 쓴다면, 본인이 부모의 상을 치를 때에도 변질을 착용한다는 사실을 알 수 있다. 사의 경우라면 흰색의 관(冠)을 착용한다. 그렇기

---

75) 『예기』「잡기상(雜記上)」【503b】: 小斂環絰, 公大夫士一也.
76) 『예기』「잡기상(雜記上)」【498a】: 大夫之哭大夫弁絰. <u>大夫與殯亦弁絰</u>.

때문에 무숙은 소렴(小斂)을 치르며 관을 내던졌던 것이니,[77] 제후의 대부는 천자의 사와 동일한 제도를 따르기 때문이다.

集解 愚謂: 鄭氏謂"大夫之喪, 亦弁絰", 是也; 弁謂"如爵弁而素", 則非也. 弁師云, "王之皮弁, 會五采, 玉璂·象邸·玉笄. 王之弁絰, 弁而加環絰." 是凡言"弁絰"者, 其弁皆皮弁也. 若其絰, 則有弔服之弁絰, 其絰爲環絰. 此言"弁絰", 則其絰爲小斂時所加之苴絰, 大鬲者也. 雜記云, "大夫與殯弁絰." 大夫與他人殯尙弁絰, 則其爲父母弁絰必矣. 檀弓"叔孫武叔"·"小斂"·"投冠". 曾子問, "君出疆, 以三年之戒, 以椑從. 君薨, 其入如之何?" 子曰, "共殯服, 則子弁絰·疏衰. 如小斂, 則子免而從柩", 則是君大夫之弁絰, 至大斂乃服之, 而小斂猶素冠也. 士喪禮小斂後"袒, 括髮", "襲·絰於序東", 以至成服. 人君至大斂則素弁而加絰, 此禮之異於士者也. 序端, 東序之南頭也. 卽位於序端者, 以大斂在阼階上也. 堂廉, 堂之南畔廉稜之上也. 楹西, 東楹之西也. 北面, 向尸也. 堂廉, 南北節也. 楹西, 東西節也. 必立於堂廉上者, 斂於阼階上, 必直阼階上之南, 乃得北面而鄕之也. 必立於東楹之西者, 不敢迫近斂處也. 以此子與卿大夫之位觀之, 則大斂之處蓋在阼階上直西楹之南矣. 其西直西序, 則爲殯所也. 東上, 統於君也. 父兄, 謂旁親自期以下者, 擧尊長以該卑幼也. 父兄若爲卿大夫者, 自在卿大夫之位. 堂下北面, 謂其不爲卿大夫者也. 小斂之後, 主人卽位阼階下西面, 卿·大夫·父·兄繼而南; 及大斂君, 與卿大夫升堂, 而父兄之爲士者, 以賤不得升堂, 故在阼階下北面也. 不言"東上"者, 蒙上可知也. 人君初喪, 室中之位, 父·兄·子姓同在東方, 大斂時, 父兄在堂下北面, 則子姓亦然. 人君尊, 故衆子遠辟喪主也. 命婦, 內命婦也. 外宗, 宗婦也. 房中南面者, 在西房中而南面也. 知在西房者, 此時夫人在尸西, 外宗之位宜統於夫人也. 不言"姑·姊妹·子姓"者, 以命婦之位見之也. 不言"外命婦"者, 以外宗之位見之也. 商祝, 喪祝之習於商禮者也. 士喪禮凡襲·斂, 皆使商祝, 鄭氏云, "商人敎之以敬, 於接神宜." 鋪絞·紟·衾·衣者, 先鋪絞,

---

77) 『예기』「단궁상(檀弓上)」【92c】: 叔孫武叔之母死, 旣小斂, 擧者出, 尸出戶, 袒, 且投其冠, 括髮. 子游曰: "知禮."

次紟, 次衾, 次衣; 及斂, 則先衣, 次衾, 次紟, 卒乃以絞束之也. 士, 喪祝之士也. 擧尸先盥者, 致其潔也. 盤, 所以承盥水也. 馮, 謂以身就尸而馮依之也. 夫人, 薨君之夫人也.

번역 내가 생각하기에, 정현은 "대부의 상에서도 또한 변질(弁絰)을 착용한다."라고 했는데, 이 말은 옳다. 그러나 '변(弁)'에 대해서 "작변(爵弁)과 같지만 흰색이다."라고 한 말은 잘못되었다. 『주례』「변사(弁師)」편에서는 "천자의 피변(皮弁)[78]은 다섯 가지 채색의 끈으로 머리를 묶고, 옥 장식 · 상아로 만든 밑부분 · 옥으로 만든 비녀를 둔다. 천자의 변질(弁絰)은 변(弁)에 환질(環絰)을 두른다."[79]라고 했다. 이것은 '변질(弁絰)'이라고 말하는 것에 있어서, '변(弁)'은 곧 모두 피변(皮弁)이라는 사실을 나타낸다. '질(絰)'의 경우 조복(弔服)에 착용하는 변질에서의 '질(絰)'은 환질을 뜻한다. 그리고 이곳에서 '변질(弁絰)'이라고 했는데, 이때의 '질(絰)'은 소렴을 치를 때 두르는 저질(苴絰)이니, 대격(大鬲)이다. 『예기』「잡기(雜記)」편에서는 "대부가 다른 대부의 빈소 만드는 일에 참여하면 변질을 두른다."라고 했는데, 대부가 다른 사람의 빈소 만드는 일에 참여하며 오히려 변질을 착용한다면, 그는 부모의 상을 치를 때에도 반드시 변질을 두르게 된다. 『예기』「단궁(檀弓)」편에서는 '숙손무숙'이라고 했고, '소렴(小斂)'이라고 했으며, "관을 내던지다."라고 했다. 증자는 "제후가 본국의 국경을 벗어나게 될 때에는 유사시를 대비하여, 3년 동안 버틸 수 있는 준비를 갖춰서 나가고, 자신이 죽게 될 경우를 대비하여, 신하를 시켜 본인의 관을 가지고 뒤따르게 하는데, 만약 제후가 타지에 나가 있다가 죽게 된다면, 그 시신이 국경으로 들어올 때에는 어찌해야 합니까?"라고 물었고, 공자는 "만약 대렴(大斂)을 이미 하여서, 유사(有司)[80]가 빈소를 차릴 때 착용하는 상복을 제공

78) 피변(皮弁)은 고대에 사용되었던 관(冠)의 한 종류이다. 백색 사슴의 가죽으로 만든 모자이다. 한편 관(冠)에 따른 의복까지 포함한 의미로 사용되기도 한다. 『주례』「하관(夏官) · 변사(弁師)」편에는 "王之皮弁, 會五采玉璂, 象邸, 玉笄."라는 기록이 있다.

79) 『주례』「하관(夏官) · 변사(弁師)」: 王之皮弁, 會五采玉璂, 象邸, 玉笄. 王之弁絰, 弁而加環絰.

하게 되면, 제후의 아들은 아직 영구를 따라 도로에 있는 상태이므로, 빈복(殯服)을 모두 갖춰 입지는 않고, 마변질(麻弁絰)을 하고, 소최(疏衰)[81]를 한다. 만일 소렴인 경우라면, 제후의 아들은 면복(免服)을 하고 영구를 따라 들어온다."라고 했으니,[82] 이것은 군주와 대부의 변질은 대렴을 치르게 되면 착용하고, 소렴 때에는 여전히 흰색의 관을 쓴다는 사실을 나타낸다. 『의례』「사상례(士喪禮)」편에서는 소렴을 치른 이후 "단(袒)을 하고 머리를 묶는다."라고 했으며, "서(序)의 동쪽에서 습(襲)과 질(絰)을 한다."라고 했으니, 이러한 복장으로 성복(成服)에 이르게 된다. 군주는 대렴을 치르게 되면 흰색의 변(弁)을 착용하고 질(絰)을 두르는데, 이것은 군주에게 적용되는 예법 중 사와 차이를 보이는 부분이다. '서단(序端)'은 동쪽 서(序) 중에서도 남쪽 끝단을 뜻한다. "서단으로 나아가 자리한다."고 했는데, 대렴은 동쪽 계단 위에서 치르기 때문이다. '당렴(堂廉)'은 당상의 남쪽 중 모가진 자리이다. '영서(楹西)'는 동쪽 기둥의 서쪽이다. 북쪽을 바라보는 것은 시신을 향하는 것이다. 당렴(堂廉)에서는 남북 방향으로 위치하고, 기둥의 서쪽에서는 동서 방향으로 위치한다. 기어코 당렴에 위치하는 것은 동쪽 계단 위에서 염(斂)을 하니, 그 자리는 분명 동쪽 계단의 남쪽에 해당하여, 북쪽을 바라보면서 시신을 향할 수 있기 때문이다. 기어코 동쪽 기둥의 서쪽에 위치하는 것은 감히 염(斂)을 하는 장소에 너무 가까이 다가갈 수 없기 때문이다. 이곳에 나온 자식 및 경과 대부의 자리로 살펴본다면, 대렴을 하는 장소는 아마도 동쪽 계단 위에서도 서쪽 기둥의 남쪽에 해당하는 장소일 것이다. 서쪽으로 서(序)의 서쪽이 되는 자리는 곧 빈소를 마련하는 장소가 된다. 동쪽 끝에서부터 위치하는 것은 군주에게 통솔되기 때문이다.

---

80) 유사(有司)는 관리를 뜻하는 용어이다. '사(司)'자는 담당한다는 뜻이다. 관리들은 각자 담당하고 있는 업무가 있었으므로, 관리를 '유사'라고 불렀던 것이다. 일반적으로 하위관료들을 지칭하여, 실무자를 뜻하는 용어로 많이 사용된다. 그러나 때로는 고위관료까지도 지칭하는 용어로 사용되기도 한다.

81) 소최(疏衰)은 자최복(齊衰服)이다.

82) 『예기』「증자문(曾子問)」【239d】: 曾子問曰: 君出疆, 以三年之戒, 以椑從, 君薨, 其入, 如之何. 孔子曰: 共殯服, 則子麻弁絰, 疏衰, 菲杖, 入自闕, 升自西階, 如小斂, 則子免而從柩, 入自門, 升自阼階, 君・大夫・士, 一節也.

'부형(父兄)'은 방계의 친족 중 기년복(期年服)[83]으로부터 그 이하의 관계에 있는 자이니, 존장자를 제시하여, 신분이 미천하고 나이가 어린 경우까지도 나타낸 것이다. 부형 중 만약 경이나 대부가 된 자라면 그들은 경과 대부의 자리에 위치하게 된다. 당하에서 북쪽을 바라보는 것은 그들은 경이나 대부가 되지 못했기 때문이다. 소렴을 치른 이후 상주는 동쪽 계단 아래에 위치하여 서쪽을 바라보게 되고, 경·대부·부·형들은 그 뒤를 이어서 남쪽에 위치하며, 군주에 대해 대렴을 치르게 되면, 경·대부와 함께 당에 올라가지만, 부·형 중 사의 신분인 자는 신분이 미천하므로 당에 올라갈 수 없다. 그렇기 때문에 동쪽 계단 아래에서 북쪽을 바라보는 것이다. "동쪽 끝에서부터 위치한다."라고 말하지 않은 것은 앞의 문장을 통해서 이러한 사실을 알 수 있기 때문이다. 군주의 초상 때 방안의 자리는 부·형·자손들은 모두 동쪽에 위치하고, 대렴을 치를 때 부·형은 당하에서 북쪽을 바라본다고 했으니, 자손들 또한 이처럼 한다. 군주는 존귀하기 때문에, 나머지 아들들은 상주와 거리를 멀리 벌리는 것이다. '명부(命婦)'는 내명부의 여자들을 뜻한다. '외종(外宗)'은 종가의 아녀자들을 뜻한다. 방안에서 남쪽을 바라보는 것은 서쪽 방안에서 남쪽을 바라본다는 뜻이다. 서쪽 방에 있게 된다는 사실을 알 수 있는 이유는 이 시기에 부인은 시신의 서쪽에 위치하고, 외종의 자리는 마땅히 부인에게 통솔되기 때문이다. '고모·자매·자손'이라고 말하지 않은 것은 명부의 자리를 통해서 그녀들의 자리를 나타냈기 때문이다. '외명부(外命婦)'를 말하지 않은 것은 외종의 자리를 통해서 그녀들의 자리를 나타냈기 때문이다. '상축(商祝)'은 상축(喪祝) 중에서도 은나라의 예법을 익힌 자이다. 「사상례」편에서는 습(襲)이나 염(斂)을 할 때 모두 상축(商祝)을 시켰고, 정현은 "은나라 때에는 공경함으로 가르쳤으니, 신과 교감하는데 마땅하다."[84]라고 했다. "묶는 끈·홑

---

83) 기년복(期年服)은 1년 동안 상복(喪服)을 입는다는 뜻이다. 또는 그 기간 동안 입게 되는 상복을 뜻하기도 하는데, 일반적으로 자최복(齊衰服)을 가리키는 용어로 사용된다. '기년복'이라고 할 때의 '기년(期年)'은 1년을 뜻하는데, '자최복'은 일반적으로 1년 동안 입게 되는 상복이 되기 때문이다.

84) 이 문장은 『의례』「사상례(士喪禮)」편의 "商祝襲祭服, 褖衣次."라는 기록에 대

이불·이불·의복을 펼친다."라고 했는데, 먼저 묶는 끈을 펼치고, 그 다음에 홑이불을 펼치며, 그 다음에 이불을 펼치고, 그 다음에 의복을 펼치는 것이다. 그리고 염(斂)을 하게 되면, 먼저 옷으로 감싸고, 그 다음에 이불로 감싸며, 그 다음에 홑이불로 감싸고, 그것이 끝나면 묶는 끈으로 결속한다. '사(士)'는 상축(喪祝) 중 사의 신분인 자들을 뜻한다. 시신을 드는 자가 먼저 손을 씻는 것은 청결함을 지극히 하고자 해서이다. '반(盤)'은 씻을 물을 받치는 대야이다. '빙(馮)'은 본인이 시신에게 다가가서 시신을 부여잡고 기댄다는 뜻이다. '부인(夫人)'은 죽은 군주의 부인을 뜻한다.

참고 『예기』「상대기(喪大記)」 기록

경문-528d~529a 凡主人之出也, 徒跣扱衽拊心, 降自西階. 君拜寄公國賓于位. 大夫於君命, 迎于寢門外, 使者升堂致命, 主人拜于下. 士於大夫親弔則與之哭, 不逆於門外.

번역 무릇 상주가 빈객을 맞이하기 위해 밖으로 나올 때에는 맨발을 하며 심의(深衣)의 앞자락을 허리띠에 꼽고 가슴을 두드리며, 서쪽 계단을 통해서 당하(堂下)로 내려간다. 군주의 상에 있어서 기공(寄公)[85]과 국빈(國賓)에게 절을 할 때에는 그들의 자리를 향해서 한다. 대부의 상에서 군주의 명을 받들고 온 사신에 대해서는 침문(寢門)[86] 밖에서 그를 맞이하고, 사신이 당(堂)으로 올라가서 명령을 전달하면, 상주는 당하에서 절을 한다.

한 정현의 주이다.

85) 기공(寄公)은 자신의 나라를 잃고, 다른 나라에 위탁해서 지내는 제후를 뜻한다. 후대에는 지위를 잃고 떠돌아다니게 된 사람들을 지칭하는 용어로도 사용했다.

86) 침문(寢門)은 침문(寑門)이라고도 부른다. 노문(路門)을 가리킨다. '노문'은 궁실(宮室)의 건축물 중에서도 가장 안쪽에 있었던 정문을 뜻하는데, 여러 문들 중에서도 노침(路寢)과 가장 가까운 위치에 있었기 때문에, '노문'이라는 명칭이 생겼다. '침문'이라는 용어 또한 '노침'에 가까이 있었기 때문에 붙여진 명칭이다. 한편 가장 안쪽에 있었던 정문이었으므로, '침문'을 내문(內門)이라고도 부른다.

사의 상에서 대부가 직접 조문을 오게 되면, 상주는 그와 함께 곡을 하지만, 문밖에서 그를 맞이하지는 않는다.

鄭注 "拜寄公·國賓於位"者, 於庭鄕其位而拜之. 此時寄公位在門西, 國賓位在門東, 皆北面. 小斂之後, 寄公東面, 國賓門西, 北面. 士於大夫親弔, 謂大夫身來弔士也. 與之哭, 旣拜之, 卽位西階東面哭. 大夫特來則北面.

번역 "기공(寄公)과 국빈(國賓)에게 그 자리에서 절을 한다."는 말은 마당에서 그들의 자리를 향한 상태에서 절을 한다는 뜻이다. 이러한 시기에 기공의 자리는 문의 서쪽에 있고, 국빈의 자리는 문의 동쪽에 있는데, 모두 북쪽을 바라보게 된다. 소렴(小斂)을 한 이후 기공은 동쪽을 바라보게 되고, 국빈은 문의 서쪽에서 북쪽을 바라보게 된다. 사의 상에서 대부가 직접 조문을 왔다는 것은 대부 본인이 찾아와서 사에게 조문을 한다는 뜻이다. 그와 함께 곡을 하고, 절하는 것이 끝나면 자리로 나아가 서쪽 계단에서 동쪽을 바라보며 곡을 한다. 대부 홀로 찾아온 경우라면 북쪽을 바라보게 된다.

孔疏 ●"降自西階"者, 不忍當主位, 降自西階.

번역 ●經文: "降自西階". ○차마 주인의 자리에 있을 수 없기 때문에, 내려갈 때 서쪽 계단을 통해서 내려가는 것이다.

孔疏 ●"君拜寄公·國賓于位"者, 寄公, 謂失位之君也. 國賓, 謂鄰國大夫來聘者. 遇主國君之喪拜于位者, 於庭鄕其位而拜之.

번역 ●經文: "君拜寄公·國賓于位". ○'기공(寄公)'은 지위를 잃은 제후를 뜻한다. '국빈(國賓)'은 이웃 나라에서 찾아와 빙문(聘問)[87]을 하는 대부이다. 때마침 찾아간 나라의 제후 상을 접하게 되어 그 자리에서 절을

87) 빙문(聘問)은 국가 간이나 개인 간에 사람을 보내서 상대방을 찾아가 안부를 묻는 의식 절차를 통칭하는 말이다. 또한 제후가 신하를 시켜서 천자에게 보내, 안부를 묻는 예법을 뜻하기도 한다.

하게 되면, 상주는 마당에서 그의 자리를 향한 상태로 그에게 절을 한다.

孔疏 ●"士於大夫親弔, 則與之哭, 不逆於門外"者, 謂士之喪, 大夫親來弔, 立于西階下東面, 主人則降自西階下, 南面拜之. 拜訖, 卽位西階下, 與大夫俱哭, 不迎大夫於門外.

번역 ●經文: "士於大夫親弔, 則與之哭, 不逆於門外". ○사의 상에서 대부가 직접 찾아와 조문을 하게 되면 서쪽 계단 아래에 서서 동쪽을 바라보게 되고, 상주는 서쪽 계단을 통해 내려가서 남쪽을 바라보며 절을 한다. 절이 끝나면 서쪽 계단 밑의 자리로 나아가서 대부와 함께 곡을 하고, 대부를 문밖에서 맞이하지 않는다는 뜻이다.

孔疏 ◎注"拜寄"至"北面". ○正義曰: "此時寄公位在門西, 國賓位在門東, 皆北面"者, 熊氏云"凡賓弔, 北面, 是其正". 故檀弓云"曾子北面而弔焉", 且尸在堂上, 鄕之可知也. 知寄公在門西者, 寄公有賓義, 故在賓位, 故知在門西. 知國賓在門東者, 賓雖爲君命使, 或本是吉使, 而遭主國之喪, 而行私弔之禮, 故從主人之位, 故知在門東. 云"小斂之後, 寄公東面, 國賓門西北面"者, 熊氏云"小斂之後, 主人位於阼階下西面, 寄公稍依吉禮, 漸就賓位, 東面鄕主人也. 國賓亦以小斂後漸吉, 轉就門西賓位, 但爵是卿大夫, 猶北面也". 又士喪禮云"他國之異爵者, 門西少進", 是也. 云"旣拜之, 卽位西階東面哭"者, 以大夫身來弔士之時, 在西階之南, 主人降自西階, 鄕其位而拜之. 拜訖, 主人卽位於西階下, 東面哭之, 故士喪禮云"賓有大夫, 則特拜之. 卽位于西階下, 東面不踊". 鄭注云"卽位西階下, 未忍在主人位", 是據主人也. 而皇氏云"卽位西階東面哭, 謂大夫之位也". 下云"大夫特來則北面", 皇氏卽云"是大夫之位", 俱與士喪禮違, 又與鄭注士喪禮不同, 其義非也. 云"大夫特來則北面"者, 以大夫與士若俱來, 皆東面, 故主人卽位西階, 在大夫之北俱東面而哭. 今大夫獨來, 不與士相隨, 故大夫北面也. 必知北面者, 以凡特弔皆北面, 故檀弓云"曾子北面而弔", 是特弔也.

번역 ◎鄭注: "拜寄"~"北面". ○정현이 "이러한 시기에 기공(寄公)의

자리는 문의 서쪽에 있고, 국빈(國賓)의 자리는 문의 동쪽에 있는데, 모두 북쪽을 바라보게 된다."라고 했는데, 웅안생은 "무릇 빈객이 조문을 하게 되면 북쪽을 바라보는 것이 정식 규범이다."라고 했다. 그렇기 때문에『예기』「단궁(檀弓)」편에서는 "증자는 북쪽을 바라보고 조문을 하였다."88)라고 말한 것이고, 또 시신은 당상(堂上)에 있으니, 그 방향을 향한다는 사실을 알 수 있다. 기공이 문의 서쪽에 있게 되는 사실을 알 수 있는 이유는 기공에게는 빈객으로 따라야 하는 도의가 있기 때문에, 빈객의 자리에 있게 된다. 그렇기 때문에 문의 서쪽에 있게 됨을 알 수 있다. 반면 국빈이 문의 동쪽에 있게 되는 사실을 알 수 있는 이유는 국빈이 비록 군주의 명령을 받들고 온 사신이지만, 간혹 본래는 길(吉)한 임무를 받들고 온 사신이었는데, 우연히 찾아간 나라의 제후 상을 접하여, 사적으로 조문의 의례를 시행하는 경우도 있다. 그렇기 때문에 주인의 자리에 따라서 서게 되므로, 문의 동쪽에 있게 됨을 알 수 있다. 정현이 "소렴(小斂)을 한 이후 기공은 동쪽을 바라보게 되고, 국빈은 문의 서쪽에서 북쪽을 바라보게 된다."라고 했는데, 웅안생은 "소렴을 한 이후 상주는 동쪽 계단의 아래에 자리하여 서쪽을 바라보고, 기공은 좀 더 길한 의례에 따라서 보다 빈객의 자리로 나아가게 되며, 동쪽을 바라보는 것은 상주를 향하는 것이다. 국빈 또한 소렴 이후에는 보다 길한 의례에 따라서 보다 문의 서쪽인 빈객의 자리로 나아가게 된다. 다만 작위가 경이나 대부인 자들은 여전히 북쪽을 바라보게 된다."라고 했다. 또『의례』「사상례(士喪禮)」편에서는 "다른 나라에서 찾아온 남다른 작위를 가진 자는 문의 서쪽에서 보다 앞으로 나온다."89)라고 했다. 정현이 "절하는 것이 끝나면 자리로 나아가 서쪽 계단에서 동쪽을 바라보며 곡(哭)을 한다."라고 했는데, 대부 본인이 찾아와서 사의 상에 조문을 할 때, 서쪽 계단의 남쪽에 있게 되며, 상주는 서쪽 계단을 통해 내려와서 그의 자리를 향한 상태로 그에게 절을 한다. 절이 끝나면 상주는 곧

88)『예기』「단궁상(檀弓上)」【94b】: 曾子與客立於門側, 其徒趨而出, 曾子曰: "爾將何之?" 曰: "吾父死, 將出哭於巷." 曰: "反哭於爾次!" 曾子北面而弔焉.

89)『의례』「사상례(士喪禮)」: 卿大夫在主人之南. 諸公門東, 少進. 他國之異爵者門西, 少進.

서쪽 계단 아래에 있는 자리로 나아가 동쪽을 바라보며 곡(哭)을 한다. 그렇기 때문에 「사상례」편에서는 "빈객 중 대부가 있다면, 그에게 단독으로 절을 한다. 서쪽 계단 아래의 자리로 나아가서 동쪽을 바라보되 용(踊)은 하지 않는다."라고 한 것이고, 정현의 주에서는 "서쪽 계단 밑의 자리로 나아가는 것은 차마 주인의 자리에 있을 수 없기 때문이다."라고 했으니, 이것은 상주에게 기준을 둔 내용이다. 그런데 황간은 "서쪽 계단의 자리로 나아가서 동쪽을 바라보며 곡(哭)을 한다는 것은 대부의 자리를 뜻한다."라고 했다. 아래문장에서는 "대부가 단독으로 찾아오면 북쪽을 바라본다."라고 했는데, 이 문장에 대해서도 황간은 곧 "이것은 대부의 자리이다."라고 했으니, 이 모두는 「사상례」편의 기록과 위배되고, 또 「사상례」편에 대한 정현의 주와도 동일하지 않으므로, 그 주장은 잘못되었다. 정현이 "대부 홀로 찾아온 경우라면 북쪽을 바라보게 된다."라고 했는데, 대부와 사가 만약 함께 찾아온 경우라면, 모두 동쪽을 바라보게 된다. 그렇기 때문에 상주는 곧 서쪽 계단의 자리로 나아가니, 이곳은 대부가 있는 곳의 북쪽이 되며, 모두 동쪽을 바라보고 곡을 하게 된다. 현재 대부 홀로 찾아왔다면, 사와 함께 온 경우와는 다르다. 그렇기 때문에 대부는 북쪽을 바라보게 된다. 북쪽을 바라보게 된다는 사실을 분명히 알 수 있는 이유는 무릇 홀로 조문을 하는 경우에는 모두 북쪽을 바라보기 때문이다. 그래서 「단궁」편에서는 "증자는 북쪽을 바라보고 조문을 하였다."라고 한 것이니, 이것은 홀로 조문하는 경우를 뜻한다.

集解 愚謂: 士喪禮朝夕哭弔賓之位, "卿大夫在主人之南, 諸公門東, 少進, 他國之異爵者門西, 少進", 士西方東面; 而於始死以後至殯以前, 皆不見弔賓之位. 蓋其位與朝夕哭同, 故不別見之. 故士喪禮"有賓則拜之", 鄭氏云"其位如朝夕哭", 是也. 若諸侯, 則群臣之位, 始死之時, 親而尊者在室, 疏而卑者在堂下, 卽上經之所陳者, 是也. 旣小斂, 則卿大夫皆在主人之南, 西面, 士西方東面. 而士禮門東, 北面, 少進之位, 於諸侯則當爲寄公之位; 士禮門西, 北面, 少進之位, 於諸侯則當爲國賓之位. 自始死以至於朝夕哭皆然. 若鄰國卿大夫來弔者, 則當在門西, 北面, 但始死之時, 鄰國弔使亦未能卽至耳. 君拜寄公·國賓於位者, 南向就其位而拜之也. 主人拜於下, 拜於中庭也. 凡臣於君之弔, 皆卽位於門右, 北面, 受弔於中庭. 故士喪始死, 君使人弔, 主人迎於寢門外, 見賓不哭, 先入門右, 北面. 弔者入, 升自西階, 主人進中庭, 弔者致命, 主人哭拜稽顙成踊. 賓出, 主人拜送於外門外. 大夫於君命亦然. 士於大夫親弔, 則與之哭者, 大夫西面於阼階下之南, 主人卽西階下位, 與之俱東面而哭也.

번역 내가 생각하기에, 『의례』「사상례(士喪禮)」편에서는 아침저녁으로 곡을 하며 조문을 온 빈객들의 자리에 대해서, "경과 대부는 상주의 남쪽에 위치하고, 여러 공들은 문의 동쪽에 위치하는데 보다 앞으로 나아가고, 다른 나라에서 찾아온 남다른 관직의 소유자인 경과 대부들은 문의 서쪽에 위치하는데 보다 앞으로 나온다."[90]라고 했고, 사는 서쪽에서 동쪽을 바라보게 된다. 그리고 초상 이후 빈소를 차리기 이전까지의 절차에 있어서는 모두 조문을 온 빈객들의 자리가 나타나지 않는다. 아마도 그들의 자리는 아침저녁으로 곡하던 자리와 동일했기 때문에, 별도로 명시를 하지 않은 것 같다. 그래서 「사상례」편에서 "빈객이 있으면 절을 한다."[91]라고 한 것이고, 정현의 주에서는 "그 자리는 아침저녁으로 곡하던 자리와 같다."라고 한 것이다. 만약 제후의 경우라면 뭇 신하들의 자리는 초상 때 군주와 친근하고 존귀한 자는 실(室)에 있게 되고, 소원하고 미천한 자는 당하(堂下)에 있게 되니, 앞의 경문에서 진술한 내용이 이 경우에 해당한다. 소렴(小斂)을 마친 뒤라면, 경과 대부는 모두 주인의 남쪽에 위치하여 서쪽을 바라보고, 사는 서쪽에서 동쪽을 바라본다. 그런데 사에게 적용되는 예법에서 문의 동쪽에서 북쪽을 바라보며 조금 앞으로 나온 자리는 제후의 예법에 있어서는 기공의 자리가 된다. 또 사의 예법에서 문의 서쪽에서 북쪽을 바라보며 조금 앞으로 나온 자리는 제후의 예법에 있어서는 국빈의 자리가 된

---

90) 『의례』「사상례(士喪禮)」: 卿大夫在主人之南. 諸公門東, 少進. 他國之異爵者門西, 少進. 敵則先拜他國之賓.

91) 『의례』「사상례(士喪禮)」: 乃赴于君. 主人西階東, 南面命赴者, 拜送. 有賓則拜之.

다. 초상으로부터 아침저녁으로 곡을 하는 시기까지 모두 이와 같다. 만약 이웃 나라의 경과 대부가 찾아와서 조문을 하는 경우라면, 문의 서쪽에서 북쪽을 바라보게 되는데, 다만 초상의 때라면 이웃 나라에서 조문을 온 사신 또한 곧바로 자리로 나아갈 수 없을 따름이다. 군주의 상에서 기공과 국빈에게 자리에서 절을 한다고 했는데, 이것은 남쪽을 향하여 자신의 자리로 나아가 그들에게 절을 한다는 뜻이다. 주인이 아래에서 절을 한다고 했는데, 이것은 마당에서 절을 한다는 뜻이다. 무릇 신하는 군주의 조문에 대해서 모두 문의 우측에 있는 자리로 나아가고 북쪽을 바라보며, 마당에서 조문을 받게 된다. 그렇기 때문에 사의 상에서 초상 때 군주가 사신을 보내 조문을 하게 되면, 상주는 침문(寢門) 밖으로 나와서 사신을 맞이하고, 빈객을 보아도 곡을 하지 않고 먼저 들어가서 문의 우측에 있으며 북쪽을 바라본다. 또 조문을 온 사신은 들어와서 서쪽 계단을 통해 당(堂)으로 올라가고, 상주는 마당으로 나아가며, 조문을 온 사신이 명령을 전달하면, 상주는 곡(哭)을 하고 절을 하며 이마를 땅에 닿도록 한 뒤에 용(踊)의 절차를 마무리한다. 그리고 빈객이 밖으로 나가면, 상주는 외문의 밖에서 절을 하며 그를 전송한다. 대부의 상에서 군주의 명령을 받들고 온 사신을 대할 때에도 또한 이처럼 한다. 사의 상에서 대부가 직접 조문을 오게 되면, 그와 함께 곡을 한다고 했는데, 대부는 동쪽 계단 아래의 남쪽에서 서쪽을 바라보고, 상주는 서쪽 계단 아래에 있는 자리로 나아가서 그와 함께 동쪽을 바라보며 곡을 한다는 뜻이다.

集解 鄭氏云, "大夫特來, 則北面." 此據檀弓"曾子北面而弔"爲說, 不知曾子北面乃弔於不爲位者之禮, 非可以決弔位之正.

번역 정현은 "대부가 홀로 찾아오면 북쪽을 바라보게 된다."라고 했는데, 이 설명은 『예기』「단궁(檀弓)」편에서 "증자가 북쪽을 바라보고 조문을 했다."라는 말에 근거한 주장이다. 그러나 증자가 북쪽을 바라보았던 것은 자리를 마련하지 않았을 때 조문하는 예법임을 알지 못한 것으로, 조문의 자리에 대한 정식 예법이라고 판단해서는 안 된다.

그림 1-1 ▣ 계(笄)와 리(纚)

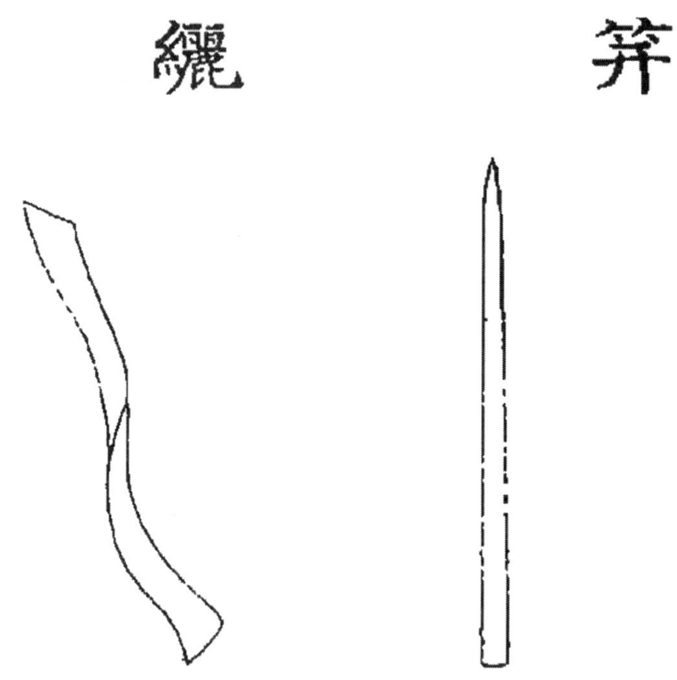

※ **출처:** 『삼례도집주(三禮圖集注)』 3권

그림 1-2 ▣ 허리띠 : 대(帶) · 혁대(革帶) · 대대(大帶)

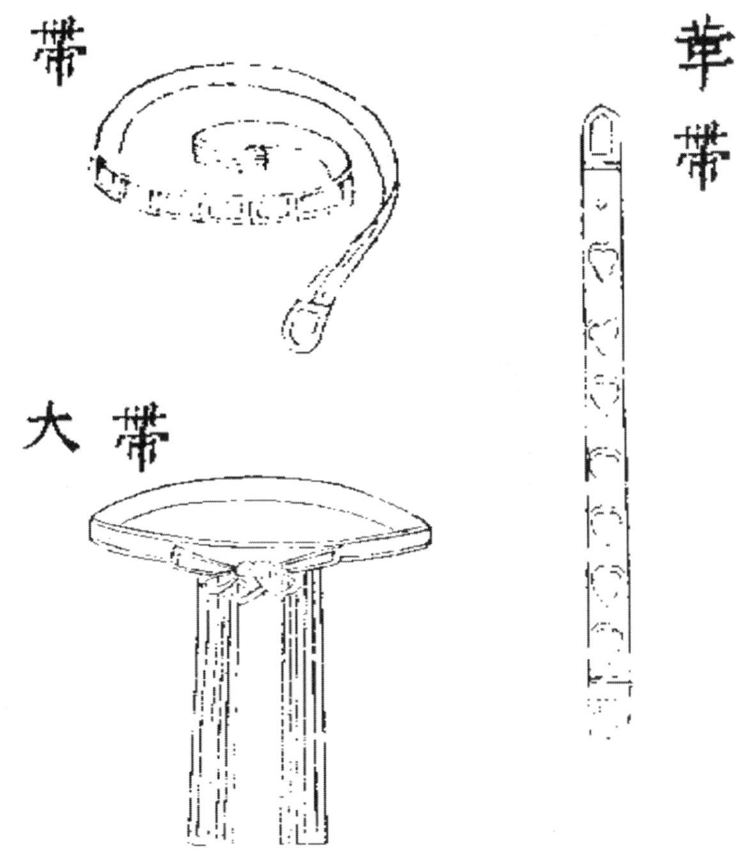

◎ 혁대(革帶): 가죽으로 만든 허리띠로, 대(帶)와 혁대는 옷과 연결하여 결속함
대대(大帶): 주로 예복(禮服)에 착용하는 것으로, 혁대에 결속함

※ **출처:** 『삼재도회(三才圖會)』「의복(衣服)」 2권

그림 1-3 ▣ 심의(深衣)

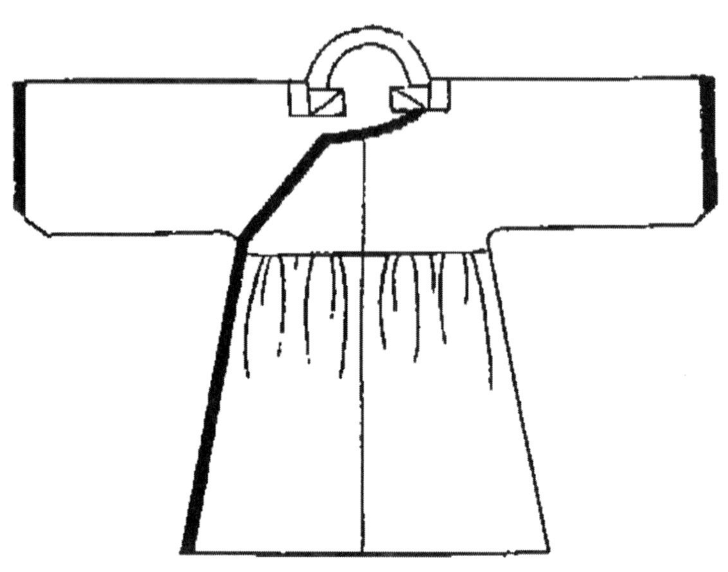

※ **출처:**『삼례도집주(三禮圖集注)』3권

그림 1-4 ▣ 『주례』의 수(遂)-행정구역 및 담당자

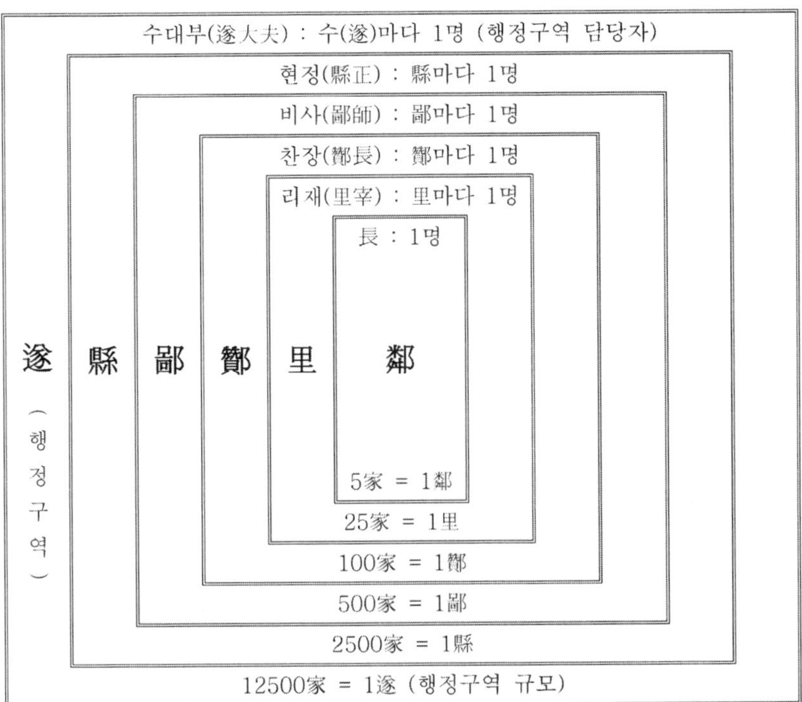

그림 1-5 ■ 현관(玄冠)

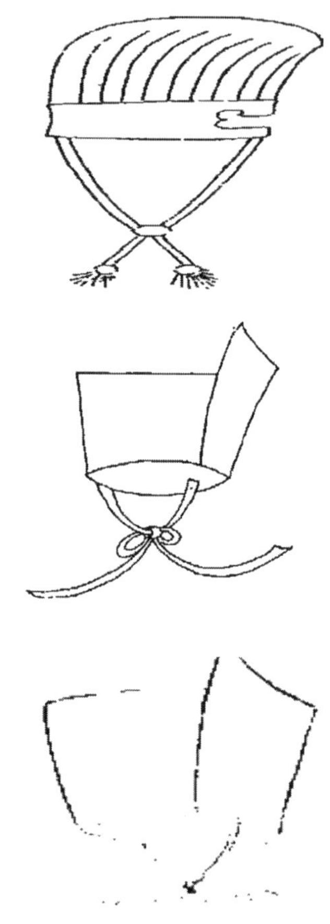

※ 출처: 상단-『삼례도(三禮圖)』 2권
중단-『육경도(六經圖)』 8권
하단-『삼재도회(三才圖會)』「의복(衣服)」 1권

그림 1-6 ▣ 제후의 조복(朝服)

※ **출처:** 『삼례도집주(三禮圖集注)』 1권

그림 1-7 ▣ 면(免)과 괄발(括髮)

※ **출처:**『삼례도(三禮圖)』3권

그림 1-8 ▣ 주(周)나라 때의 변(弁)과 작변(爵弁)

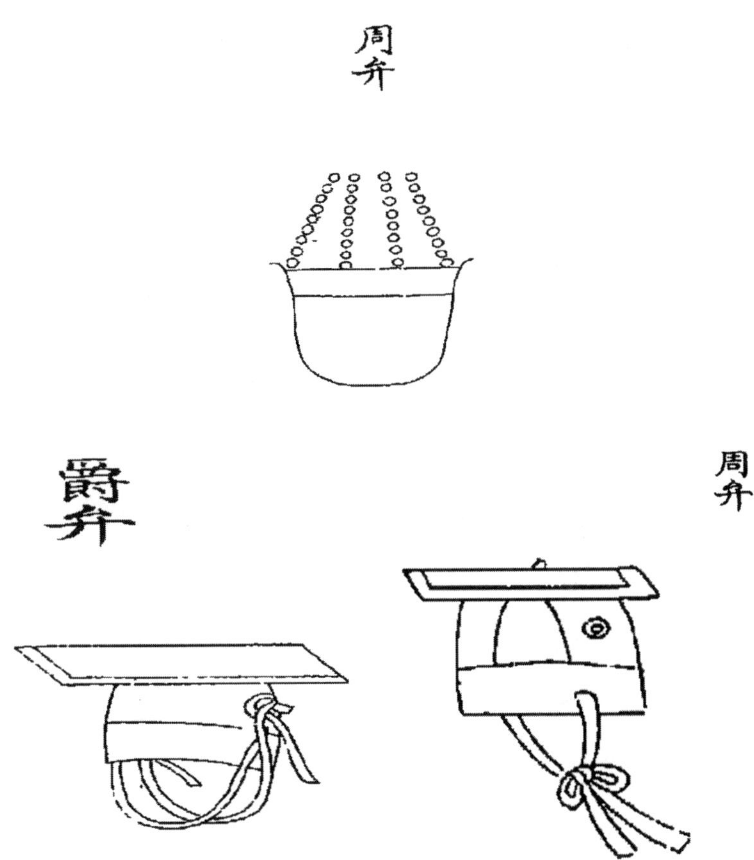

※ **출처:** 상단-『삼례도(三禮圖)』 2권
하단-『삼례도집주(三禮圖集注)』 3권

그림 1-9 ▣ 규(規)·구(矩)·준(準)·승(繩)

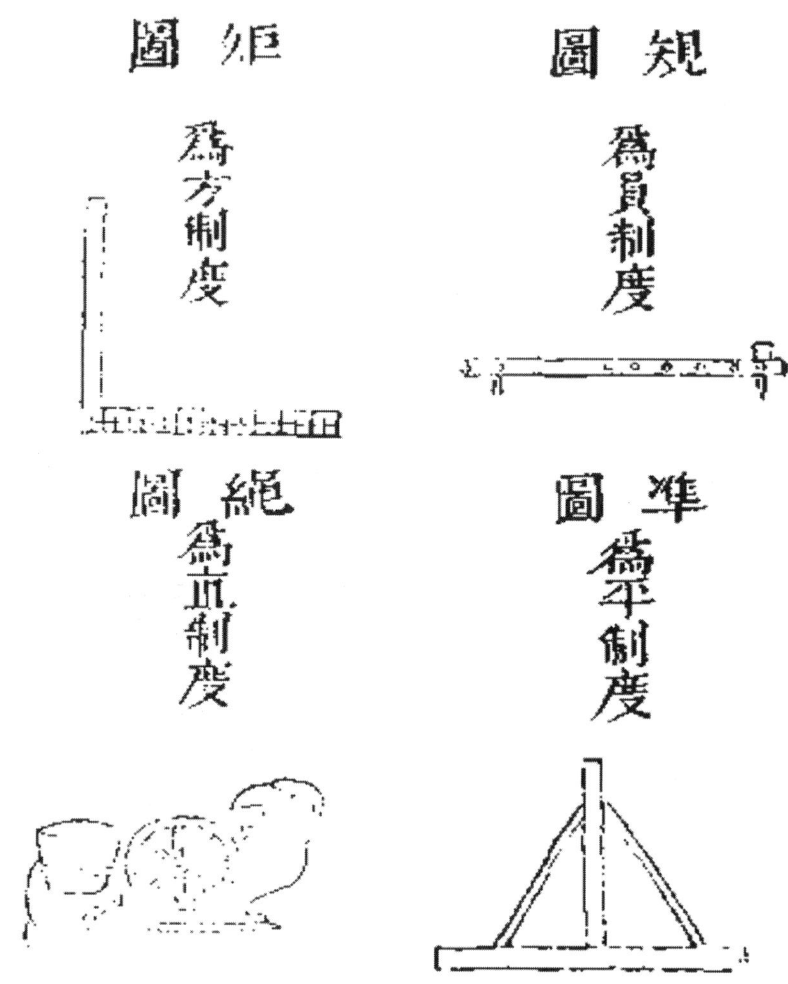

※ 출처: 『삼재도회(三才圖會)』「기용(器用) 2권

그림 1-10 ▣ 사의 작변복(爵弁服)

爵弁

※ **출처:** 『삼례도집주(三禮圖集注)』 1권

그림 1-11 ▣ 위모(委貌)

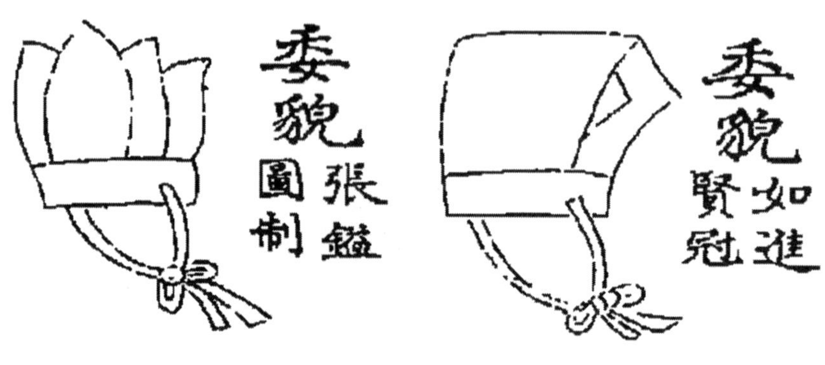

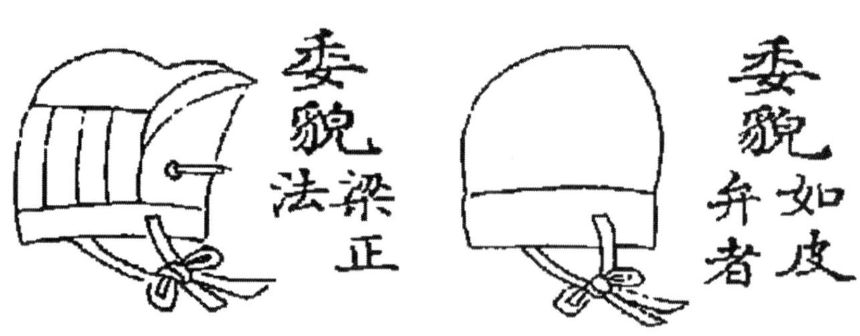

※ **출처:** 『삼례도집주(三禮圖集注)』 3권

그림 1-12 ▣ 신하들의 명(命) 등급

	천자(天子) 신하	대국(大國) 신하	차국(次國) 신하	소국(小國) 신하
9명(九命)	상공(上公=二伯) 하(夏)의 후손 은(殷)의 후손			
8명(八命)	삼공(三公) 주목(州牧)			
7명(七命)	후작[侯] 백작[伯]			
6명(六命)	경(卿)			
5명(五命)	자작[子] 남작[男]			
4명(四命)	부용군(附庸君) 대부(大夫)	고(孤)		
3명(三命)	원사(元士=上士)	경(卿)	경(卿)	
2명(再命)	중사(中士)	대부(大夫)	대부(大夫)	경(卿)
1명(一命)	하사(下士)	사(士)	사(士)	대부(大夫)
0명(不命)				사(士)

◎ 『예기』와 『주례』의 기록에는 다소 차이가 있다.

※ **출처:** 『주례』「춘관(春官)·전명(典命)」 및 『예기』「왕제(王制)」

그림 1-13 ▣ 피변복(皮弁服)

※ **출처:**『삼례도집주(三禮圖集注)』1권

• 제 2 절 •

장지(葬地)로 떠날 때까지

【658a】

三日而斂, 在牀曰尸, 在棺曰柩. 動尸擧柩, 哭踊無數. 惻怛之心, 痛疾之意, 悲哀志懣氣盛, 故袒而踊之, 所以動體安心下氣也.

직역 三日하고서 斂한데, 牀에 在하면 尸라 曰하고, 棺에 在하면 柩라 曰한다. 尸를 動하고 柩를 擧함에, 哭하고 踊함에 數가 無라. 惻怛의 心과 痛疾의 意로, 悲哀하고 志가 懣하고 氣가 盛이라, 故로 袒하고 踊하니, 體를 動하고 心을 安하며 氣를 下하는 所以이다.

의역 3일째에는 대렴(大斂)을 하는데, 시신이 침상 위에 있으면 시(尸)라 부르고, 관에 안치되면 구(柩)라고 부른다. 시신을 이동하고 영구를 들 때에는 곡과 용(踊)을 함에 정해진 수치가 없다. 슬픈 마음과 애통한 생각으로 인해, 비통하고 애통하여 생각은 번민으로 가득차고 슬픈 기운이 가득 차게 된다. 그렇기 때문에 단(袒)을 하고 용(踊)을 해서, 몸을 움직이게 만들고 마음을 안정시키며 기운을 낮추는 것이다.

集說 哭踊本有數, 此言無數者, 又在常節之外也. 懣, 煩也.

번역 곡하고 용(踊)을 함에는 본래 정해진 수치가 있는데, 이곳에서 수치가 없다고 말한 것은 또한 일상적인 절차의 예외사항에 해당하기 때문이다. '만(懣)'자는 "번민하다[煩]."는 뜻이다.

大全 臨川吳氏曰: 動尸, 謂初死至斂時, 擧柩, 謂啓殯至葬時. 動親之尸, 擧親之柩, 孝子哀甚, 故哭踊無數. 懣, 與悶同, 心煩鬱也. 氣盛, 氣懣塞也. 袒而踊, 以運動其身體, 體動則庶幾可以安靜其心, 使不煩鬱, 降下其氣, 使不懣塞也.

번역 임천오씨가 말하길, 시신을 이동시킨다는 말은 이제 막 돌아가셨을 때로부터 대렴(大斂)을 치르는 시점까지를 뜻한다. 영구를 든다는 말은 계빈(啓殯)[1]으로부터 장례를 치르는 시점까지를 뜻한다. 부모의 시신을 이동시키고, 부모의 영구를 들 때에는 자식의 애통함이 매우 깊기 때문에 곡과 용(踊)을 함에 정해진 수치가 없다. '만(懣)'자는 "답답하다."는 뜻의 민(悶)자와 뜻이 같으니, 마음이 번민으로 가득하여 답답하다는 뜻이다. '기성(氣盛)'은 기운이 답답하게 막혔다는 뜻이다. 단(袒)과 용(踊)을 하여 신체를 움직이도록 하는데, 신체가 움직인다면 마음을 안정시켜서 번민하지 않도록 만들고, 기운을 낮춰서 답답하게 막히지 않도록 할 수 있기를 바라는 것이다.

鄭注 "故袒而踊之", 言聖人制法, 故使之然也.

번역 "그러므로 단(袒)을 하고 용(踊)을 한다."는 말은 성인이 예법을 제정하였기 때문에 그처럼 되도록 한다는 뜻이다.

釋文 斂, 力豔反, 下同. 柩, 其又反. 懣, 亡本反, 又音滿, 范音悶, 下同.

번역 '斂'자는 '力(력)'자와 '豔(염)'자의 반절음이며, 아래문장에 나오는 글자도 그 음이 이와 같다. '柩'자는 '其(기)'자와 '又(우)'자의 반절음이다. '懣'자는 '亡(망)'자와 '本(본)'자의 반절음이며, 또한 그 음은 '滿(만)'도 되고, 범음(范音)은 '悶(민)'이며, 아래문장에 나오는 글자도 이와 같다.

---

1) 계빈(啓殯)은 장례(葬禮) 절차 중 하나이다. 장례를 치르기 위하여, 빈소에 임시로 가매장했던 영구를 꺼내는 절차를 뜻한다.

集解 愚謂: 動尸, 謂斂及殯時遷尸也. 擧柩, 謂啓殯及載時也.

번역 내가 생각하기에, 시신을 움직인다는 것은 염(斂)과 빈소를 마련할 때 시신을 옮기는 것을 뜻한다. 영구를 든다는 것은 계빈(啓殯)을 하고 수레에 실을 때를 뜻한다.

【658b】

婦人不宜袒, 故發胸擊心爵踊, 殷殷田田, 如壞墻然, 悲哀痛疾之至也. 故曰, "辟踊哭泣, 哀以送之", 送形而往, 迎精而反也.

직역 婦人은 袒이 不宜라, 故로 胸을 發하고 心을 擊하며 爵踊하니, 殷殷하고 田田하여, 壞墻과 如히 然하여, 悲哀와 痛疾이至라. 故로 曰, "辟踊하고 哭泣하여, 哀하여 送하니, 形을 送하여 往하고, 精을 迎하여 反이라.

의역 부인은 단(袒)을 하기가 마땅하지 않기 때문에, 앞쪽의 옷을 젖히고 가슴을 두드리며 작용(爵踊)을 하니, 가슴을 치는 소리가 나서, 마치 무너진 담장과 같이 되어, 슬픔과 애통함이 극심한 것이다. 그렇기 때문에 "가슴을 치고 용(踊)을 하며 곡을 하고 눈물을 흘려서 슬픔으로 전송한다."라고 한 것이니, 시신을 전송하여 장지로 가고, 혼령의 정기를 맞이하여 집으로 되돌아온다.

集說 發, 開也. 爵踊, 似爵之跳, 足不離地也. 殷殷田田, 擊之聲也. 辟, 拊心也.

번역 '발(發)'자는 "열다[開]."는 뜻이다. '작용(爵踊)'은 참새가 뛰는 것처럼 하니, 발이 지면에서 떨어지지 않는 것이다. '은은(殷殷)'과 '전전(田田)'은 가슴을 치는 소리이다. '벽(辟)'자는 가슴을 친다는 뜻이다.

大全 臨川吳氏曰: 婦人以發胸擊心, 代男子之袒. 男踊, 如人之跳, 足起而高. 女踊, 如爵之跳, 足不離地.

번역 임천오씨가 말하길, 부인이 앞쪽의 옷을 젖히고 가슴을 두드리는 것은 남자의 단(袒) 대신 하는 것이다. 남자가 용(踊)을 할 때에는 사람이 뛰는 것과 같아서 발을 떼어 높이 든다. 여자가 용(踊)을 할 때에는 참새가 뛰는 것과 같아서 발이 지면에서 떨어지지 않는다.

大全 嚴陵方氏曰: 形者, 成之終. 精者, 生之始. 送之而往, 所以愼終. 迎之而反, 則念始之者也.

번역 엄릉방씨[2]가 말하길, 형체는 이룸이 끝난 것이다. 정기는 생겨나는 처음이 된다. 형체를 전송하여 가는 것은 끝을 신중히 하는 것이다. 정기를 맞이하여 되돌아오는 것은 시초를 생각하는 것이다.

鄭注 爵踊, 足不絶地. 辟, 拊心也. "哀以送之", 謂葬時也. 迎其精神而反, 謂反哭及日中而虞也.

번역 '작용(爵踊)'은 발이 지면에서 떨어지지 않는 것이다. '벽(辟)'자는 가슴을 친다는 뜻이다. "슬픔으로 전송한다."는 말은 장례를 치르는 시기를 뜻한다. 혼령의 정기를 맞이하여 되돌아온다는 것은 반곡(反哭)[3]을 하고 그 날에 우제(虞祭)[4]를 지낸다는 뜻이다.

釋文 殷殷並音隱. 壞音怪, 字林作▼(褱+攵), 音同. 辟, 婢尺反, 徐扶亦反,

---

2) 엄릉방씨(嚴陵方氏, ?~?) : =방각(方慤)·방씨(方氏)·방성부(方性夫). 송대(宋代)의 유학자이다. 이름은 각(慤)이다. 자(字)는 성부(性夫)이다. 『예기집해(禮記集解)』를 지었고, 『예기집설대전(禮記集說大全)』에는 그의 주장이 많이 인용되고 있다.

3) 반곡(反哭)은 장례(葬禮) 절차 중 하나이다. 장지(葬地)에 시신을 안치한 이후, 상주(喪主)는 신주(神主)를 받들고 되돌아와서 곡(哭)을 하는데, 이것을 '반곡'이라고 부른다.

4) 우제(虞祭)는 장례(葬禮)를 치르고 난 뒤에 지내는 제사를 뜻한다.

注及下皆同. 拊, 芳甫反.

번역 '殷殷'에서의 두 '殷'자는 모두 그 음이 '隱(은)'이다. '壞'자의 음은 '怪(괴)'이며, 『자림』에서는 '▼(褱+攵)'자로 기록했는데, 음은 동일하다. '辟'자는 '婢(비)'자와 '尺(척)'자의 반절음이며, 서음(徐音)은 '扶(부)'자와 '亦(역)'자의 반절음이고, 정현의 주 및 아래문장에 나오는 글자도 모두 그 음이 이와 같다. '拊'자는 '芳(방)'자와 '甫(보)'자의 반절음이다.

孔疏 ◎注"爵踊, 足不絶地. 辟, 拊心也". ○正義曰: 爵踊, 似爵之跳也, 其足不離於地也. "殷殷田田, 如壞牆然"者, 言將欲崩倒也. 云"辟, 拊心"者, 爾雅・釋訓文.

번역 ◎鄭注: "爵踊, 足不絶地. 辟, 拊心也". ○'작용(爵踊)'은 참새가 뛰는 것처럼 한다는 뜻으로, 발이 지면에서 떨어지지 않는 것이다. 경문에서 "은은(殷殷)하고 전전(田田)하여 마치 무너진 담장과 같이 된다."라고 했는데, 붕괴되어 엎어지려고 한다는 뜻이다. 정현이 "'벽(辟)'자는 가슴을 친다는 뜻이다."라고 했는데, 이것은 『이아』「석훈(釋訓)」편의 문장이다.[5)]

集解 愚謂: 婦人發胸, 以代袒也. 擊心亦拊, 爵踊亦踊也, 但視男子爲輕耳. 辟踊哭泣, 哀以送之, 引孝經語以證之也. 送, 謂送柩也. 送形而往, 謂葬時送其體魄而往. 迎精而反, 謂反哭時迎其精氣而反也.

번역 내가 생각하기에, 부인은 앞쪽의 옷을 젖혀서 단(袒)을 대신한다. 가슴을 치는 것은 또한 부(拊)에 해당하고, 작용(爵踊)을 하는 것은 또한 용(踊)에 해당한다. 다만 남자와 비교해보면 그 수위가 낮을 뿐이다. "가슴을 치고 용(踊)을 하며 곡을 하고 눈물을 흘려서 슬픔으로 전송한다."는 말은 『효경』의 문장을 인용하여 증명한 것이다.[6)] '송(送)'자는 영구를 전송

---

5) 『이아』「석훈(釋訓)」: 擗, 拊心也.
6) 『효경』「상친장(喪親章)」: 爲之棺槨衣衾而擧之. 陳其簠簋而哀慼之. 擗踊哭泣, 哀以送之. 卜其宅兆, 而安措之.

한다는 뜻이다. "시신을 전송하여 간다."라는 말은 장례를 치를 때 시신과 백(魄)을 전송하며 장지로 간다는 뜻이다. "혼령의 정기를 맞이하여 집으로 되돌아온다."라는 말은 반곡(反哭)을 할 때 혼령의 정기를 맞이하여 집으로 되돌아온다는 뜻이다.

참고 『예기』「상대기(喪大記)」 기록

경문-528a 始卒, 主人啼, 兄弟哭, 婦人哭踊.

번역 어떤 자가 이제 막 죽었을 때, 상주는 울부짖고, 형제들은 곡을 하며, 부인은 곡과 용(踊)을 한다.

鄭注 悲哀有深淺也. 若嬰兒中路失母, 能勿啼乎?

번역 비통함과 애통함에 차이가 있기 때문이다. 마치 어린아이가 길가에서 어미를 잃은 것과 같은데 울부짖지 않을 수 있겠는가?

孔疏 ●"始卒"至"人哭踊". ○正義曰: 主人, 孝子男子女子也. 親始死, 孝子哀痛嗚咽不能哭, 如嬰兒失母, 故啼也.

번역 ●經文: "始卒"~"人哭踊". ○'주인(主人)'은 자식인 아들과 딸들을 뜻한다. 부모가 이제 막 돌아가시게 되면 자식은 애통함으로 인해 목이 메어 곡을 할 수 없으니, 마치 어린아이가 어미를 잃은 것과 같다. 그렇기 때문에 울부짖는다.

孔疏 ●"兄弟哭"者, 有聲曰哭, 兄弟情比主人爲輕, 故哭有聲也.

번역 ●經文: "兄弟哭". ○소리를 내어 우는 것을 '곡(哭)'이라고 부르는데, 형제들의 정감은 상주에 비해 낮기 때문에 곡을 하여 소리를 낼 수 있다.

孔疏 ●"婦人哭踊"者, 婦人, 衆婦也. 宗婦亦啼, 衆婦人輕, 則哭也. 然婦人雀踊, 而此云踊者, 通自上諸侯並踊也.

번역 ●經文: "婦人哭踊". ○'부인(婦人)'은 그 집안의 부인들을 뜻한다. 종부는 또한 울부짖는데, 여러 부인들은 그녀보다 정감의 수위가 낮으니, 곡을 한다. 그런데 부인들은 참새가 뛰는 것처럼 용(踊)을 하는데 이곳에서 '용(踊)'이라고 부른 이유는 그 위로 제후까지도 모두 용(踊)을 한다는 것을 통괄적으로 나타냈기 때문이다.

集說 啼者, 哀痛之甚, 嗚咽不能哭, 如嬰兒失母也. 兄弟情稍輕, 故哭有聲. 婦人之踊, 似雀之跳, 足不離地. 問喪篇云"爵踊", 是也.

번역 '제(啼)'는 애통함이 극심하여 목이 메어 곡을 할 수 없는 것이니, 마치 어린아이가 어미를 잃은 경우와 같다.[7] 형제는 그 정감이 보다 가볍기 때문에 곡을 하며 소리를 낼 수 있다. 부인들의 용(踊)은 마치 참새가 뛰는 것과 같아서, 다리가 지면에서 떨어지지 않는다. 「문상」편에서 '작용(爵踊)'이라고 한 말이 이것에 해당한다.

集解 愚謂: 始卒, 謂復前氣絶時也. 問喪曰, "親始死, 笄纚, 徒跣, 扱上衽, 交手哭", 謂此時也. 主人, 適子及衆子也. 兄弟, 期喪以下之親也. 婦人, 亦謂期喪以下者. 若死者之妻亦啼踊者, 主人兄弟婦人皆踊也.

번역 내가 생각하기에, '시졸(始卒)'은 초혼을 하기 이전 숨이 끊어졌을 때를 뜻한다. 「문상」편에서는 "부모가 돌아가시게 되면 비녀를 꽂고 머리싸개를 하며, 맨발을 하고, 상의의 옷섶을 꼽고, 두 손을 교차한 뒤에 곡을 한다."라고 했는데, 바로 이 시점을 뜻한다. '주인(主人)'은 적자와 나머지 아들들을 뜻한다. '형제(兄弟)'는 기년상(期年喪)[8]으로부터 그 이하의 상을

---

7) 『예기』「잡기하(雜記下)」【515b~c】: 曾申問於曾子曰, "哭父母有常聲乎?" 曰, "中路嬰兒失其母焉, 何常聲之有?"

8) 기년상(期年喪)은 1년 동안 치르는 상을 뜻한다. 일반적으로 자최복(齊衰服)을

치르는 친족을 뜻한다. '부인(婦人)' 또한 기년상으로부터 그 이하의 상을 치르는 여자들을 뜻한다. 만약 죽은 자의 아내인 경우라면 또한 울부짖으며 용(踊)을 하고, 주인과 그 형제의 부인들은 모두 용(踊)을 한다.

참고 『예기』「상대기(喪大記)」 기록

경문-529b 小斂, 主人卽位于戶內, 主婦東面乃斂. 卒斂, 主人馮之踊, 主婦亦如之. 主人袒, 說髦, 括髮以麻. 婦人髽, 帶麻于房中. 徹帷, 男女奉尸夷于堂, 降拜.

번역 소렴(小斂)을 치르게 되면, 상주는 방문 안쪽의 자리로 나아가고, 주부는 동쪽을 바라보고서 곧 소렴을 시행한다. 소렴을 끝내면 상주는 시신을 부여잡고 용(踊)을 하며, 주부 또한 이처럼 한다. 주부는 단(袒)을 하고, 다팔머리를 풀며, 마(麻)를 이용해서 머리카락을 묶는다. 부인은 좌(髽)의 방식으로 머리를 틀고, 방안에서 마(麻)로 된 허리띠를 찬다. 당(堂)에 쳤던 휘장을 걷고, 상주와 주부 및 남녀의 친족들은 시신을 받들어서 당(堂)으로 옮기고, 상주는 당하(堂下)로 내려와서 빈객에게 절을 한다.

鄭注 士旣殯, 說髦, 此云小斂, 蓋諸侯禮也. 士之旣殯, 諸侯之小斂, 於死者但三日也. 婦人之髽·帶麻於房中, 則西房也. 天子·諸侯有左右房. 夷之言尸也, 於遷尸, 主人·主婦以下從而奉之, 孝敬之心. 降拜, 拜賓也.

번역 사의 예법에서는 빈소를 마련한 뒤에 다팔머리를 푼다고 했는데, 이곳에서는 소렴(小斂)이라고 했으니, 아마도 제후의 예법인 것 같다. 사가 빈소를 마련하는 것과 제후가 소렴을 하는 것은 죽은 자를 기준으로는 단지 3일이 지난 시점이 된다. 부인이 방에서 좌(髽)의 방식으로 머리를 틀고 마(麻)로 된 허리띠를 두른다고 했다면, 이곳은 서쪽 방에 해당한다. 천자

입고 치르는 상을 뜻한다. '기년(期年)'은 1년을 뜻하는데, '자최복'은 일반적으로 1년 동안 입게 되는 상복이기 때문이다.

와 제후의 경우에는 좌우측에 모두 방이 있다. '이(夷)'자는 '시신[尸]'을 뜻하며, 시신을 옮길 때 상주와 주부로부터 그 이하의 사람들은 그를 따라서 시신을 받들게 되니, 효와 공경의 마음을 나타내는 것이다. 내려가서 절을 하는 것은 빈객에게 절을 한다는 뜻이다.

孔疏 ●"主人卽位于戶內"者, 以初時尸在牖下, 主人在尸東, 今小斂當戶內, 故主人在戶內稍東, 西面.

번역 ●經文: "主人卽位于戶內". ○초상 때 시신은 들창 아래에 있고, 상주는 시신의 동쪽에 있는데, 현재 소렴(小斂)을 하게 되어 방문의 안쪽에 있다. 그렇기 때문에 상주는 방문 안쪽에서도 좀 더 동쪽으로 치우친 자리에서 서쪽을 바라보며 있게 된다.

孔疏 ●"主人馮之踊"者, 斂訖, 主人馮尸而踊.

번역 ●經文: "主人馮之踊". ○소렴(小斂)이 끝나면, 상주는 시신을 부여잡고 용(踊)을 한다.

孔疏 ●"主婦亦如之"者, 馮尸竟, 亦踊, 與男子同也.

번역 ●經文: "主婦亦如之". ○시신을 부여잡는 절차가 끝나면 또한 용(踊)을 하는데, 모여 있는 남자들과 동일하게 한다.

孔疏 ●"主人袒"者, 鄕小斂不袒, 今方有事, 故袒衣也. 士喪禮馮尸已竟而云"髻髮袒", 此未括髮先云袒者, 或人君禮也.

번역 ●經文: "主人袒". ○소렴(小斂)을 할 때에는 단(袒)을 하지 않는데, 현재 해당 사안을 처리해야 하기 때문에 옷에 대해서 단(袒)을 한다. 『의례』「사상례(士喪禮)」편에서는 시신을 부여잡는 절차가 끝난 뒤에, "머리를 묶고서 단(袒)을 한다."[9]라고 했는데, 이곳에서는 아직 머리를 묶기 이전에 먼저 단(袒)을 한다고 했다. 그 이유는 아마도 이 내용은 군주의 예법이기 때문일 것이다.

孔疏 ●"說髦"者, 髦, 幼時翦髮爲之, 至年長則垂著兩邊, 明人子事親, 恒有孺子之義也. 若父死說左髦, 母死說右髦, 二親並死則並說之, 親沒不髦, 是也. 今小斂竟, 喪事已成, 故說之也. 按鄭注"士旣殯, 說髦", 今小斂而說者, 人君禮也.

번역 ●經文: "說髦". ○'모(髦)'는 어렸을 때 머리카락을 잘라서 만드는 머리 방식이다. 장성하게 되면 양쪽 측면으로 머리카락을 내려트려서 자식이 부모를 섬길 때에는 항상 어린아이였을 때의 도의를 간직한다는 뜻을 나타낸다. 만약 부친이 돌아가시게 되면 좌측 다팔머리를 풀고, 모친이 돌아가시게 되면 우측 다팔머리를 푸는데, 두 분이 모두 돌아가시게 되면 둘 모두 풀게 되니, "부모가 돌아가시게 되면, 모(髦)의 머리 방식을 하지 않는다."라는 뜻에 해당한다. 현재 소렴(小斂)이 끝나서, 상사의 일이 이미 어느 정도 완성된 것이다. 그렇기 때문에 다팔머리를 푼다. 정현의 주를 살펴보면, "사는 빈소를 차린 뒤에 다팔머리를 푼다."라고 했는데, 현재 이곳에서는 소렴을 하고서 푼다고 했으니, 군주에게 해당하는 예법이기 때문이다.

孔疏 ●"括髮以麻"者, 以, 用也. 人君小斂, 說髦竟, 而男子括髮, 括髮用麻也. 士小斂後亦括髮, 但未說髦耳.

번역 ●經文: "括髮以麻". ○'이(以)'자는 "사용한다[用]."는 뜻이다. 군주는 소렴(小斂) 때 다팔머리를 풀고, 그 절차가 끝나면 남자는 머리카락을 묶는데, 머리카락을 묶을 때 마(麻)를 사용한다. 사는 소렴을 한 이후에 또한 머리카락을 묶는데, 단지 아직까지는 다팔머리를 풀지 않았을 따름이다.

孔疏 ●"婦人髽"者, 婦人髽亦用麻也, 對男子括髮也.

---

9) 『의례』「사상례(士喪禮)」: 主婦東面馮, 亦如之. 主人髺髮袒, 衆主人免于房.

번역 ●經文: "婦人髽". ○부인들은 좌(髽)의 머리 방식으로 머리를 틀며 또한 마(麻)를 사용하니, 남자들이 머리카락을 묶는 것과 대비된다.

孔疏 ●"帶麻于房中"者, 帶麻, 麻帶也, 謂婦人要絰也. 士喪禮云"婦人之帶牡麻, 結本在房", 鄭云: "婦人亦有苴絰, 但言帶者, 記其異, 此齊衰婦人. 斬衰婦人, 亦苴絰也." 帶, 男子帶絰于東房, 而婦人帶絰在西房. 旣與男子異處, 故特記其異也. 婦人重帶, 故云帶而略於絰也. 于房中者, 謂男子說髦・括髮在東房, 婦人髽・帶麻於西房也.

번역 ●經文: "帶麻于房中". ○'대마(帶麻)'는 마(麻)로 만든 허리띠를 뜻하니, 부인들이 차는 요질(要絰)을 의미한다. 『의례』「사상례(士喪禮)」편에서는 "부인들의 대(帶)에는 수컷 마(麻)를 사용하고, 줄기를 묶은 뒤 방에 있는다."[10]라고 했고, 정현은 "부인 또한 저질(苴絰)을 차게 되는데, 단지 '대(帶)'에 대해서만 말한 것은 차이점을 기록한 것이니, 이것은 자최복(齊衰服)을 착용하는 부인들의 내용이다. 참최복(斬衰服)을 착용하는 부인들 또한 저질을 착용한다."라고 했다. '대(帶)'를 찰 때, 남자들은 동쪽 방에서 대(帶)와 질(絰)을 차는데, 부인들은 서쪽 방에서 대(帶)와 질(絰)을 찬다. 이미 남자와 다른 장소에서 시행한다고 했기 때문에, 차이점만을 기록한 것이다. 부인의 입장에서는 대(帶)를 중시한다. 그렇기 때문에 대(帶)에 대해서만 언급을 하고, 질(絰)에 대해서는 생략을 했다. 방안에서 한다는 말은 남자는 다팔머리를 풀고 머리를 묶는데, 이것은 동쪽 방에서 한다는 뜻이고, 부인은 좌(髽)의 방식으로 머리를 틀고 마(麻)로 만든 대(帶)를 차는데 서쪽 방에서 한다는 뜻이다.

孔疏 ◎注"士既"至"右房". ○正義曰: "士之旣殯, 諸侯之小斂, 於死者俱三日也"者, 謂數往日也. 云"婦人之髽・帶麻於房中, 則西房也"者, 按士喪禮

---

10) 『의례』「사상례(士喪禮)」: 苴絰大鬲, 下本在左. 要絰小焉, 散帶垂長三尺. 牡麻絰右本在上, 亦散帶垂. 皆饌于東方. <u>婦人之帶牡麻, 結本, 在房</u>.

"主人髻髮袒, 衆主人免于房", 鄭注云"釋髻髮宜於隱"者, 是主人等括髮在東房. 士喪禮又云"婦人髽于室", 以男子在房, 故婦人髽于室. 大夫士唯有東房故也. 此經兼明諸侯之禮有東西房, 男子旣括髮於東房, 故知婦人髽及帶麻于西房. 云"天子諸侯有左右房"者, 欲明經中房是西房也. 天子路寢制如明堂, 熊氏云: "左房則東南火室也, 右房則西南金室也. 諸侯路寢室在於中房, 在室之東西也."

번역 ◎鄭注: "士旣"~"右房". ○정현이 "사가 빈소를 마련하는 것과 제후가 소렴을 하는 것은 죽은 자를 기준으로는 단지 3일이 지난 시점이 된다."라고 했는데, 며칠이 지난 시점을 뜻한다. 정현이 "부인이 방에서 좌(髽)의 방식으로 머리를 틀고 마(麻)로 된 허리띠를 두른다고 했다면, 이곳은 서쪽 방에 해당한다."라고 했는데, 『의례』「사상례(士喪禮)」편을 살펴보면, "상주는 머리를 묶고 단(袒)을 하며, 뭇 아들들은 방에서 면(免)을 한다."[11]라고 했고, 정현의 주에서는 "머리를 묶는다는 것은 마땅히 은밀한 장소에서 해야 함을 풀이한 말이다."라고 했으니, 이것은 상주 등이 머리를 묶을 때 동쪽 방에서 한다는 뜻을 나타낸다. 「사상례」편에서는 또한 "부인들은 실(室)에서 좌(髽)의 방식으로 머리를 튼다."[12]라고 했는데, 남자가 방(房)에서 이러한 일을 시행하므로, 부인들은 실(室)에서 좌(髽)의 방식으로 머리를 튼다. 대부와 사의 경우에는 오직 동쪽 방만 있기 때문이다. 이곳 경문에서는 제후의 예까지도 함께 나타냈기 때문에 동쪽과 서쪽에 모두 방이 있는 것이고, 남자가 이미 동쪽 방에서 머리를 묶는다고 했으므로, 부인들이 좌(髽)의 방식으로 머리를 틀고 마(麻)로 된 허리띠를 차는 것은 서쪽 방에서 하게 됨을 알 수 있다. 정현이 "천자와 제후의 경우에는 좌우측에 모두 방이 있다."라고 했는데, 이것은 경문에 나온 '방(房)'이 서쪽 방임을 나타내고자 한 것이다. 천자의 노침(路寢)을 만드는 제도는 명당(明堂)[13]을 만드는 제도와 같은데, 웅안생은 "좌측 방은 동남쪽의 화실(火室)

---

11) 『의례』「사상례(士喪禮)」: 主婦東面馮, 亦如之. 主人髻髮袒, 衆主人免于房.
12) 『의례』「사상례(士喪禮)」: 主婦東面馮, 亦如之. 主人髻髮袒, 衆主人免于房. 婦人髽于室.

에 해당하고, 우측 방은 서남쪽의 금실(金室)에 해당한다. 제후의 노침에서 실(室)은 가운데 방에 있게 되니, 실(室)의 동서쪽에 있다."라고 했다.

孔疏 ●"徹帷"者, 初死恐人惡之, 故有帷也. 至小斂衣尸畢, 有飾, 故除帷也. 此士禮耳, 諸侯及大夫賓出乃徹帷, 事見於下文.

번역 ●經文: "徹帷". ○초상 때에는 아마도 사람들이 시신을 꺼려하기 때문에 휘장을 치게 된다. 소렴(小斂)을 치르게 되어 시신에 옷을 입히는 절차가 끝나면, 시신에 대해서 장식을 가미한 것이기 때문에 휘장을 제거한다. 이것은 사의 예법일 따름이니, 제후 및 대부는 빈객이 밖으로 나가면 휘장을 걷게 된다. 그 사안은 아래문장에서 확인할 수 있다.

孔疏 ●"男女奉尸夷于堂"者, 夷, 陳也. 小斂竟, 相者擧尸將出戶, 往陳于堂, 而孝子男女親屬並而扶捧之至堂, 以極孝敬之心也.

번역 ●經文: "男女奉尸夷于堂". ○'이(夷)'자는 "놓아둔다[陳]."는 뜻이다. 소렴(小斂)이 끝나면 의례를 돕는 자는 시신을 들어서 방문을 통해 밖으로 나와 당(堂)으로 가서 시신을 놓아두는데, 자식과 남녀의 친족들은 모두 시신을 받들고서 당으로 이동하니, 효도와 공경의 마음을 지극히 하기 위해서이다.

孔疏 ●"降拜"者, 降, 下也, 旣陳於堂, 則適子下堂拜賓也.

번역 ●經文: "降拜". ○'강(降)'자는 "내려간다[下]."는 뜻이다. 이미 당

---

13) 명당(明堂)은 일반적으로 고대 제왕이 정교(政敎)를 베풀던 장소를 지칭하는 용어로 사용되었다. 이곳에서는 조회(朝會), 제사(祭祀), 경상(慶賞), 선사(選士), 양로(養老), 교학(敎學) 등의 국가 주요 업무가 시행되었다. 『맹자』「양혜왕하(梁惠王下)」편에는 "夫明堂者, 王者之堂也."라는 용례가 있고, 『옥태신영(玉台新詠)』「목난사(木蘭辭)」편에도 "歸來見天子, 天子坐明堂."이라는 용례가 있다. '명당'의 규모나 제도는 시대마다 다르다. 또한 '명당'이라는 건물군 중에서 남쪽의 실(室)을 가리키는 용어로도 사용되었다.

(堂)에 시신을 내려놓게 되면, 적자는 당에서 내려가 빈객에게 절을 하게 된다.

集解 愚謂: 此篇凡言諸侯之禮, 皆著言"君"·"夫人", 此但言"主人"·"主婦", 則謂上下之達禮也. 斂, 謂以衣·衾斂尸也. 衣少謂之小斂, 衣多謂之大斂. 小斂之時, 主人卽位於戶內西面, 主婦卽位於戶內東面. 於主人言"戶內", 於主婦言"東面", 互見之也. 袒者, 袒左袖扱於右腋之下也. 凡禮事皆左袒, 主人有事於尸, 乃袒, 小斂之袒, 爲將奉尸侇於堂也. 士喪禮"旣殯說髦", 此小斂說髦, 禮俗不同, 記者各據所聞言之. 曲禮居喪之禮, "皆如其國之故, 謹脩其法而審行之", 謂此類是也. 括髮以麻者, 初死笄·纚而未有他服, 至是主人乃散垂其髮, 而以麻約之, 謂之括髮, 衆主人則用布而謂之免. 蓋始變飾爲成服之漸也. 括髮乃袒, 自首及身, 事之次也. 或先言"括髮", 或先言"袒", 由文便爾. 髽, 去纚而露紒也. 婦人之髽, 猶男子之括髮與免也. 帶·麻, 加要帶與麻絰也. 房中, 註疏以爲西房, 是也. 知房爲西房者, 士喪禮"衆主人免於房", 此爲東房, 故知婦人之帶·麻宜在西房也. 又士喪禮云"婦人髽於室", 此不言者, 文略也. 此時男子尙未加絰, 而婦人已帶·麻者, 蓋男子之絰帶, 饌於東方, 故降階卽位後乃加之, 婦人之髽在室, 其帶在房, 二事相連爲之, 故先於男子也.

번역 내가 생각하기에, 「상대기」편은 대체로 제후의 예법을 언급할 때 모두 '군(君)'과 '부인(夫人)'이라고 기록하는데, 이곳에서는 단지 '주인(主人)'과 '주부(主婦)'라고만 말했으니, 상하 계층에게 모두 통용되는 예법임을 뜻한다. '염(斂)'은 의복과 이불로 시신을 가리는 것이다. 의복을 적게 사용하면 '소렴(小斂)'이라고 부르고, 의복을 많이 사용하면 '대렴(大斂)'이라고 부른다. 소렴을 치를 때 상주는 방문 안의 자리로 나아가서 서쪽을 바라보게 되고, 주부는 방문 안의 자리로 나아가서 동쪽을 바라보게 된다. 상주에 대해서 '호내(戶內)'라고 말하고, 주부에 대해서 '동면(東面)'이라고 말한 것은 상호 그 뜻을 나타내도록 기록한 것이다. '단(袒)'이라는 것은 좌측 소매를 접어서 우측 겨드랑이 밑에 꼽는 것이다. 무릇 의례 절차를 시행할 때에는 모두 좌측 소매에 대해서 단(袒)을 하는데, 상주는 시신에 대해서 처리해야 할 일이 있어서 곧 단(袒)을 한 것이니, 소렴에서의 단(袒)은 시신을 받들어서 당(堂)으로 옮기기 위한 것이다. 『의례』「사상례(士喪禮)」편에서는 "빈소를 마련한 뒤에 다팔머리를 푼다."라고 했는데, 이곳에서는 소렴을 끝내고서 다팔머리를 푼다고 했으니, 예법에 따른 풍속이 다르기 때문이며, 『예기』를 기록한 자가 각각 자신이 들었던 내용에 근거해서 말을 한 것이다. 『예기』「곡례(曲禮)」편에서는 상을 치르는 예법에 대해서, "모든 경우에 있어서 그의 이전 나라의 오래된 예법대로 따르며, 그 예법을 조심스럽게 살펴서 신중하게 시행한다."[14]라고 했으니, 바로 이러한 부류를 뜻할 것이다. 머리를 묶을 때 마(麻)를 사용한다는 말은 초상 때 비녀를 꼽고 머리싸개인 리(纚)를 사용할 때에는 아직 다른 복식을 취하지 않는데, 이 시점이 되면 상주는 곧 머리카락을 풀어서 늘어트리고, 마(麻)를 이용해서 묶는데, 이것을 '괄발(括髮)'이라고 부르며, 뭇 아들들은 포(布)를 이용해서 묶으니, 이것을 '면(免)'이라고 부른다. 무릇 최초 복식에 변화를 주는 것은 성복(成服)을 점진적으로 시행하기 위해서이다. 괄발을 하면 단(袒)을 하는 것은 머리로부터 몸에 이르는 것으로 그 사안의 순서에 따른 것이다. 어떤 경우에는 '괄발(括髮)'을 먼저 말하고, 또 어떤 경우에는 '단(袒)'을 먼저 말했는데, 이것은 문장을 기록할 때 편리에 따른 것일 뿐이다. '좌(髽)'는 머리싸개를 제거하고 노계(露紒)[15]를 하는 것이다. 부인이 좌(髽)의 방식으로 머리를 트는 것은 남자가 괄발을 하고 면(免)을 하는 것과 같다. 대(帶)와 마(麻)는 요대(要帶)와 마(麻)로 만든 질(絰)을 뜻한다. '방중(房中)'에 대해서 정현의 주와 공영달의 소에서는 모두 서쪽 방이라고 여겼는데, 이 말은 옳다. '방(房)'이 서쪽 방에 해당한다는 사실을 알 수 있는 이유는 「사상례」편에서 "뭇 아들들은 방에서 면(免)을 한다."라고 했는

14) 『예기』「곡례하(曲禮下)」【48d~49a】: 君子行禮, 不求變俗. 祭祀之禮, 居喪之服, 哭泣之位, <u>皆如其國之故, 謹修其法而審行之</u>.

15) 노계(露紒)는 좌(髽)를 트는 방식 중 하나이다. 좌(髽)를 틀 때 마(麻)를 이용하는 경우도 있고 포(布)를 이용하는 경우도 있는데, '노계'는 이 두 방식을 총칭하는 명칭이다. 또한 '노계'는 마(麻)나 포(布)를 사용하는 좌(髽)의 방식과 구별되어, 별도로 좌(髽)를 트는 방식 중 하나라고도 주장한다.

데, 이것은 동쪽 방을 뜻한다. 그러므로 부인들이 대(帶)와 마(麻)로 만든 질(絰)을 차는 것은 마땅히 서쪽 방에서 해야 한다. 또 「사상례」편에서는 “부인들은 실(室)에서 좌(髽)를 튼다.”라고 했는데, 이곳에서 언급을 하지 않은 것은 문장을 생략했기 때문이다. 이 시기에 남자들은 오히려 질(絰)을 아직 차지 않았는데, 부인들은 이미 대(帶)와 마(麻)로 만든 질(絰)을 차게 된다. 그 이유는 아마도 남자가 차는 질(絰)과 대(帶)는 동쪽에 진열해두기 때문에, 계단을 내려가서 자신의 자리로 나아간 뒤에야 차게 되며, 부인들이 좌(髽)를 틀 때에는 실(室)에서 하는데, 그녀들의 대(帶)는 방안에 있으니, 두 사안을 연속해서 시행하는 것이다. 그렇기 때문에 남자보다 먼저 차게 된다.

참고 『예기』「상대기(喪大記)」 기록

경문-536a 凡斂者袒, 遷尸者襲.

번역 무릇 염(斂)을 하는 자는 단(袒)을 하고, 시신을 옮기는 자는 습(襲)을 한다.

鄭注 袒者, 於事便也.

번역 ‘단(袒)’을 하는 것은 그 사안을 처리할 때 편리하기 때문이다.

孔疏 ●“凡斂者袒”者, 凡斂, 謂執大小斂事也. 事多, 故袒爲便也.

번역 ●經文: “凡斂者袒”. ○‘범렴(凡斂)’은 소렴(小斂)과 대렴(大斂) 등의 사안을 맡아본다는 뜻이다. 사안이 번다하기 때문에 단(袒)을 하니 편리하기 때문이다.

孔疏 ●"遷尸者襲"者, 謂大斂於地, 乃遷尸入棺之屬, 事少, 故襲也.

번역 ●經文: "遷尸者襲". ○땅바닥에서 대렴(大斂)을 하고, 그 일을 끝내면 곧 시신을 들어서 관에 안치하는 일들은 그 사안이 적기 때문에 습(襲)을 한다.

集解 愚謂: 斂, 大·小斂也. 遷尸有八: 始死遷於牖下, 一也. 遷於浴牀, 二也. 遷於含牀, 三也. 遷於襲牀, 四也. 小斂遷尸, 五也. 奉尸俠於堂, 六也. 大斂遷尸, 七也. 遷尸於棺, 八也. 袒者, 於事便也. 斂事多, 故袒; 遷尸事少, 故襲. 若主人奉尸皆袒也.

번역 내가 생각하기에, '염(斂)'은 소렴(小斂)과 대렴(大斂)을 뜻한다. 시신을 옮기는 것으로는 여덟 가지 경우가 있다. 첫 번째는 이제 막 죽었을 때 들창 아래로 옮기는 것이다. 두 번째는 목욕시키는 침상으로 옮기는 것이다. 세 번째는 함(含)을 하는 침상으로 옮기는 것이다. 네 번째는 습(襲)을 하는 침상으로 옮기는 것이다. 다섯 번째는 소렴에 시신을 옮기는 것이다. 여섯 번째는 시신을 받들어 당(堂)으로 옮기는 것이다. 일곱 번째는 대렴에 시신을 옮기는 것이다. 여덟 번째는 시신을 관에 안치하는 것이다. '단(袒)'을 하는 것은 그 사안을 처리할 때 편리하기 때문이다. 염(斂)에 대한 사안은 번다하기 때문에 단(袒)을 한다. 반면 시신을 옮기는 사안은 간단하기 때문에 습(襲)을 한다. 만약 주인이 시신을 받들게 된다면 모두 단(袒)을 한다.

참고 『예기』「상대기(喪大記)」 기록

경문-537d 鋪絞·紟踊, 鋪衾踊, 鋪衣踊, 遷尸踊. 斂衣踊, 斂衾踊, 斂絞·紟踊.

번역 묶는 끈과 홑이불을 펼치게 되면 상주는 용(踊)을 하고, 이불을 펼치면 상주는 용(踊)을 하며, 의복을 펼치면 상주는 용(踊)을 하고, 시신을 옮기면 상주는 용(踊)을 한다. 시신에게 옷을 입히면 상주는 용(踊)을 하고, 이불로 감싸면 상주는 용(踊)을 하며, 홑이불로 감싸고 묶는 끈으로 결박하게 되면 상주는 용(踊)을 한다.

鄭注 目孝子踊節.

번역 자식이 용(踊)하는 절차를 나타내고 있다.

孔疏 ●"鋪絞"至"紟踊". ○正義曰: 此一經明孝子貴賤踊節也.

번역 ●經文: "鋪絞"~"紟踊". ○이곳 경문은 신분에 상관없이 자식이 용(踊)하는 절차를 나타내고 있다.

集說 此踊之節也. 動尸擧柩, 哭踊無數, 不在此節.

번역 이것은 용(踊)하는 절차이다. 시신을 옮기고 영구를 들 때에는 곡과 용(踊)을 함에 정해진 수치가 없으니, 이러한 절차에 포함되지 않는다.

集解 愚謂: 此無算之踊, 不以三者三爲節, 且惟主人踊, 而賓客不與拾踊者也.

번역 내가 생각하기에, 이것은 셈을 하지 않는 용(踊)에 해당하니, 세 차례 세 번 반복하는 것을 절도로 삼지 않고, 또 오직 상주만 용(踊)을 하며, 빈객이 상주와 번갈아가며 용(踊)을 하지 않는다.

• 제 3 절 •

반곡(反哭)을 할 때까지

【658c】

其往送也, 望望然, 汲汲然, 如有追而弗及也. 其反哭也, 皇皇然, 若有求而弗得也. 故其往送也如慕, 其反也如疑. 求而無所得之也, 入門而弗見也, 上堂又弗見也, 入室又弗見也, 亡矣, 喪矣, 不可復見已矣. 故哭泣辟踊, 盡哀而止矣.

직역 그 往하여 送함에, 望望然하고, 汲汲然하여, 追는 有이나 及을 弗함과 如하다. 그 反하여 哭함에, 皇皇然하여, 求는 有이나 得을 弗함과 若하다. 故로 그 往하여 送함에 慕와 如하고, 그 反함에는 疑와 如하다. 求이나 之를 得한 所가 無하여, 門에 入이나 見을 弗하고, 堂에 上이나 又히 見을 弗하며, 室에 入이나 又히 見을 弗하니, 亡이며, 喪이니, 復히 見을 不可라. 故로 哭泣하고 辟踊하여, 哀를 盡하고서 止한다.

의역 장지로 가며 전송할 때에는 아득하고 다급하여 마치 쫓지만 미치지 못하는 것과 같다. 되돌아와 곡을 할 때에는 방황을 하여 마치 찾으려고 하나 찾지 못하는 것과 같다. 그렇기 때문에 장지로 가서 전송할 때에는 그리워하는 것 같고, 되돌아올 때에는 의문을 품은 것 같다. 찾아도 찾을 수 있는 곳이 없으니, 문으로 들어왔으나 그 모습을 볼 수 없고, 당상(堂上)으로 올라갔으나 또한 볼 수 없으며, 실(室)로 들어갔으나 또한 볼 수 없으니, 없어졌고 잃어서, 다시는 볼 수 없을 따름이다. 그렇기 때문에 곡을 하고 눈물을 흘리며 가슴을 치고 용(踊)을 하여, 슬픔을 다하고서야 그친다.

集說 望望, 瞻望之意也. 汲汲, 促急之情也. 皇皇, 猶彷徨之意. 盡哀而止者, 他無所寓其情也.

번역 '망망(望望)'은 아득하게 바라본다는 뜻이다. '급급(汲汲)'은 몹시 다급한 정감을 뜻한다. '황황(皇皇)'은 방황한다는 뜻이다. "슬픔을 다하고서 그친다."라는 말은 다른 곳에 그 정감을 내려둘 곳이 없다는 뜻이다.

大全 山陰陸氏曰: 望望汲汲, 猶有所向, 特有所不逮爾. 皇皇, 無所向也.

번역 산음육씨가 말하길, '망망(望望)'과 '급급(汲汲)'은 여전히 향하는 곳이 있지만, 미치지 못하는 점이 있다는 뜻일 뿐이다. '황황(皇皇)'은 향하는 곳도 없는 것이다.

鄭注 望望, 瞻望之貌也. 慕者, 以其親之在前. 疑者, 不知神之來否. 說反哭之義也.

번역 '망망(望望)'은 아득하게 바라보는 모습을 뜻한다. 그리워하는 것은 부모의 영구가 눈앞에 있기 때문이다. 의문을 품는 것은 신령이 찾아왔는지 아닌지 알 수 없기 때문이다. 뒤의 내용은 반곡(反哭)의 뜻을 설명한 것이다.

釋文 汲音急. 上, 時掌反. 復, 扶又反, 下"復反"·"復生"皆同.

번역 '汲'자의 음은 '急(급)'이다. '上'자는 '時(시)'자와 '掌(장)'자의 반절음이다. '復'자는 '扶(부)'자와 '又(우)'자의 반절음이며, 아래문장에 나오는 '復反'과 '復生'에서의 '復'자도 모두 그 음이 이와 같다.

孔疏 ●"望望然"者, 瞻望之意也.

번역 ●經文: "望望然". ○아득하게 바라본다는 뜻이다.

孔疏 ●"汲汲然"者, 促急之情也.

번역 ●經文: "汲汲然". ○몹시 다급한 정감을 뜻한다.

孔疏 ●"皇皇然"者, 意彷徨也.

번역 ●經文: "皇皇然". ○생각이 갈피를 잡지 못한다는 뜻이다.

孔疏 ●"其往送也如慕"者, 如孺子啼慕於母也.

번역 ●經文: "其往送也如慕". ○어린아이가 울부짖으며 어머니를 떠올리는 것과 같다.

孔疏 ●"其反也如疑"者, 不知神之來否, 如人之有疑也.

번역 ●經文: "其反也如疑". ○신령이 찾아왔는지 아닌지 알 수 없는 것이 마치 의심을 품은 사람과 같다.

孔疏 ●"亡矣喪矣"者, 喪亦亡也. 重言之者, 丁寧之也. 若似人之逃, 不復來也.

번역 ●經文: "亡矣喪矣". ○'상(喪)'자 또한 "없어지다[亡]."는 뜻이다. 거듭 언급한 것은 간곡하게 말했기 때문이다. 마치 사람이 달아나서 다시 오지 않는 것과 같다.

孔疏 ●"故哭泣辟踊, 盡哀而止矣"者, 以其不可復見, 故反哭之時, 哭泣辟踊, 盡哀而休止也.

번역 ●經文: "故哭泣辟踊, 盡哀而止矣". ○다시 볼 수 없기 때문에 반곡(反哭)을 할 때, 곡을 하고 눈물을 흘리며 가슴을 치고 용(踊)을 하여, 슬픔을 다하고서야 그친다.

集解 愚謂: 其往送如慕, 其反也如疑, 見檀弓, 亦孔子語也.

번역 내가 생각하기에, "장지로 가서 전송할 때에는 그리워하는 것 같고, 되돌아올 때에는 의문을 품은 것 같다."는 말은 『예기』「단궁(檀弓)」편에 나오며 이 또한 공자의 말이다.[1]

集解 愚謂: 檀弓曰, "反哭升堂, 反諸其所作也. 主婦入于室, 反諸其所養也", 故曰, "上堂弗之見, 入室又弗見."

번역 내가 생각하기에, 『예기』「단궁(檀弓)」편에서는 "장례를 끝내고 되돌아와서 상주는 묘(廟)의 당상(堂上)에 올라가서 반곡(反哭)을 하니, 이 장소에서 하는 이유는 평상시 제사 등의 의례를 시행하던 장소가 되기 때문이다. 또한 주부는 묘(廟)의 실(室)에 들어가서 하게 되니, 평상시 음식을 차려서 봉양을 하던 장소이기 때문이다."[2]라고 했다. 그렇기 때문에 "당상으로 올라갔으나 또한 볼 수 없으며, 실(室)로 들어갔으나 또한 볼 수 없다."라고 했다.

참고 『예기』「단궁상(檀弓上)」 기록

경문-84b 孔子在衛, 有送葬者, 而夫子觀之, 曰: "善哉爲喪乎! 足以爲法矣. 小子識之!" 子貢曰: "夫子何善爾也?" 曰: "其往也如慕, 其反也如疑." 子貢曰: "豈若速反而虞乎?" 子曰: "小子識之! 我未之能行也."

1) 『예기』「단궁상(檀弓上)」【84b】: 孔子在衛, 有送葬者, 而夫子觀之, 曰, "善哉爲喪乎! 足以爲法矣. 小子識之!" 子貢曰, "夫子何善爾也?" 曰, "其往也如慕, 其反也如疑." 子貢曰, "豈若速反而虞乎?" 子曰, "小子識之! 我未之能行也."

2) 『예기』「단궁하(檀弓下)」【114d】: 反哭升堂, 反諸其所作也. 主婦入於室, 反諸其所養也.

번역 공자가 위(衛)나라에 있을 때, 영구(靈柩)를 장지로 전송하는 자가 있었다. 공자가 상주의 행동을 관찰하고서 말하길, "상례를 치르는 것을 아주 잘하는구나! 충분히 그의 행동은 법도로 삼을 수 있다. 제자들아 잘 보고 기억해두거라!"라고 했다. 자공이 말하길, "선생님께서는 어떤 점이 좋다고 하신 겁니까?"라고 물었다. 그러자 공자가 대답하길, "그가 장지로 갈 때에는 부모를 사모하듯이 행동하였고, 그가 장지에서 되돌아올 때에는 부모가 정말로 돌아가셨는지 의심하며 천천히 발걸음을 옮긴 것이 바로 잘한 점이다."라고 했다. 자공이 재차 물으며, "어찌 신속히 되돌아와서 우제(虞祭)를 치르는 것만 같겠습니까? 그가 되돌아오는 것이 너무 더딘 것이 아닙니까?"라고 했다. 그러자 공자가 말하길, "제자들아 잘 기억해두거라! 나도 저 사람처럼 효성스럽게는 못했었다."라고 했다.

鄭注 慕謂小兒隨父母啼呼. 疑者, 哀親之在彼, 如不欲還然. 速, 疾. 哀戚, 本也. 祭祀, 末也.

번역 '모(慕)'는 어린아이들이 부모를 뒤따르며 우는 것을 뜻한다. '의(疑)'라는 것은 부모가 저곳에 계신 것처럼 그리워하니, 마치 되돌아가고자 하지 않는 것과 같은 행동이다. '속(速)'자는 "빠르다[疾]."는 뜻이다. 애달프고 슬퍼하는 마음이 근본이 된다. 제사라는 형식은 말단에 해당한다.

孔疏 ◎注"慕謂"至"還然". ○正義曰: 言慕如小兒啼呼者, 謂父母在前, 嬰兒在後, 恐不及之, 故在後啼呼而隨之. 今親喪在前, 孝子在後, 恐不逮及, 如嬰兒之慕. 疑者, 謂凡人意有所疑, 則傍徨不進. 今孝子哀親在外, 不知神之來否, 如不欲還然, 故如疑. 問喪云: "其反也如疑." 鄭注云"疑者不知神之來否", 與此相兼乃足.

번역 ◎鄭注: "慕謂"~"還然". ○'모(慕)'가 어린아이들이 우는 것과 같다고 말했는데, 이 말은 곧 부모가 앞에 있고, 어린아이가 뒤에 있을 때, 부모에게 도달하지 못할 것을 염려하기 때문에, 뒤에서 울며 뒤따르게 된다는 뜻이다. 현재 부모의 상거(喪車)가 앞에 있고, 자식이 뒤따라가고 있는데, 아마도 부모에게 미치지 못할까를 염려하게 됨이 마치 어린아이가 부모를 그리워하는 마음과 같은 것이다. '의(疑)'라는 것은 일반적으로 사람의 생각 속에 의혹스러운 점이 있게 되면, 어슬렁거리며 앞으로 나아가지 않는다는 뜻이다. 현재 자식의 입장에서는 그리워하는 부모의 시신이 외지에 있고, 신령으로 찾아오게 될지를 알 수 없으니, 마치 되돌아가고 싶지 않은 것처럼 하는 것이다. 그래서 의혹스러워하는 것과 같은 것이다. 「문상」편에서는 "그 되돌아옴이 의(疑)한 듯하다."라고 했는데, 이 문장에 대한 정현의 주에서는 "의(疑)라는 것은 신령이 찾아오게 될지를 알 수 없다는 뜻이다."라고 하였으니, 이곳의 풀이까지도 함께 참고해본다면, 그 의미가 완전해진다.

孔疏 ●"子貢曰, 豈若速反而虞乎". ○子貢之意, 葬旣已竟, 神靈須安, 豈如速反虞祭安神乎? 但哀親在彼, 是痛切之本情, 反而安神, 是祭祀之末禮, 故下文夫子不許.

번역 ●經文: "子貢曰, 豈若速反而虞乎". ○자공이 질문한 뜻은 다음과 같다. "장례를 이미 끝냈다면, 신령은 안정을 취해야 하니, 어찌 신속히 되돌아와서 우제(虞祭)를 치르며, 신령을 안심시키는 것만 같겠습니까?"라는 뜻이다. 다만 그리워하는 부모의 시신이 저곳에 놓여 있기 때문이니, 이것은 애통해하는 마음은 근본이 되는 감정이고, 되돌아와서 신령을 안심시키는 것은 제사라는 형식의 말단에 해당하는 예이다. 그렇기 때문에 그 다음 구문에서 공자는 자공의 말을 인정하지 않았던 것이다.

集解 愚謂: 其往也如慕者, 孝子以親往葬於墓, 欲從之而不能, 如嬰兒之思慕其親而啼泣也. 其反也如疑者, 旣葬, 迎精而反, 不知神之來否, 故遲疑而不欲遽還也. 虞, 祭名. 葬反日中而虞. 子貢恐反遲則虞祭或違於禮, 而不知祭祀者禮之文, 而哀戚者乃禮之本也. 夫子言己未能行, 自抑以深善之.

번역 내가 생각하기에, "그가 장지(葬地)로 갈 때에는 사모하는 듯이 하였다."라는 말은 자식이 부모의 시신을 모시고 가서 묘(墓)에 하관을 할 때, 그 뒤를 따라가고자 하지만 할 수 없으니, 마치 어린아이가 그의 부모를 그리워하며 마냥 울고 있는 것과 같다는 뜻이다. "그가 장지로부터 되돌아옴에 의심하는 듯이 하였다."라는 말은 이미 장례를 끝내게 되면, 신령의 정기를 맞이하여 되돌아오게 되는데, 신령이 찾아오게 될지를 알 수 없기 때문에, 더디게 오며 의심스러워하여, 서둘러 돌아가고자 하지 않는다는 뜻이다. '우(虞)'는 제사의 명칭이다. 장례를 치르고 되돌아온 날에 우제(虞祭)를 치르게 된다. 자공은 되돌아오는 것이 더뎌지면, 우제를 지내는 것이 혹여 예법의 규정에 어긋나게 될까를 염려했던 것인데, 자공은 제사라는 것이 예의 형식에 지나지 않고, 애달프고 슬퍼하는 마음이 곧 예의 근본이 됨을 알지 못했기 때문이다. 공자는 자신도 이처럼 하지 못했다고 말했는데, 이것은 자신을 겸손하게 낮춰서 그를 매우 칭찬한 것이다.

참고 『예기』「단궁하(檀弓下)」 기록

경문-114d 反哭升堂, 反諸其所作也. 主婦入於室, 反諸其所養也.

번역 장례를 끝내고 되돌아와서, 상주는 묘(廟)의 당(堂)에 올라가서 반곡(反哭)을 하니, 이 장소에서 하는 이유는 평상시 제사 등의 의례를 시행하던 장소가 되기 때문이다. 또한 주부(主婦)는 묘(廟)의 실(室)에 들어가서 하게 되니, 평상시 음식을 차려서 봉양을 하던 장소이기 때문이다.

鄭注 親所行禮之處. 親所饋食之處.

번역 묘(廟)의 당(堂)은 부친이 의례를 시행하던 장소이다. 묘(廟)의 실(室)은 모친이 음식을 바치던 장소이다.

孔疏 ●"反哭"至"養也". ○正義曰: 謂葬窆訖, 反哭升於廟. 所以升堂者, 反復於親所行禮之處. 行禮者, 謂平生祭祀冠昏在於堂也. 主婦反哭, 所以入於室, 反復於親所饋食供養之處, 此皆謂在廟也. 故旣夕禮主人"反哭, 入, 升自西階東面". 鄭注云: "反諸其所作也." 又云: "主婦入于室." 注云: "反諸其所養也." 下始云"遂適殯宮", 故知初反哭在廟也. 下云"反哭之弔也", 亦謂在廟也.

번역 ●經文: "反哭"~"養也". ○장례를 치르고 봉분 쌓는 일이 끝나면, 되돌아와서 묘(廟)에 올라 곡을 한다는 뜻이다. 당(堂)에 오르는 이유는 부모가 의례를 시행하던 장소에 되돌아와서 아뢰는 것이다. '행례(行禮)'라는 말은 평상시 제사를 지내고, 관례(冠禮)나 혼례(昏禮)를 당(堂)에서 했다는 뜻이다. 주부(主婦)는 반곡(反哭)을 할 때, 실(室)에 들어가는데, 그 이유는 부모가 음식을 바쳐서 봉양하던 장소로 되돌아와서 아뢰기 위해서이다. 그런데 이 장소들은 모두 묘(廟)에 포함되어 있다. 그렇기 때문에 『의례』「기석례(旣夕禮)」편에서는 상주에 대해서, "반곡을 할 때, 들어가서, 서쪽 계단을 통해 올라가서 동쪽을 바라본다."라고 했고, 이 문장에 대한 정현의 주에서는 "의례를 시행하던 장소로 되돌아온 것이다."라고 했던 것이다. 그리고 「기석례」편에서는 또한 "주부(主婦)는 실(室)에 들어간다."라고 했고,[3] 이 문장에 대한 정현의 주에서는 "봉양을 하던 장소로 되돌아온 것이다."라고 했던 것이다. 그 아래문장에서 비로소 "마침내 빈소로 간다."[4]라고 했다. 그렇기 때문에 최초 반곡을 할 때에는 묘(廟)에서 시행한다는 사실을 알 수 있는 것이다. 그리고 아래문장에서는 "반곡을 할 때 조문을 하게 된다."라고 했는데, 이 또한 묘(廟)에서 시행한다는 뜻이다.

集解 愚謂: 反哭者, 葬時柩從廟而去, 旣葬, 則反於廟而哭, 以致其哀也.

---

3) 『의례』「기석례(旣夕禮)」: 乃反哭. 入, 升自西階, 東面. 衆主人堂下, 東面, 北上. 婦人入, 大夫踊, 升自阼階, 主婦入于室, 踊, 出, 卽位, 及丈夫拾踊三.

4) 『의례』「기석례(旣夕禮)」: 主人拜稽顙. 賓降出, 主人送于門外, 拜稽顙. 遂適殯宮, 皆如啓位.

反諸其所作者, 反於死者平時祭祀冠昏所行禮之處, 而哀親之不復行禮於是也. 反諸其所養者, 反於死者平時行饋食祭禮之處, 而哀親之不復饋養於是也.

번역 내가 생각하기에, '반곡(反哭)'이라는 것은 장례를 치를 때, 영구(靈柩)가 묘(廟)를 통해서 밖으로 나가게 되는데, 장례를 끝내게 되면, 묘(廟)로 되돌아와서 곡을 하여, 슬픈 마음을 지극히 나타낸다는 뜻이다. '반저기소작(反諸其所作)'이라는 말은 죽은 자가 평상시 제사를 지내고, 관례(冠禮) 및 혼례(昏禮)를 치르는 등 의례를 시행하던 장소로 되돌아와서, 부모가 다시는 이 장소에서 이러한 의례를 시행할 수 없다는 사실을 슬퍼한다는 뜻이다. '반저기소양(反諸其所養)'이라는 말은 죽은 자가 평상시 음식을 바치며 제례를 시행하던 장소로 되돌아와서, 부모가 다시는 이곳에서 음식을 바치며 봉양의 예법을 시행할 수 없다는 사실을 슬퍼한다는 뜻이다.

참고 『예기』「단궁하(檀弓下)」 기록

경문-122c 顔丁善居喪. 始死, 皇皇焉如有求而弗得; 及殯, 望望焉如有從而弗及; 旣葬, 慨焉如不及其反而息.

번역 노(魯)나라에는 안정이라는 사람이 있었는데, 그는 부모의 상을 아주 잘 치렀다. 그의 부모가 막 돌아가셨을 때, 그는 몹시 분주하게 돌아다니며, 마치 부모를 찾으나 볼 수 없는 것처럼 행동했다. 빈소를 차렸을 때에는 묵묵히 응시를 하며, 마치 부모를 쫓고자 하지만 부모에게 미치지 못하는 것처럼 행동했다. 또 장례를 끝냈을 때에는 슬픔에 흐느끼고, 부모가 다시 되돌아오지는 않을까라고 생각하며, 가다서기를 반복하였으니, 마치 부모가 되돌아옴을 쫓지 못하는 것처럼 했고, 또 집에 되돌아와서도 부모가 되돌아오기를 기다리고 있는 것처럼 했다.[5)]

---

5) 경문의 "旣葬, 慨焉如不及其反而息."이라는 구문은 "旣葬, 慨焉如不及, 其反而息."으로 해석할 수도 있다. 즉 "장례를 치르게 되면, 슬퍼하며 마치 부모에게 미치지 못하는 것처럼 행동하고, 되돌아와서는 멈춰서 부모를 기다린다."는

鄭注 顔丁, 魯人. 從, 隨也. 慨, 憊貌.

번역 '안정(顔丁)'은 노(魯)나라 사람이다. '종(從)'자는 "따른다[隨]."는 뜻이다. '개(慨)'자는 고달픈 모습이다.

孔疏 ●"始死, 皇皇焉如有求而弗得"者, "皇皇", 猶彷徨, 如所求物不得. 上檀弓云: "始死, 充充如有窮." 謂形貌窮屈, 亦彷徨求而不得之心. 彼此各擧其一.

번역 ●經文: "始死, 皇皇焉如有求而弗得". ○'황황(皇皇)'은 방황한다는 뜻이니, 마치 찾는 물건을 얻지 못한 것처럼 하는 행동이다. 『예기』「단궁상(檀弓上)」편에서는 "부모가 처음 돌아가셨을 때에는 근심이 가득하여, 막다른 길에 봉착한 것처럼 급급하게 행동한다."라고 했으니, 즉 그 모습이 막다른 길에 봉착하여, 급급하다는 것을 뜻한다. 따라서 이것은 또한 이리저리 배회하며 무언가를 찾았지만, 얻지 못했을 때의 마음에 해당한다. 「단궁상」편과 이곳 문장은 각각 그 중의 한 측면을 제시하고 있는 것이다.

孔疏 ●"及殯, 望望焉如有從而弗及"者, 謂殯後容貌望望焉, 如有從逐人後行而不及之. 上檀弓云"旣殯, 瞿瞿如有求而不得", 與此亦同也. 但始死, 據內心所求, 殯後, 據外貌所求, 故此經"始死, 求而不得", 據內心也. 上檀弓云"旣殯, 求而不得", 據外貌也.

번역 ●經文: "及殯, 望望焉如有從而弗及". ○빈소를 차린 이후에는 그 모습이 멍하게 응시를 하는 것처럼 되니, 마치 그 사람을 뒤좇아서 따라갔지만, 그 사람에게는 미치지 못한 것처럼 한다는 뜻이다. 『예기』「단궁상(檀弓上)」편에서는 "빈소를 차리고 나면, 눈을 두리번거리게 되니, 마치 무언가를 찾으나 찾지 못한 듯 행동한다."[6]라고 했으니, 그 뜻이 또한 이곳의

뜻이 된다.

6) 『예기』「단궁상(檀弓上)」【76a】: 始死, 充充如有窮; 旣殯, 瞿瞿如有求而弗得; 旣葬, 皇皇如有望而弗至. 練而慨然, 祥而廓然.

문장 내용과 동일하다. 다만 부모가 이제 막 돌아가셨을 때에는 마음속으로 찾는 것을 제시한 것이고, 빈소를 차린 이후에는 겉으로 찾는 것을 제시한 것이다. 그렇기 때문에 이곳 경문에서 "부모가 이제 막 돌아가셨을 때, 찾으나 얻지 못한다."고 한 말은 마음을 기준으로 한 기록이다. 한편 「단궁상」편에서 "빈소를 차린 이후에, 찾으나 얻지 못한다."고 한 말은 겉으로 드러나는 모습을 기준으로 한 기록이다.

孔疏 ●"既葬, 慨焉如不及"者, 謂既葬之後, 中心悲, 慨然如不復所及.

번역 ●經文: "既葬, 慨焉如不及". ○이미 장례를 치른 이후에는 마음에 비통함이 들어서, 서글프게 행동하여, 마치 다시는 미치지 못할 것처럼 행동하게 된다는 뜻이다.

孔疏 ○既不可及, "其反而息"者, 上殯後云從而不及, 似有可及之理. "既葬, 慨焉如不及", 謂不復可及, 所以文異也. 上檀弓云: "既葬, 皇皇如有望而不至." 此謂"既葬慨焉如不及", 亦同也. 此"始死, 皇皇"者, 是皇皇之甚, 故云"如有求而弗得". 上檀弓云"既葬, 皇皇", 是輕, 故云"望而不至". 此既葬則止, 不說練祥, 故葬後則慨然. 上檀弓葬後更說練祥, 故云: "練而慨然, 祥而廓然." 但親之死亡, 哀悼在心, 初則爲甚, 已後漸輕, 皆有求而不得, 望而不及, 但所據有淺深耳. 殯後雖據外貌, 亦猶哀在內心, 但稍輕耳, 故鄭注上檀弓云: "皆哀悼在心之貌."

번역 ○이미 부모에게 도달할 수가 없는데, "되돌아와서 식(息)을 한다."라고 했다. 그 이유에 대해 설명하자면, 앞에서는 빈소를 차린 이후에 대해서, 좇으나 미치지 못한다고 했으니, 마치 부모에게 도달할 수 있는 이치가 있는 것과 같은 것이다. 그런데 "장례를 치른 이후에는 슬퍼하며, 마치 미치지 못하는 것처럼 한다."라고 했으니, 이 말은 다시는 부모에게 도달할 수 없다는 뜻으로, 문맥을 다르게 표현한 것이다. 『예기』「단궁상(檀弓上)」편에서는 "장례를 치르고 나면, 마음이 안정되지 못하고 분주하여,

마치 부모가 다시 돌아오기를 바라지만 오지 않는 듯 행동한다."[7]라고 했는데, 이곳에서는 "장례를 치른 이후에는 슬퍼하며, 마치 미치지 못하는 것처럼 한다."라고 했으니, 이 내용 또한 「단궁상」편의 내용과 동일한 뜻이다. 이곳 문장에서는 "부모가 이제 막 돌아가셨을 때에는 분주하다."라고 했는데, 매우 분주하다는 뜻이다. 그렇기 때문에 "마치 찾으나 얻지 못하는 것처럼 행동한다."라고 말한 것이다. 「단궁상」편에서는 "장례를 치르고 나면, 분주하다."라고 했는데, 이때에는 감정의 층차가 이전보다 가벼운 것이다. 그렇기 때문에 "희망하지만 이르지 못한다."라고 말한 것이다. 여기에서는 장례를 이미 치른 상태까지만 언급하고, 소상(小祥)이나 대상(大祥)을 치를 때의 상태에 대해서는 설명하지 않았다. 그렇기 때문에 장례를 치른 이후에는 서글픈 듯이 행동한다고 말한 것이다. 「단궁상」편에서는 장례를 치른 이후에 재차 소상과 대상을 치르는 것에 대해서도 설명했다. 그렇기 때문에 "소상을 치르고 나서는 세월이 너무 빨리 흘러가는 것을 개탄하며, 대상을 치르고 나서는 막막하여 즐겁지 않게 된다."[8]라고 말한 것이다. 다만 부모가 돌아가셨을 때에는 애통한 마음이 들게 되는데, 초반에는 그 마음이 더욱 심하게 되고, 이후에는 점진적으로 경감된다. 그러나 모든 경우에 있어서, 부모를 찾으나 찾을 수 없고, 또 바라지만 부모에게 미치지 못함이 항상 있게 된다. 다만 각각의 기록들이 근거로 한 것에는 감정의 층차가 있을 따름이다. 빈소를 차린 이후에 대해서는 비록 겉으로 드러나는 모습을 기준으로 기록했지만, 이러한 경우에도 또한 그 내면에는 슬픔이 여전히 존재하는 것이다. 다만 이 경우에는 점진적으로 감정이 옅어진 것일 뿐이다. 그렇기 때문에 「단궁상」편에 대한 정현의 주에서는 "이 모든 말들은 근심과 슬픔이 마음속에 있는 모습을 뜻한다."라고 말한 것이다.

訓纂 吳幼淸曰: 旣葬, 謂迎精而反, 如親已還反至家, 已尚追逐. 不及, 力

---

7) 『예기』「단궁상(檀弓上)」【76a】: 始死, 充充如有窮; 旣殯, 瞿瞿如有求而弗得; 旣葬, 皇皇如有望而弗至. 練而慨然, 祥而廓然.

8) 『예기』「단궁상(檀弓上)」【76a】: 始死, 充充如有窮; 旣殯, 瞿瞿如有求而弗得; 旣葬, 皇皇如有望而弗至. 練而慨然, 祥而廓然.

已疲憊, 行不能前. 暫焉休息, 言其悵悅不安之甚. 或曰, 其反而息, 謂親已還反而休息也.

번역 오유청이 말하길, '기장(旣葬)'이라는 말은 정기(精氣)를 맞이하여 되돌아왔을 때, 마치 부친이 이미 되돌아와서 집에 왔다고 생각하여, 본인은 여전히 부모를 뒤쫓고자 한다는 뜻이다. '불급(不及)'은 힘이 이미 지치고 고달파져서, 가고자 하나 그 앞으로 나아갈 수 없다는 뜻이다. 잠간 휴식을 취한다는 뜻은 망연자실하여 매우 불안해한다는 뜻이다. 혹자는 되돌아와서 휴식을 취한다는 뜻은 부모의 신령이 이미 되돌아와서 휴식을 취한다는 뜻이라고 주장한다.

集解 愚謂: 慨然如不及其反而息者, 旣葬迎精而反, 如親之精氣不及與之偕反, 而止息以待之, 所謂"其反也如疑"也. 此言居喪哀悼之心, 自始死至旣葬, 其因時而變者如此, 與上篇"始死, 充充如有窮"一章, 辭雖所指不同, 其大歸則一而已.

번역 내가 생각하기에, '개연여불급기반이식(慨然如不及其反而息)'이라는 말은 장례를 끝내고 정기(精氣)를 맞이하여 되돌아올 때, 마치 부모의 정기가 자신과 함께 되돌아오지 못하는 것처럼 여겨서, 잠시 머물며 따라오기를 기다린다는 뜻이니, 이른바 "장지에서 되돌아올 때에는 부모가 정말로 돌아가셨는지 의심하며 천천히 발걸음을 옮긴다."[9]라는 말에 해당한다. 이곳 문장에서는 부모가 이제 막 돌아가셨을 때로부터 장례를 끝날 때까지, 상을 치를 때의 애통한 마음이 그 시점에 따라서 이처럼 변화된다는 사실을 언급한 것이니, 『예기』「단궁상(檀弓上)」편에서 "부모가 처음 돌아가셨을 때에는 근심이 가득하여, 막다른 길에 봉착한 듯 행동한다."라는 구문으로 시작되는 문장과 그 기록에 있어서 직접적으로 가리키는 대상들

---

9) 『예기』「단궁상(檀弓上)」【84b】: 孔子在衛, 有送葬者, 而夫子觀之, 曰: "善哉爲喪乎! 足以爲法矣. 小子識之!" 子貢曰: "夫子何善爾也?" 曰: "其往也如慕, <u>其反也如疑</u>." 子貢曰: "豈若速反而虞乎?" 子曰: "小子識之! 我未之能行也."

은 비록 동일하지 않지만, 대체적인 의미에서는 일치할 따름이다.

참고 『예기』「단궁상(檀弓上)」 기록

경문-76a 始死, 充充如有窮; 旣殯, 瞿瞿如有求而弗得; 旣葬, 皇皇如有望而弗至. 練而慨然, 祥而廓然.

번역 부모가 처음 돌아가셨을 때에는 근심이 가득하여, 막다른 길에 봉착한 듯 하고, 빈소를 차리고 나면, 눈을 두리번거리게 되니, 마치 무언가를 찾으나 찾지 못한 듯 하며, 장례를 치르고 나면, 마음이 안정되지 못하고 분주하여, 마치 부모가 다시 돌아오기를 바라지만 오지 않는 듯한다. 소상(小祥)을 치르고 나서는 세월이 너무 빨리 흘러가는 것을 개탄하며, 대상(大祥)을 치르고 나서는 막막하여 즐겁지 않게 된다.

鄭注 皆憂悼在心之貌也. 求猶索物.

번역 이 모든 말들은 근심과 슬픔이 마음속에 있는 모습을 뜻한다. '구(求)'자는 무언가를 찾는다는 뜻이다.

孔疏 ●"始死"至"廓然". ○正義曰: 此記人因前有死事, 遂廣說孝子形節也. 事盡理屈爲窮. 言親始死, 孝子匍匐而哭之, 心形充屈, 如急行道極無所復去, 窮急之容也.

번역 ●經文: "始死"~"廓然". ○이곳 문단에서는 앞서 죽음에 대한 사안이 기록되어 있는 것에 착안하여, 효자의 모습과 절도에 대해서 폭넓게 설명하고 있다. 그 사안이 모두 다하고, 이치 또한 막힌 것을 '궁(窮)'이라고 한다. 부모가 처음 돌아가시게 되면, 자식은 포복을 하고 곡을 하니, 정신과 몸이 흐트러져서, 마치 급히 길을 가고자 하지만 막다른 길이 되어, 재차 길을 갈 수 없게 되어서, 어려움에 봉착하여 급급해하는 모습이 되는 것과 같다.

孔疏 ●"旣殯瞿瞿, 如有求而弗得"者, 殯斂後, 心形稍緩也. 瞿瞿, 眼目速瞻之貌. 求猶覓也. 貌恒瞿瞿, 如有所失而求覓之不得然也.

번역 ●經文: "旣殯瞿瞿, 如有求而弗得". ○빈소를 차리고 염(斂)을 한 이후에는 마음과 모습이 점차 풀어지게 된다. '구구(瞿瞿)'는 눈동자를 두리번거리는 모습을 뜻한다. '구(求)'자는 "찾는다[覓]."는 뜻이다. 그 모습이 항상 두리번거리게 되어, 마치 잃어버린 것이 있어서, 찾으려고 하지만 얻지 못하는 모습과 같은 것이다.

孔疏 ●"旣葬, 皇皇如有望而弗至"者, 又漸緩也. 皇皇猶栖栖也. 至葬後, 親歸草土, 孝子心形栖栖皇皇, 無所依託, 如有望彼人來而彼人不至也.

번역 ●經文: "旣葬, 皇皇如有望而弗至". ○또다시 점진적으로 풀어지게 된다는 뜻이다. '황황(皇皇)'은 "안정되지 못하고 몹시 분주하다[栖栖]."는 뜻이다. 장례를 끝내게 되면, 부친의 육신이 흙으로 되돌아가니, 자식된 자의 마음과 몸은 안정되지 못하고 먹먹하여, 의지할 곳이 없게 되니, 마치 그 자가 오기를 바라지만, 그 자가 오지 않았을 때와 같다.

孔疏 ●"練而慨然"者, 轉緩也. 至小祥, 但歎慨日月若馳之速也.

번역 ●經文: "練而慨然". ○상황이 전환되어 풀어지게 된다는 뜻이다. 소상(小祥)을 지내게 되면, 다만 말이 질주를 하듯 세월이 빨리 흘러감에 대해서만 개탄을 하게 된다.

孔疏 ●"祥而廓然"者, 至大祥, 而寥廓情意, 不樂而已.

번역 ●經文: "祥而廓然". ○대상(大祥)을 지내게 되면, 마음이 허전하여, 즐겁지 않게 될 따름이다.

集說 方氏曰: 下篇述顔丁之居喪, 則言皇皇於始死, 言慨焉於旣葬; 問喪, 則言皇皇於反哭, 所言不同者, 蓋君子有終身之喪, 思親之心, 豈有隆殺哉! 先王制禮, 略爲之節而已, 故其所言不必同也.

번역 방씨가 말하길, 다음 편에서는 안정(顔丁)이 상을 치렀던 일을 기술하며, 부모가 처음 돌아가셨을 때에 대해서는 '황황(皇皇)'이라고 했고, 장례를 치르고 났을 때에 대해서는 '개언(慨焉)'이라고 했으며, 「문상」편에서는 반곡(反哭)에 대해서 황황(皇皇)이라고 했으니, 언급한 말들이 서로 다르다. 그 이유는 아마도 군자에게는 종신토록 지내야 하는 상이 있으니,[10] 부모를 생각하는 마음에 어찌 많고 적은 차이가 있겠는가! 선왕이 예법을 제정함에, 간략히 하여 관련 사항에 대한 절도를 제정했을 따름이다. 그렇기 때문에 언급한 말들이 완전히 일치하지 않는 것이다.

10) 『예기』「제의(祭義)」【554d】: 君子有終身之喪, 忌日之謂也. 忌日不用, 非不祥也, 言夫日, 志有所至, 而不敢盡其私也.

• 제 4 절 •

상(喪)을 마칠 때까지

【658d】

心悵焉愴焉, 惚焉愾焉, 心絶志悲而已矣. 祭之宗廟, 以鬼享之, 徼幸復反也. 成壙而歸, 不敢入處室, 居於倚廬, 哀親之在外也; 寢苫枕塊, 哀親之在土也. 故哭泣無時, 服勤三年, 思慕之心, 孝子之志也, 人情之實也.

직역 心은 悵焉하고 愴焉하며, 惚焉하고 愾焉하니, 心은 絶하고 志는 悲할 따름이다. 宗廟에서 之를 祭함은 鬼로써 享함이니, 幸히 復히 反하길 徼함이다. 壙을 成하고 歸하니, 敢히 處室에 入하길 不하여, 倚廬에 居하니, 親이 外에 在함을 哀함이며; 苫을 寢하고 塊를 枕하니, 親이 土에 在함을 哀함이다. 故로 哭泣함에 時가 無하고, 勤에 服하길 三年하니, 思慕의 心이고, 孝子의 志이며, 人情의 實이다.

의역 마음은 원망스럽게 슬프며, 아른아른하고 한탄스러우니, 마음이 찢어지고 생각은 비통해질 따름이다. 종묘에서 부모에게 제사를 지내는 것은 귀신에 대한 예법으로 흠향을 시키는 것이니, 요행히도 다시 되돌아오기를 바라는 것이다. 무덤을 만들고 되돌아왔으니, 감히 자신이 머물던 방으로 들어갈 수 없어서, 의려(倚廬)[1]에 머무니, 부모가 외지에 있는 것을 슬퍼하기 때문이다. 또 거적을 깔고 흙덩이를 베개로 삼으니, 부모의 시신이 땅속에 있는 것을 슬퍼하기 때문이다. 그래서 곡을 하고 눈물을 흘림에 정해진 때가 없고, 삼년상을 치르니, 그리워하는 마음이

---

1) 의려(倚廬)는 상중(喪中)에 머물게 되는 임시 거처지이다. '의려'는 또한 '의(倚)', '여(廬)', '堊室(악실)', '사려(舍廬)' 등으로 부르기도 하지만, '악실'과 대비해서 보다 수위가 높은 임시숙소를 뜻하기도 한다. 중문(中門) 밖 동쪽 담장 아래에 나무를 기대어 만든다.

며, 자식의 뜻이고, 인간의 정감에 나타나는 실정이다.

集說 此言反哭至終喪之情. 惚, 猶恍惚也. 愾, 猶嘆恨也. 勤, 謂憂苦.

번역 이 내용은 반곡(反哭)으로부터 상을 마칠 때까지의 정감을 설명하고 있다. '홀(惚)'자는 눈앞에 아른아른한다는 뜻이다. '개(愾)'자는 탄식한다는 뜻이다. '근(勤)'자는 근심스럽고 괴로운 일을 뜻한다.

大全 臨川吳氏曰: 心悵恨愴悽恍惚嘆愾, 皆失志無可奈何之貌. 知其不可復見, 心已絶望, 但志愈悲哀而已. 於是虞祭, 以安之.

번역 임천오씨가 말하길, 마음이 슬프고 한탄스럽고 아른거리며 탄식하는 것들은 모두 낙담하여 아무것도 할 수 없는 모습을 뜻한다. 다시 볼 수 없다는 사실을 알고 있어서, 마음으로 이미 절망하게 되는데, 뜻은 더욱 비통할 따름이다. 이 시기에 우제(虞祭)를 지내어 신령을 안심시킨다.

大全 嚴陵方氏曰: 哀親之在外, 故不忍居於內, 哀親之在土, 故不忍寢於牀.

번역 엄릉방씨가 말하길, 부모가 외지에 있는 것을 슬퍼하기 때문에 차마 내실에 들어가서 거처할 수 없다. 또 부모가 땅속에 묻힌 것을 슬퍼하기 때문에 차마 침상에서 잠을 잘 수 없다.

大全 山陰陸氏曰: 成壙而歸, 猶如此, 於是爲至矣.

번역 산음육씨가 말하길, 무덤을 만들고 되돌아왔을 때에도 여전히 이와 같은데, 이 시기에 슬픔이 극심해진다.

鄭注 說虞之義. 言親在外在土, 孝子不忍反室自安也. 入處室, 或爲"入宮". 勤, 謂憂勞.

번역 우제(虞祭)의 뜻을 설명한 것이다. 부모의 시신이 외지에 있고 땅속에 묻혀 있어서, 자식은 차마 자신이 머물던 방으로 되돌아가 편안하게 있을 수 없다는 뜻이다. '입처실(入處室)'을 다른 판본에서는 '입궁(入宮)'으로 기록하기도 한다. '근(勤)'자는 근심스럽고 괴로운 일을 뜻한다.

釋文 悵, 敕亮反. 愴, 初亮反. 惚音忽. 愾, 徐音慨, 苦代反. 儌, 古堯反. 壙, 古晃反. 倚, 於綺反. 苫, 始占反, 草也. 枕, 之蔭反. 塊, 苦對反, 又苦怪反, 土也.

번역 '悵'자는 '敕(칙)'자와 '亮(량)'反. '愴'자는 '初(초)'자와 '亮(량)'反. '惚'자의 음은 '忽(홀)'이다. '愾'자의 서음(徐音)은 '慨'이니, '苦(고)'자와 '代(대)'자의 반절음이다. '儌'자는 '古(고)'자와 '堯(요)'자의 반절음이다. '壙'자는 '古(고)'자와 '晃(황)'자의 반절음이다. '倚'자는 '於(어)'자와 '綺(기)'자의 반절음이다. '苫'자는 '始(시)'자와 '占(점)'자의 반절음이며, 풀을 뜻한다. '枕'자는 '之(지)'자와 '蔭(음)'자의 반절음이다. '塊'자는 '苦(고)'자와 '對(대)'자의 반절음이며, 또한 '苦(고)'자와 '怪(괴)'자의 반절음도 되고, 흙을 뜻한다.

孔疏 ●"心悵焉愴焉"者, 此明反哭之後, 虞祭之時也.

번역 ●經文: "心悵焉愴焉". ○이 문장은 반곡(反哭)을 한 이후 우제(虞祭)를 치르는 시기를 나타내고 있다.

孔疏 ●"祭之宗廟, 以鬼享之"者, 謂虞祭於殯宮神之所在, 故稱"宗廟".

번역 ●經文: "祭之宗廟, 以鬼享之". ○빈소 중 신이 머무는 곳에서 우제(虞祭)를 치르기 때문에, '종묘(宗廟)'라고 지칭했다.

孔疏 ●"以鬼享之", 尊而禮之, 冀其魂神復反也.

번역 ●經文: "以鬼享之". ○존귀하게 높여서 예법에 따라 섬기니, 혼과 신이 다시 되돌아오기를 기대하는 것이다.

孔疏 ●"成壙而歸"者, 此明葬之後, 猶居倚[2]廬枕塊, 不敢入於室處也.

번역 ●經文: "成壙而歸". ○이것은 장례를 치른 이후에도 여전히 의려에서 흙덩이를 베개로 삼아 자며, 감히 자신의 방으로 들어갈 수 없음을 나타내고 있다.

孔疏 ●"故哭泣無時"者, 此明終喪思慕之心也.

번역 ●經文: "故哭泣無時". ○이 내용은 상을 끝낼 때까지 갖게 되는 그리워하는 마음을 나타내고 있다.

孔疏 ●"服勤"者, 言服處憂勞勤苦也.

번역 ●經文: "服勤". ○근심스럽고 괴로운 일에 종사한다는 뜻이다.

孔疏 ●"人情之實也"者, 言非詐僞假爲之事, 人情悲慕之實也.

번역 ●經文: "人情之實也". ○거짓과 허위로 하는 사안이 아니며, 사람의 정감에 나타나는 실질적인 비통함과 그리워함이라는 뜻이다.

集解 愚謂: 反而歸, 不見尸柩, 故其心悵恨悽愴, 恍惚愾歎, 皆言其無可奈何之貌也. 其形體不可復見, 故爲虞祭以安之, 冀幸其精氣之復反也. 孝經曰, "爲之宗廟, 以鬼享之". 蓋葬前殯宮有朝夕奠, 猶用事生之禮, 至反哭以虞易奠, 然後以鬼神之道享之也.

번역 내가 생각하기에, 되돌아왔으나 시신과 영구를 볼 수 없기 때문에, 마음은 원망스럽게 슬프며 아른아른하고 한탄스럽게 된다. 이 모두는 어찌

---

2) '의(倚)'자에 대하여. '의'자는 본래 없던 글자인데, 완원(阮元)의 『교감기(校勘記)』에서는 "혜동(惠棟)의 『교송본(校宋本)』에는 '의'자가 기록되어 있는데, 『민본(閩本)』·『감본(監本)』·『모본(毛本)』에는 '의'자가 누락되어 있다."라고 했다.

할 수 없는 모습을 뜻한다. 부모의 형상을 다시 볼 수 없기 때문에 우제(虞祭)를 지내서 안심을 시키니, 요행히 정기가 다시 되돌아오기를 기대하는 것이다. 『효경』에서는 "부모의 위패를 안치하는 종묘를 만들어서 귀신으로 모셔 제사를 지낸다."[3]라고 했다. 장례를 치르기 이전에는 빈소에서 아침과 저녁마다 전제사를 지냈는데, 이 시기에는 여전히 살아있는 자를 섬기는 예법에 따랐다. 그러나 반곡(反哭)에 이르게 되면 우제로 전제사를 바꾸게 되고, 그런 뒤에는 귀신에 대한 도리에 따라 제사를 지낸다.

참고 『예기』「상대기(喪大記)」 기록

경문-538c 父母之喪, 居倚廬, 不塗, 寢苫枕凷, 非喪事不言. 君爲廬, 宮之. 大夫・士, 襢之.

번역 부모의 상을 치를 때에는 임시숙소인 의려(倚廬)에 머물게 되는데, 의려의 벽에는 진흙을 바르지 않고, 거적을 깔고 자며 흙덩이를 베개로 삼고, 상사와 관련되지 않은 말은 하지 않는다. 군주의 경우 의려를 만들 때에는 의려 밖에 담장처럼 휘장을 둘러서 가린다. 대부와 사는 휘장을 치지 않고 의려를 노출시킨다.

鄭注 宮, 謂圍障之也. 襢, 袒也, 謂不障.

번역 '궁(宮)'자는 에워싸서 가린다는 뜻이다. '단(襢)'자는 "드러내다[袒]."는 뜻이니, 휘장으로 가리지 않는다는 의미이다.

孔疏 ●"居倚廬"者, 謂於中門之外, 東牆下倚木爲廬, 故云"居倚廬".

번역 ●經文: "居倚廬". ○중문(中門)[4] 밖 동쪽 담장 아래에 나무를 기

---

3) 『효경』「상친장(喪親章)」: 爲之宗廟, 以鬼享之. 春秋祭祀, 以時思之.
4) 중문(中門)은 내(內)와 외(外) 사이에 있는 문을 뜻한다. 궁(宮)에 있어서는 혼

대어 임시숙소를 만든다는 뜻이다. 그렇기 때문에 "의려(倚廬)에 머문다." 라고 했다.

孔疏 ●"不塗"者, 但以草夾障, 不以泥塗之也.

번역 ●經文: "不塗". ○단지 풀을 엮어서 가리기만 하고 진흙을 발라 틈을 메우지 않는다.

孔疏 ●"寢苫枕凷"者, 謂孝子居於廬中, 寢臥於苫, 頭枕於凷.

번역 ●經文: "寢苫枕凷". ○자식이 의려(倚廬)에 머물러 있을 때에는 거적 위에서 자고 흙덩이를 베개로 삼는다는 뜻이다.

孔疏 ●"非喪事不言"者, 志在悲哀, 若非喪事, 口不言說.

번역 ●經文: "非喪事不言". ○뜻이 비통함에 젖어 있으니, 만약 상사가 아닌 일들이라면 입에 담지 않는다.

孔疏 ●"君爲廬, 宮之"者, 謂廬次以帷障之, 如宮牆.

번역 ●經文: "君爲廬, 宮之". ○의려(倚廬) 밖을 휘장으로 가려서, 건물

문(闈門)을 뜻하기도 한다. 또 천자(天子)의 궁성(宮城)에는 다섯 개의 문이 있었다고 전해지는데, 가장 밖에 있는 문부터 순차적으로 나열해보면, 고문(皐門), 치문(雉門), 고문(庫門), 응문(應門), 노문(路門)이다. 이러한 다섯 개의 문들 중 노문(路門)은 가장 안쪽에 있으므로, 내문(內門)로 여기고, 고문(皐門)은 가장 밖에 있으므로, 외문(外門)으로 여긴다. 따라서 나머지 치문(雉門), 고문(庫門), 응문(應門)은 내외(內外)의 사이에 있으므로, 이 세 개의 문을 '중문'으로 여기기도 한다. 『주례』「천관(天官)·혼인(閽人)」편에는 "掌守王宮之中門之禁."이라는 기록이 있는데, 이에 대한 손이양(孫詒讓)의 『정의(正義)』에서는 "此中門實不專屬雉門. 當兼庫·雉·應三門言之. 蓋五門以路門爲內門, 皐門爲外門, 餘三門處內外之間, 故通謂之中門."이라고 풀이했다. 한편 정중앙에 있는 문을 '중문'이라고도 부른다.

의 담장처럼 만든다는 뜻이다.

孔疏 ●"大夫・士禫之"者, 禫, 袒也. 其廬袒露, 不帷障也. 按旣夕禮注云: "倚木爲廬, 在中門外東方, 北戶." 定本無"枕凷"字, 唯有"寢苫"二字.

번역 ●經文: "大夫・士禫之". ○'단(禫)'자는 "드러내다[袒]."는 뜻이다. 의려(倚廬)를 노출시키고 휘장으로 가리지 않는 것이다. 『의례』「기석례(旣夕禮)」편에 대한 정현의 주를 살펴보면, "나무를 기대어 임시숙소를 만드는데, 중문(中門) 밖에서도 동쪽에 있으며 의려의 문은 북쪽으로 둔다."[5]라고 했다. 『정본』에는 '침괴(枕凷)'라는 글자가 없고, 오직 '침점(寢苫)'이라는 두 글자만 있다.

集解 愚謂: 倚廬, 於殯宮門外, 就東牆爲之, 以木抵於地, 而斜倚於牆, 用草蓋之, 其南北亦以草爲屛蔽, 而於其北開戶以出入也. 於殯宮則褻, 於異室則遠, 故爲廬於殯宮門外者, 欲其近殯宮而無至於褻也.

번역 내가 생각하기에, '의려(倚廬)'는 빈소의 문밖에서도 동쪽 담장에 만들게 되며, 나무를 땅에 박고 담장 쪽으로 비스듬하게 기대며, 풀을 엮어서 그 위를 덮는데, 남북 방향에 대해서는 또한 풀을 엮어서 가림막을 치지만, 북쪽 방향에 대해서는 문에 해당하는 곳을 터서 출입하도록 만든다. 상중에 빈소에 머물게 되면 죽은 자에게 너무 무람되고, 다른 방에 머물게 되면 죽은 자를 너무 멀리 대하는 것이다. 그렇기 때문에 빈소의 문밖에 임시숙소를 만드는 것이니, 빈소와 가깝게 있으면서도 무람된 지경에 이르지 않도록 하고자 해서이다.

참고 『예기』「상대기(喪大記)」 기록

---

5) 이 문장은 『의례』「기석례(旣夕禮)」편의 "居倚廬."라는 기록에 대한 정현의 주이다.

경문-538c 旣葬, 拄楣, 塗廬, 不於顯者. 君·大夫·士皆宮之.

번역 장례를 치르게 되면, 담장에 기대었던 나무를 세워서 처마를 받치게 하고, 안쪽에는 진흙을 발라서 비바람을 막지만, 밖으로 드러나는 부분에는 진흙을 바르지 않는다. 군주·대부·사는 모두 사면을 둘러서 의려를 드러내지 않는다.

鄭注 不於顯者, 不塗見面.

번역 '불어현자(不於顯者)'는 드러나는 부분에는 진흙을 바르지 않는다는 뜻이다.

孔疏 ●"旣葬"至"宮之". ○正義曰: "旣葬, 柱楣"者, 旣葬, 謂在墓, 柱楣梢擧, 以納日光, 又以泥塗辟風寒.

번역 ●經文: "旣葬"~"宮之". ○경문의 "旣葬, 柱楣"에 대하여. 장례를 치렀다는 말은 시신이 묘(墓)에 안치되었다는 뜻이니, 기둥과 처마를 보다 올려서 햇빛이 들어오도록 하고, 또 진흙으로 벽을 발라서 비와 추위를 피한다.

孔疏 ●"不於顯"者, 言塗廬不塗廬外顯處.

번역 ●經文: "不於顯". ○진흙으로 의려(倚廬)의 내부를 바르지만, 의려 밖의 드러나는 부분에는 바르지 않는다는 뜻이다.

孔疏 ●"君·大夫·士皆宮之"者, 以大夫·士旣葬, 故得皆宮之.

번역 ●經文: "君·大夫·士皆宮之". ○대부와 사는 장례를 치렀기 때문에, 모두 사면을 둘러서 의려(倚廬)를 가릴 수 있다.

集解 朱子曰: 始者無拄與楣, 檐著於地, 至是乃施楣, 又施短柱, 以柱起其楣, 架其檐令稍高, 而下可作戶也.

번역 주자가 말하길, 의려(倚廬)를 처음 만들 때에는 기둥과 차양이 없었으니, 처마가 바닥에 붙어 있었던 것인데, 이 시점이 되면 차양을 달고, 또 작은 기둥을 달아서, 기둥으로 차양을 받치게 하고, 처마에 나무를 대어 보다 높게 만들며, 그 밑에 방문을 달 수 있게 한다.

참고 『예기』「상대기(喪大記)」 기록

경문-538d 凡非適子者, 自未葬, 以於隱者爲廬.

번역 무릇 적장자가 아닌 자들은 장례를 치르기 이전부터 동남쪽 모서리의 어두운 장소에 의려(倚廬)를 만들어 기거한다.

鄭注 不欲人屬目, 故廬於東南角, 旣葬猶然.

번역 사람들이 살펴보지 않게끔 하기 위해서이다. 그렇기 때문에 동남쪽 모서리에 의려(倚廬)를 만들고, 장례를 끝낸 뒤에도 여전히 이곳에서 기거한다.

孔疏 ●"自未葬, 以於隱者爲廬"者, 旣非喪主, 不欲人所屬目, 故於東南角隱映處爲廬. 經雖云未葬, 其實葬竟亦然也.

번역 ●經文: "自未葬, 以於隱者爲廬". ○그들은 이미 상주가 아니고, 남의 눈에 띄지 않고자 하기 때문에, 동남쪽 모서리의 어두운 장소에 의려(倚廬)를 만든다. 경문에서는 비록 "아직 장례를 치르지 않았다."라고 했지만, 실제로는 장례를 끝냈을 때에도 이처럼 한다.

集解 愚謂: 言"自未葬"者, 嫌至葬後乃改廬於此, 故言自未葬以至於葬後其禮皆然也.

번역 내가 생각하기에, '아직 장례를 치르기 이전부터'라고 말한 이유는 장례를 치른 이후에는 이곳에 의려(倚廬)를 고쳐서 짓는다고 오해할 것을 염려했기 때문이다. 그래서 장례를 치르기 이전으로부터 장례를 치른 이후까지 그 예법이 모두 이와 같음을 말한 것이다.

참고 『효경』「상친장(喪親章)」 기록

경문 爲之棺槨衣衾而擧之①, 陳其簠簋而哀慼之②, 擗踊哭泣, 哀以送之③. 卜其宅兆, 而安措之④. 爲之宗廟, 以鬼享之⑤, 春秋祭祀, 以時思之⑥.

번역 내관(內棺) 및 외관(外棺)과 의복 및 이불 등을 만들어서 시신을 감싸서 관에 안치하고, 제기(祭器)인 보(簠)와 궤(簋) 등을 진열하고서 돌아가신 부모를 애도하며, 가슴을 손으로 치고, 발을 구르고, 곡을 하고 눈물을 흘리면서, 애도를 하며 부모의 시신을 전송한다. 무덤과 묘역으로 쓸 좋은 땅을 점쳐서 정하고, 부모의 시신을 안장한다. 부모의 위패를 안치하는 종묘를 만들어서, 귀신으로써 받들어 모시며 흠향을 시켜드리니, 봄과 가을마다 제사를 지내어, 때마다 부모를 생각한다.

玄注-① 周尸爲棺, 周棺爲槨. 衣, 謂斂衣. 衾, 被也. 擧, 謂擧尸內於棺也.

번역 시신을 안치하는 내관을 관(棺)이라고 하고, 내관을 감싸는 외관을 곽(槨)이라고 한다. 의(衣)는 시신을 감싸는 수의(壽衣)를 뜻한다. 금(衾)은 시신을 감싸는 이불이다. 거(擧)는 시신을 들어서 관에 안치한다는 뜻이다.

玄注-② 簠簋, 祭器也. 陳奠素器而不見親, 故哀慼也.

번역 보(簠)와 궤(簋)는 제기이다. 옻칠만 하고 장식이 없는 소기(素器)들을 진설하였는데, 부모를 더 이상 볼 수 없기 때문에, 애도하는 것이다.

玄注-③ 男踊女擗, 祖載送之.

번역 남자는 발을 구르고 여자는 가슴을 치며, 조제(祖祭)[6]를 지내고 영구를 수레에 싣고서 전송한다.

玄注-④ 宅, 墓穴也. 兆, 塋域也. 葬事大, 故卜之.

번역 택(宅)은 무덤이다. 조(兆)는 묘역이다. 장례는 중대한 일이기 때문에, 그곳에 쓰일 땅에 대해서는 점을 쳐서 정하는 것이다.

玄注-⑤ 立廟祔祖之後, 則以鬼禮享之.

번역 부모의 위패를 안치하는 묘(廟)를 세우고, 조상에게 부모의 위패를 안치하게 되었음을 아뢰는 부제(祔祭)[7]를 지낸 이후에는 귀신에 대한 예법에 따라서 흠향을 시켜드린다.

玄注-⑥ 寒暑變移, 益用增感, 以時祭祀, 展其孝思也.

번역 봄과 가을은 추위와 더위의 변화가 더욱 급작스럽게 되므로, 이러한 계절에 제사를 지내서, 돌아가신 부모에 대한 효심을 나타낸다.

邢疏 ◎注"立廟"至"享之". ○正義曰：立廟者, 卽禮記祭法天子至士皆有

---

6) 조제(祖祭)는 도로의 신(神)에게 지내는 제사의 명칭이자, 그 제사를 지낸다는 뜻이기도 하다.

7) 부제(祔祭)는 '부(祔)'라고도 한다. 새로이 죽은 자가 있으면, 선조(先祖)에게 '부제'를 올리면서, 신주(神主)를 합사(合祀)하는 것을 말한다. 『주례』「춘관(春官)·대축(大祝)」편에는 "付練祥, 掌國事."라는 기록이 있고, 이에 대한 정현의 주에서는 "付當爲祔. 祭於先王以祔後死者."라고 풀이하였다.

宗廟, 云"王立七廟, 曰考廟·曰王考廟·曰皇考廟·曰顯考廟·曰祖考廟, 皆月祭之. 遠廟爲祧, 有二祧, 享嘗乃止. 諸侯立五廟, 曰考廟·曰王考廟·曰皇考廟, 皆月祭之. 顯考廟·祖考廟, 享嘗乃止. 大夫立三廟, 曰考廟·曰王考廟·曰皇考廟, 享嘗乃止. 適士二廟, 曰考廟·曰王考廟, 享嘗乃止. 官師一廟曰考廟. 庶人無廟".

번역 ◎玄注: "立廟"~"享之". ○묘(廟)를 세운다는 것은 곧 『예기』「제법(祭法)」편에서 천자로부터 사(士)에 이르기까지 모두 종묘를 세우게 된다고 하며, "천자는 7개의 묘를 세우니, 고묘(考廟), 왕고묘(王考廟), 황고묘(皇考廟), 현고묘(顯考廟), 조고묘(祖考廟) 등 5개의 묘에 대해서는 매월 제사를 지낸다. 5대조 이상의 선조를 모시는 원묘(遠廟)를 조(祧)라고 하는데, 2개의 조가 있으며, 이 두 묘에 대해서는 계절마다 제사를 지내는데 그친다. 제후는 5개의 묘를 세우니, 고묘, 왕고묘, 황고묘 등 3개의 묘에 대해서는 매월 제사를 지낸다. 현고묘와 조고묘에 대해서는 계절마다 제사를 지내는데 그친다. 대부는 3개의 묘를 세우니, 고묘, 왕고묘, 황고묘 등으로, 매월마다 제사를 지내지 않고, 계절마다 제사를 지내는데 그친다. 적사(適士)[8]는 2개의 묘를 세우니, 고묘, 왕고묘 등으로, 매월마다 제사는 지내지 않고, 계절마다 제사를 지내는데 그친다. 관사(官師)[9]는 1개의 묘를 세우니, 고묘가 그것이다. 서인(庶人)은 묘를 세우지 않는다."라고 했다.

---

8) 적사(適士)는 상사(上士)를 가리킨다. 사(士)라는 계급은 3단계로 세분되는데, 상사, 중사(中士), 하사(下士)가 그것이다. 『예기』「제법(祭法)」편의 경문에는 "適士二廟, 一壇, 曰考廟, 曰王考廟, 享嘗乃止."라는 기록이 있다. 이에 대한 정현의 주에서는 "適士, 上士也."라고 풀이했다.

9) 관사(官師)는 하급 관리들을 부르는 말이다. 『서』「하서(夏書)·윤정(胤征)」편에는 "每歲孟春, 遒人以木鐸徇于路, 官師相規, 工執藝事以諫."이라는 기록이 있는데, 이에 대한 공안국(孔安國)의 전(傳)에서는 "官師, 衆官."이라고 풀이했다. 또한 『예기』「제법(祭法)」편에는 "官師一廟, 曰考廟. 王考無廟而祭之. 去王考爲鬼."라는 기록이 있는데, 이에 대한 정현의 주에서는 "官師, 中士下士庶士府史之屬."이라고 풀이하여, '관사'의 대상을 구체적으로 중사(中士), 하사(下士), 서사(庶士), 부사(府史)의 부류라고 설명한다.

邢疏 斯則立宗廟者, 爲能終於事親也. 舊解云: 宗, 尊也; 廟, 貌也, 言祭宗廟, 見先祖之尊貌也. 故祭義曰: "祭之日, 入室, 僾然必有見乎其位; 周還出戶, 愾然必有聞乎其歎息之聲." 是也. 祔祖, 謂以亡者之神祔之於祖也.

번역 이곳 『효경』 경문에서는 종묘 세우는 것을 부모를 섬기는 일에 대해서 끝마무리를 잘 할 수 있는 것으로 여기고 있다. 옛 주석들에서는 종묘(宗廟)에서의 종(宗)자는 존엄하다는 뜻이며, 묘(廟)자는 모습이라는 뜻으로 풀이하여, 종묘에서 제사를 지내며, 선조들의 존엄한 형상을 뵙는 것이라고 했다. 그러므로 『예기』「제의(祭義)」편에서 "제사를 지내는 날에, 종묘의 방으로 들어서게 되면, 어렴풋하게라도 선조가 그 자리에 나타나게 되고, 그 안에서 의례를 시행하고서 문을 나서게 될 때에는 감격스럽게도 선조의 탄식하는 음성을 듣게 된다."라고 말한 것이 바로 이러한 뜻을 가리킨다. 부조(祔祖)라는 것은 돌아가신 부모의 신위(神位)를 선조의 묘에 합사한다는 뜻이다.

邢疏 檀弓曰: "卒哭曰'成事'. 是日也, 以吉祭易喪祭. 明日, 祔祖父." 則是卒哭之明日而祔, 未卒哭之前皆喪祭也. 旣祔之後, 則以鬼禮享之. 然宗廟謂士以上, 則春秋祭祀兼於庶人也.

번역 『예기』「단궁(檀弓)」편에서 "졸곡(卒哭)제사를 지내는 것을 성사(成事)라고 부른다. 이 제사를 지내는 날에는 상제(喪祭)에 대한 제례를 길제(吉祭)에 대한 제례(祭禮)로 바꾼다. 그리고 그 다음날에는 조부의 묘에 신위를 합사한다."라고 했으니, 졸곡제를 지낸 다음날에 부(祔)제사를 지내며, 졸곡제를 지내기 이전에는 모두 상제(喪祭)에 대한 제례로써 제사를 지낸다. 그리고 부제를 지낸 이후에는 귀신을 대접하는 예법에 따라서 흠향을 시켜드리게 된다. 그러나 종묘를 세울 수 있는 것은 사(士) 이상의 신분을 가진 자에게만 해당하니, 봄과 가을마다 지내는 제사는 서인들까지도 해당되는 것이다.

그림 4-1 ▣ 의려(倚廬)

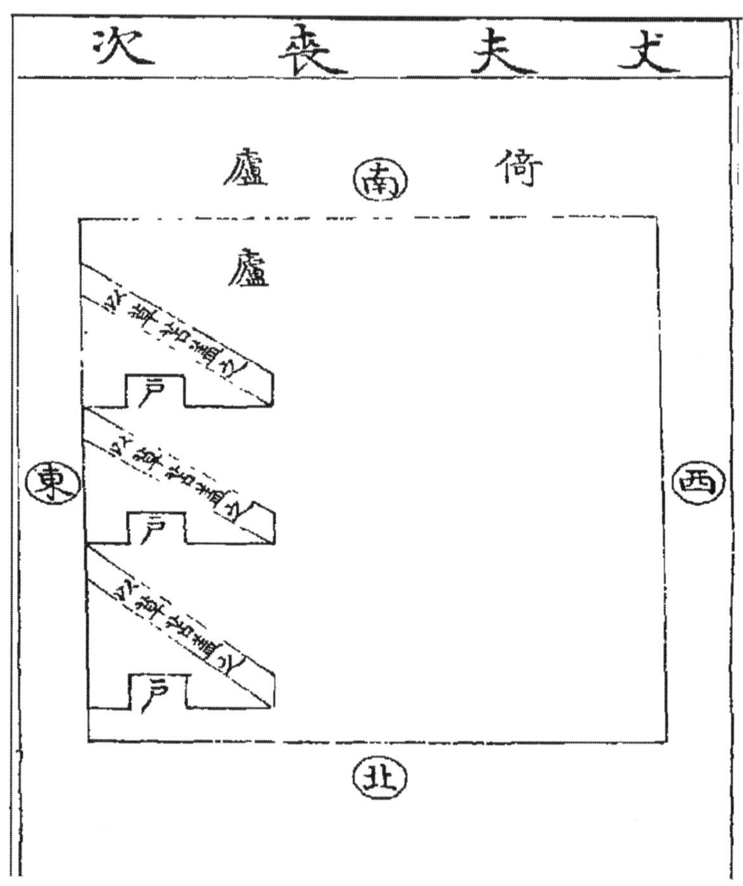

※ 출처:『가산도서(家山圖書)』

그림 4-2 ▣ 의려(倚廬)

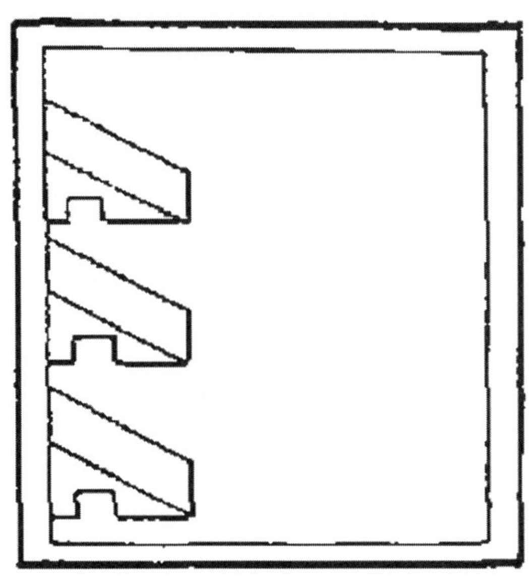

※ **출처:**『삼례도집주(三禮圖集注)』15권

그림 4-3 ▣ 금(紟)과 금(衾)

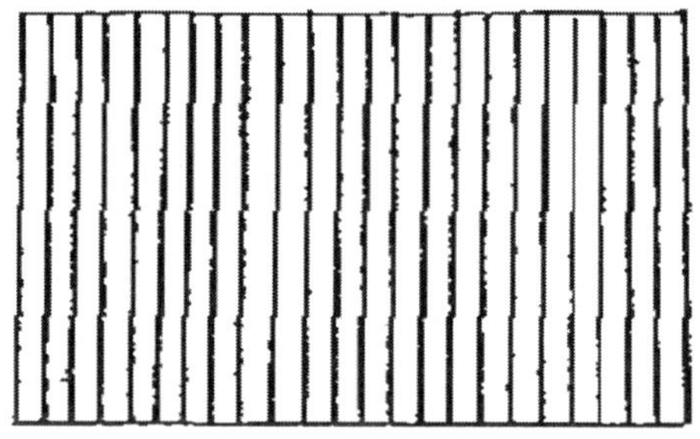

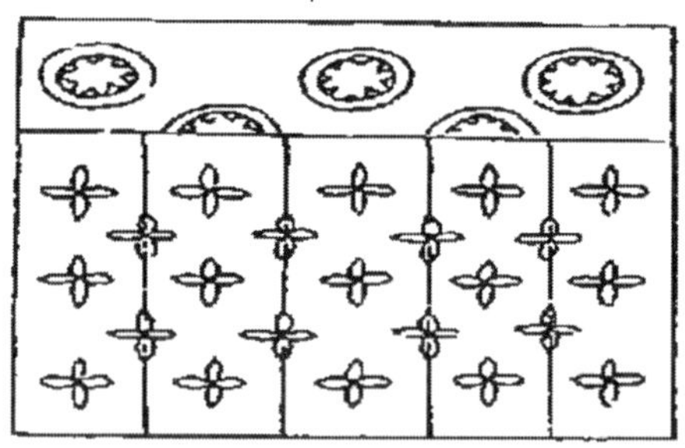

※ **출처:** 『삼례도집주(三禮圖集注)』 17권

그림 4-4 ▣ 보(簠)

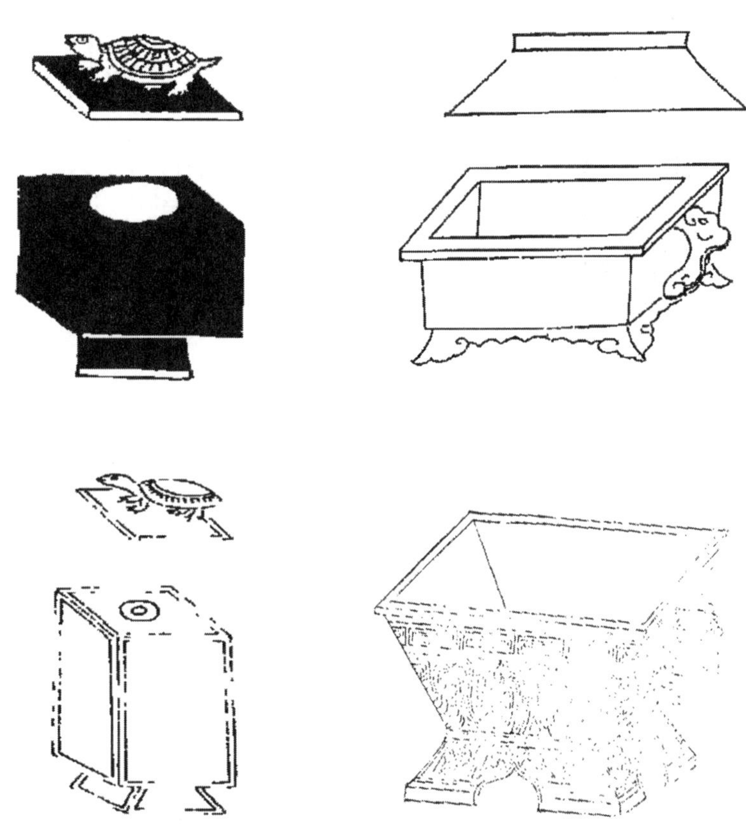

※ 출처: 『상좌-『삼례도집주(三禮圖集注)』 13권 ; 상우-『삼례도(三禮圖)』 4권
하좌-『육경도(六經圖)』 6권 ; 하우-『삼재도회(三才圖會)』「기용(器用)」 1권

그림 4-5 ■ 궤(簋)

※ 출처: 상좌-『삼례도집주(三禮圖集注)』 13권 ; 상우-『삼례도(三禮圖)』 4권
하좌-『육경도(六經圖)』 6권 ; 하우-『삼재도회(三才圖會)』「기용(器用)」 1권

• 제 5 절 •

3일 후 염(斂)을 하는 이유

【659a】

或問曰, "死三日而后斂者, 何也?" 曰, "孝子親死, 悲哀志懣, 故匍匐而哭之, 若將復生然, 安可得奪而斂之也? 故曰三日而后斂者, 以俟其生也. 三日而不生, 亦不生矣, 孝子之心, 亦益衰矣. 家室之計, 衣服之具, 亦可以成矣. 親戚之遠者, 亦可以至矣. 是故聖人爲之斷決以三日, 爲之禮制也."

직역 或이 問하여 曰, "死에 三日하고 后에 斂하는 者는 何입니까?" 曰, "孝子는 親이 死하면, 悲哀하고 志懣하니, 故로 匍匐하여 哭하니, 將히 復히 生함과 若히 然하니, 安히 可히 奪하여 斂하길 得이리오? 故로 曰 三日하고 后에 斂하는 者는 그 生을 俟하기 때문이다. 三日하고서 不生하면, 亦히 不生이니, 孝子의 心은, 亦히 益히 衰라. 家室의 計와 衣服의 具도, 亦히 可히 成이라. 親戚의 遠者도, 亦히 可히 至라. 是故로 聖人은 之를 爲하여 斷決하길 三日로써 하여, 禮制를 爲라."

의역 어떤 이가 묻기를 "부모가 돌아가신 후 3일이 지난 후에 염(斂)을 하는 것은 어째서입니까?"라고 하자, 답하길 "자식은 부모가 돌아가셨을 때 비통하고 애통하여 생각은 번민으로 가득 찬다. 그렇기 때문에 엎드려서 곡을 하니, 마치 다시 살아날 것처럼 기대하는데, 어떻게 빼앗아서라도 염을 하지 않을 수 있겠는가? 그러므로 '3일이 지난 후에 염을 한다.'는 것은 살아나기를 기다리는 것이다. 3일이 지난 후에도 살아나지 않는다면 이것은 또한 다시는 살아날 수 없는 것이니, 자식의 마음 또한 더더욱 쇠하게 된다. 그러므로 그 기간 동안 집에서 준비해야 하는 상사의 비용과 의복 등의 기구들도 갖출 수 있다. 그리고 멀리 떨어져 살고 있는 친척 또한 찾아올 수 있다. 이러한 까닭으로 성인은 이러한 사정으로 인해

3일로 판결하여 예법을 만든 것이다."라고 했다.

集說 此記者設問以明三日而斂之義.

번역 이곳 기록은 문답형식을 통해서 3일이 지난 뒤에 염(斂)을 하는 뜻을 나타내고 있다.

大全 嚴陵方氏曰: 始死而未忍斂之者, 孝子之心存乎仁也. 三日而必斂之者, 聖人之禮制以義也.

번역 엄릉방씨가 말하길, 부모가 이제 막 돌아가셨을 때 차마 곧바로 염(斂)을 하지 않는 것은 자식의 마음이 인(仁)에 따르기 때문이다. 3일이 지난 뒤에 기어코 염을 하는 것은 성인이 제정한 예법이 의(義)로 제정되었기 때문이다.

大全 山陰陸氏曰: 言至情難奪如此, 雖聖人猶疑焉, 爲之斷決而後作爲之.

번역 산음육씨가 말하길, 지극한 정감은 이처럼 빼앗기 어려우니, 비록 성인이라 하더라도 의문을 품어서, 결단을 한 뒤에 예법을 제정하였다는 뜻이다.

鄭注 怪其遲也. 匍匐, 猶顚蹶, 或作"扶服".

번역 더디게 하는 것을 괴이하게 여긴 것이다. '포복(匍匐)'은 엎드린다는 뜻이니, 다른 판본에서는 '부복(扶服)'이라고도 기록한다.

釋文 匍音蒲, 又音扶. 匐, 蒲北反, 又音服. 衰, 色追反. 爲, 于僞反, 下注"相爲"·"爲褻"同. 斷決, 丁段反, 下古穴反. 猶傎, 丁年反. 蹶, 求月反, 又音九月反.

번역 '匍'자의 음은 '蒲(포)'이며, 또한 그 음은 '扶(부)'도 된다. '匐'자는 '蒲(포)'자와 '北(북)'자의 반절음이며, 또한 그 음은 '服(복)'도 된다. '衰'자는 '色(색)'자와 '追(추)'자의 반절음이다. '爲'자는 '于(우)'자와 '僞(위)'자의 반절음이며, 아래 정현의 주에 나오는 '相爲'와 '爲褻'에서의 '爲'자도 그 음이 이와 같다. '斷決'의 '斷'자는 '丁(정)'자와 '段(단)'자의 반절음이며, '決'자는 '古(고)'자와 '穴(혈)'자의 반절음이다. '猶傎'에서의 '傎'자는 '丁(정)'자와 '年(년)'자의 반절음이다. '蹶'자는 '求(구)'자와 '月(월)'자의 반절음이며, 또한 그 음은 '九(구)'자와 '月(월)'자의 반절음도 된다.

孔疏 ●"或問曰: 死三日而后斂者, 何也", 此記者假設問三日而后斂之意也. "三日斂"者, 以士言之, 則大斂也; 明大夫以上言之, 則小斂也. 此經凡言"亦"者, 亦以俟其生. 制三日者, 俟其生也. 若三日不生, 於後亦不生矣也. 非但不生, 孝子之心, 亦益衰矣. 衣服之具, 亦可以成矣. 親戚之遠者, 亦可以至矣.

번역 ●經文: "或問曰: 死三日而后斂者, 何也". ○이곳 기록은 문답형식을 통해서 3일이 지난 이후에 염(斂)을 하는 뜻을 풀이하였다. "3일 이후에 염을 한다."는 말은 사를 기준으로 말한 것이니, 대렴(大斂)을 뜻하며, 대부로부터 그 이상의 계층으로 말을 한다면 소렴(小斂)이 됨을 나타낸다. 이곳 경문에서 '역(亦)'이라고 말했는데, 또한 이를 통해 살아나기를 기다리는 것이다. 3일로 제정을 한 것은 살아나기를 기다리기 때문이다. 만약 3일이 지나도록 살아나지 않는다면, 그 이후에는 또한 살아나지 못한다. 이것은 단지 살아나지 못할 뿐만이 아니라 자식의 마음은 더욱 쇠약해지게 된다. 의복 등의 기물은 또한 이 기간을 통해서 갖출 수 있다. 멀리 떨어져 사는 친척 또한 이 기간을 통해서 찾아올 수 있다.

集解 此以下皆設問以發其義也.

번역 이곳 구문으로부터 그 이하의 내용은 모두 문답형식을 통해서 그 의미를 드러내고 있다.

集解 愚謂: 家室之計, 言計其家室之所有以治喪也. 三日而后斂, 謂小斂也. 士雖以二日而斂, 然死有早晚, 如日晚而死, 死日不及襲, 則明日乃襲, 又明日乃斂, 固事之所必至矣. 記者欲明斂之遲, 故總據三日發問也.

번역 내가 생각하기에, '가실지계(家室之計)'라는 말은 집에서 보유하고 있는 것을 헤아려서 상사를 치른다는 뜻이다. "3일 이후에 염(斂)을 한다."는 말은 소렴(小斂)을 뜻한다. 사는 비록 2일이 지난 후에 염을 하는데, 부모가 돌아가신 시간에는 빠르고 늦은 차이가 있으니, 만약 저물녘에 돌아가셔서 돌아가신 당일에 습(襲)[1]을 하지 못했다면, 그 다음날 습을 하게 되고, 또 그 다음날 염을 하게 되어, 그 사안을 마무리하게 된다. 『예기』를 기록한 자는 염을 뒤늦게 하는 뜻을 나타내고자 했기 때문에, 총괄적으로 3일이 걸리는 경우를 제시하여 질문을 한 것이다.

참고 『예기』「상대기(喪大記)」 기록

경문-534c 小斂於戶內, 大斂於阼. 君以簟席, 大夫以蒲席, 士以葦席.

번역 소렴(小斂)은 방문 안쪽에서 하고, 대렴(大斂)은 동쪽 계단에서 한다. 군주의 경우에는 침상에 대나무로 짠 자리를 깔고, 대부는 부들로 짠 자리를 깔며, 사는 갈대로 짠 자리를 깐다.

鄭注 簟, 細葦席也. 三者下皆有莞.

번역 '점(簟)'은 갈대로 짠 자리보다 촘촘한 것이다. 세 종류의 자리 밑에는 모두 왕골로 짠 자리를 깐다.

孔疏 ◎注"三者下皆莞". ○正義曰: 知"下皆有莞"者, 按士喪禮記云"設

---

1) 습(襲)은 시신에 옷을 입히는 의식 절차이다. 한편 시신에 입히는 옷 자체도 '습'이라고 불렀다.

牀, 當牖, 下莞上簟", 士喪經云"布席于戶內, 下莞上簟", 謂小斂席也. 大斂云"布席如初", 注云"亦下莞上簟, 如士始死", 至大斂, 用席皆同也. 士尙有莞, 則知君及大夫皆有莞也. 但此大夫辟君, 上席以蒲也. 若吉禮祭祀, 則蒲在莞下, 故司几筵"諸侯祭祀, 席蒲筵・繢純, 加莞席・紛純", 與此異也.

번역 ◎鄭注: "三者下皆莞". ○정현이 "밑에는 모두 왕골로 짠 자리를 깐다."라고 했는데, 이 말이 사실임을 알 수 있는 이유는 『의례』「사상례(士喪禮)」편의 기문(記文)을 살펴보면, "침상을 설치할 때에는 들창에 놓고 아래에 왕골로 짠 자리를 깔고 위에 점(簟)으로 짠 자리를 깐다."[2]라고 했고, 「사상례」편의 경문에서는 "방문 안쪽에서 자리를 까는데, 아래에 왕골로 짠 자리를 깔고 위에 점(簟)으로 짠 자리를 깐다."[3]라고 했으니, 소렴(小斂)을 치르며 사용하는 자리를 뜻한다. 대렴(大斂)에 대해서는 "자리를 깔 때에는 처음대로 한다."[4]라고 했고, 정현의 주에서는 "이러한 경우에도 아래에 왕골로 짠 자리를 깔고 위에 점(簟)으로 짠 자리를 까니, 사가 이제 막 죽었을 때처럼 한다."라고 했으므로, 대렴을 치를 때 사용하는 자리도 모두 동일하게 따르는 것이다. 사에 대해서 오히려 왕골로 짠 자리를 사용한다면, 군주 및 대부에 대해서도 모두 왕골로 짠 자리를 밑에 깐다는 사실을 알 수 있다. 다만 이곳에서 말한 대부는 군주에 대한 예법을 피하기 때문에, 위에 까는 자리로 부들로 짠 자리를 사용한다. 만약 길례에 따라 제사를 지내는 경우라면, 부들로 짠 자리는 왕골로 짠 자리 밑에 깔게 된다. 그렇기 때문에 『주례』「사궤연(司几筵)」편에서는 "제후의 제사에서는 부들자리를 깔고 채색이 들어간 천으로 가선을 대며, 왕골로 짠 자리를 깔며 술이 달린 천으로 가선을 댄다."[5]라고 하여 이곳과 차이를 보이는 것이다.

---

2) 『의례』「기석례(旣夕禮)」: 設牀第當牖, 衽下莞上簟, 設枕. 遷尸.
3) 『의례』「사상례(士喪禮)」: 士盥, 二人以並, 東面立于西階下. 布席于戶內, 下莞, 上簟.
4) 『의례』「사상례(士喪禮)」: 布席如初. 商祝布絞・紟・衾・衣, 美者在外.
5) 『주례』「춘관(春官)・사궤연(司几筵)」: 諸侯祭祀席, 蒲筵繢純, 加莞席紛純, 右彫几.

集解 愚謂: 詩箋云, "竹葦曰簟." 士喪禮"下莞上簟", 是士之葦席亦謂之簟也. 但葦席有二. 雜記曰, "士輤, 葦席以爲屋, 蒲席以爲裳帷." 此葦席之精於蒲席者也, 君斂之所用也. 又雜記曰, "有葦席, 旣葬蒲席." 此葦席之麤於蒲席者也, 士斂之所用也.

번역 내가 생각하기에, 『시』의 전문(箋文)에서는 "대나무와 갈대로 짠 자리를 '점(簟)'이라고 부른다."[6]라고 했고, 『의례』「사상례(士喪禮)」편에서는 "아래에는 왕골로 짠 자리를 깔고 위에는 점(簟)으로 짠 자리를 깐다."라고 했으니, 사가 사용하는 갈대로 짠 자리를 또한 '점(簟)'이라고 부르는 것이다. 다만 위석(葦席)에는 두 종류가 있다. 『예기』「잡기(雜記)」편에서는 "사의 천(輤)을 만들 때에는 위석(葦席)을 덮개를 삼으며, 포석(蒲席)을 휘장으로 삼는다."[7]라고 했으니, 여기에서 말한 위석(葦席)은 포석(蒲席)보다 촘촘한 것으로, 군주가 염(斂)을 하며 사용하는 것이다. 또 「잡기」편에서는 "이때에는 위석(葦席)이 깔려 있고, 만약 장례를 치른 뒤라면 포석(蒲席)이 깔려 있다."[8]라고 했으니, 여기에서 말한 위석(葦席)은 포석(蒲席)보다 거친 것으로, 사가 염(斂)을 하며 사용하는 것이다.

참고 『예기』「상대기(喪大記)」 기록

경문-534c~d 小斂: 布絞, 縮者一, 橫者三. 君錦衾, 大夫縞衾, 士緇衾, 皆一. 衣十有九稱. 君陳衣于序東, 大夫士陳衣于房中, 皆西領北上. 絞·紟不在列.

번역 소렴(小斂)을 치를 때에는 포(布)로 만든 묶는 끈을 사용하는데,

---

6) 이 문장은 『시』「소아(小雅)·사간(斯干)」편의 "下莞上簟, 乃安斯寢."이라는 기록에 대한 정현의 전문(箋文)이다.
7) 『예기』「잡기상(雜記上)」【492a】: 士輤葦席以爲屋, 蒲席以爲裳帷.
8) 『예기』「잡기상(雜記上)」【504a~b】: 含者執璧將命曰, "寡君使某含." 相者入告, 出曰, "孤某須矣." 含者入, 升堂致命, 子拜稽顙. 含者坐委於殯東南, 有葦席, 旣葬蒲席. 降, 出, 反位. 宰夫朝服卽喪屨, 升自西階, 西面坐取璧, 降自西階, 以東.

세로로 묶는 끈은 1개이고, 가로로 묶는 끈은 3개이다. 묶는 끈을 깐 뒤에는 그 위에 이불을 덮는데, 군주의 경우에는 비단으로 만든 이불을 사용하고, 대부의 경우에는 명주로 짠 이불을 사용하며, 사의 경우에는 치포(緇布)로 만든 이불을 사용하니, 모두 1개의 이불을 사용한다. 의복은 총 19칭(稱)[9]을 사용한다. 군주의 경우에는 서(序)의 동쪽에 시신에게 입히는 옷들을 진열하고, 대부와 사의 경우에는 방안에 옷들을 진열하는데, 모두 옷깃을 서쪽으로 두되 북쪽 끝에서부터 진열한다. 묶는 끈과 홑겹으로 된 이불은 19칭(稱)의 수에 포함되지 않는다.

鄭注 絞, 旣斂所用束堅之者. 縮, 從也. 衣十有九稱, 法天地之終數也. 士喪禮"小斂陳衣於房中, 南領, 西上", 與大夫異. 今此同, 亦蓋天子之士也. 絞・紟不在列, 以其不成稱, 不連數也. 小斂無紟, 因絞不在列見之也. 或曰縮者二.

번역 '교(絞)'는 염(斂)을 끝내고서 이것을 사용하여 결속시키는 것이다. '축(縮)'자는 세로[從]를 뜻한다. 의복은 19칭(稱)을 사용하니, 천지의 끝나는 수를 본받은 것이다. 『의례』「사상례(士喪禮)」편에서는 "소렴(小斂)을 하며 방안에 옷을 진열하는데, 옷깃을 남쪽으로 두고 서쪽 끝에서부터 정렬한다."[10]라고 하여, 대부의 경우와 차이를 보인다. 그런데 이곳에 나타난 사는 대부의 경우와 동일하게 하니, 여기에서 말하는 사 또한 천자에게 소속된 사일 것이다. "묶는 끈과 홑겹으로 된 이불은 그 범주에 들어가지 않는다."는 말은 칭(稱)을 이루지 못하기 때문에, 그 수에 포함시키지 않는 것이다. 소렴을 치를 때에는 금(紟)이라는 것이 포함되지 않는데, 묶는 끈

---

9) 칭(稱)은 수량을 나타내는 양사(量詞)이다. 즉 짝을 지어 갖추는 일련의 의복 등을 헤아리는 단위이다. 예를 들어 포(袍)라는 옷에는 반드시 겉에 걸치는 옷이 있어야 하며, 홑옷으로 입어서는 안 되고, 상의에는 반드시 그에 맞는 하의가 있어야 하는데, 이처럼 포(袍)에 겉옷을 갖추고, 상의에 맞게 하의까지 갖추는 것을 1칭(稱)이라고 부른다. 『예기』「상대기(喪大記)」편에는 "袍必有表不禪, 衣必有裳, 謂之一稱."이라는 기록이 있다.

10) 『의례』「사상례(士喪禮)」: 厥明, <u>陳衣于房, 南領, 西上</u>. 綪. 絞橫三, 縮一, 廣終幅, 析其末. 緇衾赬裏, 無紞. 祭服次, 散衣次, 凡有十九稱. 陳衣繼之, 不必盡用.

을 언급하는 것에 따라서, 묶는 끈과 함께 그 수에 포함되지 않음을 나타낸 것이다. 혹자는 세로로 묶는 끈은 2개라고 말한다.

孔疏 ●"布絞, 縮者一, 橫者三"者, 以布爲絞, 縮, 從也. 謂從者一副豎置於尸下, 橫者三幅亦在尸下. 從者在橫者之上, 每幅之末析爲三片, 以結束爲便也.

번역 ●經文: "布絞, 縮者一, 橫者三". ○포(布)로 묶는 끈을 만들고, '축(縮)'자는 세로[從]라는 뜻이다. 즉 세로로는 1폭(幅)의 끈을 사용하여 시신 밑에 두고, 가로로는 3폭(幅)의 끈을 또한 시신 밑에 둔다는 뜻이다. 세로로 묶는 끈은 가로로 묶는 끈 위에 두고, 매 폭(幅)의 끈 끝은 갈라서 3가닥으로 만드니, 결속할 때 편리하도록 만들기 위해서이다.

孔疏 ●"君錦衾, 大夫縞衾, 士緇衾, 皆一"者, 謂大夫·士等各用一衾, 故云"皆一", 舒衾於此絞上.

번역 ●經文: "君錦衾, 大夫縞衾, 士緇衾, 皆一". ○대부와 사 등은 각각 하나의 이불을 사용한다. 그렇기 때문에 "모두 하나를 사용한다."라고 했으니, 묶는 끈 위에 이불을 펼쳐두는 것이다.

孔疏 ●"衣十有九稱"者, 君·大夫·士同用十九稱衣, 布於衾上, 然後擧尸於衣上, 屈衣裹, 又屈衾裹之, 然後以絞束之.

번역 ●經文: "衣十有九稱". ○군주·대부·사가 모두 19칭(稱)의 옷을 사용하는데, 이불 위에 펼쳐두고 그런 뒤에 시신을 들어서 의복 위에 올려두며, 의복을 접어 감싸고 또 이불을 접어 시신을 감싸며, 그런 뒤에 묶는 끈으로 결속한다.

孔疏 ●"君陳衣于序東, 大夫·士陳衣于房中"者, 謂將小斂, 陳衣也. 房中者, 東房也. 大夫·士唯有東房故也.

번역 ●經文: "君陳衣于序東, 大夫·士陳衣于房中". ○소렴(小斂)을 치르기 위해서 옷을 진열한다는 뜻이다. 방안이라는 말은 동쪽 방을 뜻한다. 대부와 사는 오직 동쪽 방만 있기 때문이다.

孔疏 ●"絞紟不在列"者, 謂不在十九稱之列, 不入數也. 小斂未有紟, 因絞不在列而言紟耳.

번역 ●經文: "絞紟不在列". ○19칭(稱)의 대열에는 들어가지 않으니, 그 수에 포함되지 않는다는 뜻이다. 소렴(小斂)을 할 때에는 아직까지 금(紟)을 사용하지 않는데, 묶는 끈이 그 수에 포함되지 않는 것에 따라서 금(紟)까지도 함께 언급한 것일 뿐이다.

孔疏 ◎注"衣十"至"之也". ○正義曰: "衣十有九稱, 法天地之終數"者, 按易·繫辭云"天一地二, 天三地四, 天五地六, 天七地八, 天九地十", 天數終於九也, 地數終於十也, 人既終, 故云以天地終數斂衣之也. 云"亦蓋天子之士"者, 以前文"士沐粱", 與士喪禮不同, 已云"此蓋天子之士", 此經陳衣與士喪禮衣不同, 故云"亦蓋天子之士"也. 云"以其不成稱, 不連數也"者, 上衣下裳相對, 故爲成稱. 絞·紟非衣, 故云"不成稱". 經云"不在列", 鄭恐今不布列, 故云"不連數", 謂不連爲十九稱之列. 其實亦布陳也. 云"小斂無紟"者, 以下文大斂始云"布紟", 今此經直云"布絞", 故知無紟也.

번역 ◎鄭注: "衣十"~"之也". ○정현이 "의복은 19칭(稱)을 사용하니, 천지의 끝나는 수를 본받은 것이다."라고 했는데, 『역』「계사전(繫辭傳)」을 살펴보면 "하늘의 수는 1이고 땅의 수는 2이며, 하늘의 수는 3이고 땅의 수는 4이며, 하늘의 수는 5이고 땅의 수는 6이며, 하늘의 수는 7이고 땅의 수는 8이며, 하늘의 수는 9이고 땅의 수는 10이다."[11]라고 했으니, 하늘의

---

11) 『역』「계사상(繫辭上)」: 天一, 地二, 天三, 地四, 天五, 地六, 天七, 地八, 天九,

수는 9에서 끝나고 땅의 수는 10에서 끝나는데, 사람이 이미 죽었기 때문에 천지의 끝나는 수에 따라서 염(斂)을 할 때 입히는 옷의 수로 삼는다고 말한 것이다. 정현이 "또한 천자에게 소속된 사일 것이다."라고 했는데, 앞의 문장에서 "사의 경우 머리를 감길 때 사용하는 물은 조를 씻은 물이다."[12] 라고 했고, 이것은 『의례』「사상례(士喪禮)」편의 기록과 동일하지 않으며,[13] 그 기록에 대해서 이미 "여기에서의 사는 아마도 천자에게 소속된 사일 것이다."라고 했고, 이곳 경문에서 옷을 진열하는 기록은 「사상례」편에 나타난 의복과 동일하지 않다. 그렇기 때문에 "또한 천자에게 소속된 사일 것이다."라고 말한 것이다. 정현이 "칭(稱)을 이루지 못하기 때문에, 그 수에 포함시키지 않는 것이다."라고 했는데, 상의와 하의가 서로 대칭이 되기 때문에 칭(稱)을 이루게 된다. 반면 묶는 끈과 금(紟)은 옷으로 여기지 않기 때문에 "칭(稱)을 이루지 않는다."라고 말한 것이다. 경문에서는 "대열에 포함되지 않는다."라고 했는데, 정현은 현 상황에서 깔아두지 않는다고 오해할 것을 염려했기 때문에 "그 수에 포함시키지 않는 것이다."라고 말했으니, 19칭(稱)의 의복 대열에는 포함되지 않는다는 뜻이다. 그러나 실제로는 그것들도 깔아두게 된다. 정현이 "소렴을 치를 때에는 금(紟)이라는 것이 포함되지 않는다."라고 했는데, 아래문장에서 대렴(大斂)을 치르며 비로소 "금(紟)을 펼친다."라고 했고, 이곳 경문에서는 단지 "교(絞)를 펼친다."라고 했으니, 금(紟)을 사용하지 않는다는 사실을 알 수 있다.

集解 愚謂: 大斂之絞言"不辟", 則小斂之絞辟之矣. 辟者, 謂用全幅布爲之, 而析其末爲二也. 凡斂之絞·紟·衾·衣, 皆先言者在下, 後言者在上; 在上者先斂, 在下者後斂. 此云"縮者一, 橫者三", 則縮者在下, 橫者在上也. 士

地十.

12) 『예기』「상대기(喪大記)」【532d~533a】: 管人汲授御者, 御者差沐于堂上. 君沐粱, 大夫沐稷, 士沐粱. 甸人爲垼于西牆下, 陶人出重鬲, 管人受沐, 乃煮之. 甸人取所徹廟之西北厞薪, 用爨之. 管人授御者沐, 乃沐. 沐用瓦盤, 挋用巾, 如他日. 小臣爪手翦須. 濡濯棄于坎.

13) 『의례』「사상례(士喪禮)」: 貝三實于笄. 稻米一豆實于筐. 沐巾一, 浴巾二, 皆用綌, 于笄. 櫛于簞. 浴衣于篋. 皆饌于西序下, 南上.

喪禮曰"絞橫三縮一", 先橫後縮, 蓋禮俗不同也. 縞, 生絹也. 緇, 緇布也. 士喪禮曰, "緇衾, 赬裏, 無紞." 然則凡衾皆複爲之也. 序東, 堂上東夾前也. 小斂之衣, 雖尊卑同用十九稱, 而陳衣多寡不同: 君陳衣於東序, 衣多也. 大夫士陳於東房, 衣少也. 序東・房中, 皆在尸東, 故皆西領. 士喪禮"陳衣於房, 南領, 西上", 與此不同. 小斂在戶內, 陳衣當統於尸. 君陳衣於序東, 故西領, 北上, 皆統於尸. 若大夫士陳衣於房中, 則不當北上, 皆如士喪禮之所言也. 絞・紟不在列, 則衾在列矣. 衾得在列者, 以其複爲之故也.

번역 내가 생각하기에, 대렴(大斂)에 사용하는 묶는 끈에 대해서는 "벽(辟)을 하지 않는다."[14]라고 했으니, 소렴(小斂)에 사용하는 묶는 끈에 대해서는 벽(辟)을 한다. '벽(辟)'이라는 것은 온전한 폭(幅)의 포(布)를 사용해서 만들고, 끝을 갈라서 두 갈래로 만든다는 뜻이다. 무릇 염(斂)을 할 때 사용하는 교(絞)・금(紟)・금(衾)・의(衣)에 대해서는 모두 먼저 언급한 것은 밑에 깔리고 뒤에 언급한 것은 위에 깔리며, 위에 깔린 것으로 먼저 시신을 가리고, 밑에 깔린 것으로 뒤에 시신을 감싼다. 이곳에서는 "세로로 1개이고, 가로로 3개이다."라고 했으니, 세로로 묶는 것이 밑에 깔리는 것이고, 가로로 묶는 것이 그 위에 깔리는 것이다. 『의례』「사상례(士喪禮)」편에서는 "교(絞)는 가로로 3개이며 세로로 1개이다."[15]라고 하여, 먼저 가로로 묶는 것을 말하고 이후에 세로로 묶는 것을 말했는데, 아마도 예법에 따른 풍속이 다르기 때문일 것이다. '호(縞)'는 생견이다. '치(緇)'는 치포(緇布)이다. 「사상례」편에서는 "치포로 만든 금(衾)에는 붉은색으로 안감을 대고, 가장자리를 꾸미는 술은 없다."[16]라고 했다. 그렇다면 무릇 금(衾)은 모두 겹으로 만들게 된다. '서동(序東)'은 당(堂) 위의 동쪽 협실 앞을 뜻한다.

14) 『예기』「상대기(喪大記)」【534d~535a】: 大斂: 布絞, 縮者三, 橫者五; 布紟, 二衾. 君・大夫・士一也. 君陳衣于庭, 百稱, 北領西上. 大夫陳衣于序東, 五十稱, 西領南上. 士陳衣于序東, 三十稱, 西領南上. 絞・紟如朝服. 絞一幅爲三, 不辟. 紟五幅, 無紞.

15) 『의례』「사상례(士喪禮)」: 厥明, 陳衣于房, 南領, 西上. 綪. 絞橫三, 縮一, 廣終幅, 析其末.

16) 『의례』「사상례(士喪禮)」: 緇衾赬裏, 無紞. 祭服次, 散衣次, 凡有十九稱. 陳衣繼之, 不必盡用.

소렴(小斂)을 하며 사용하는 의복에 있어서 비록 신분에 상관없이 모두 19칭(稱)을 사용하지만, 진열하는 옷에 있어서는 그 수량에 차이를 보인다. 군주에 대해 동쪽 서(序)에 의복을 진열하는 것은 의복이 많기 때문이다. 대부와 사에 대해 동쪽 방에 의복을 진열하는 것은 의복이 적기 때문이다. '서동(序東)'과 '방중(房中)'은 모두 시신의 동쪽에 있기 때문에, 옷깃들은 모두 서쪽으로 두는 것이다. 「사상례」편에서는 "방에 의복을 진열하며, 옷깃을 남쪽으로 두고 서쪽 끝에서부터 둔다."라고 하여 이곳의 기록과 차이를 보인다. 소렴은 방문 안쪽에서 하니, 옷을 진열하는 것은 마땅히 시신을 위한 것이 된다. 군주의 경우에는 서동(序東)에 옷을 진열하므로, 옷깃을 서쪽으로 두고 북쪽 끝에서부터 진열하니, 이 모두는 시신을 위한 것이기 때문이다. 대부와 사에 대해 방안에 옷을 진열한다면, 북쪽 끝에서부터 두어서는 안 되니, 모두 「사상례」편에서 언급한 것처럼 해야 한다. 교(絞)와 금(紟)이 그 수에 포함되지 않는다면, 금(衾)은 그 수에 포함된다. 금(衾)이 그 수에 포함될 수 있는 것은 겹으로 만들기 때문이다.

참고 『예기』「상대기(喪大記)」 기록

경문-534d~535a 大斂: 布絞, 縮者三, 橫者五; 布紟, 二衾. 君·大夫·士一也. 君陳衣于庭, 百稱, 北領西上. 大夫陳衣于序東, 五十稱, 西領南上. 士陳衣于序東, 三十稱, 西領南上. 絞·紟如朝服. 絞一幅爲三, 不辟. 紟五幅, 無紞.

번역 대렴(大斂)을 치를 때에는 포(布)로 만든 묶는 끈을 사용하는데, 세로로 묶는 끈은 3개이고, 가로로 묶는 끈은 5개이며, 포(布)로 만든 홑이불이 사용하고, 소렴(小斂) 때 사용한 이불보다 1개를 더하여 2개의 이불을 사용한다. 이것은 군주·대부·사가 모두 동일하다. 군주의 경우 의복은 마당에 진열해두는데, 총 100칭(稱)이고, 옷깃은 북쪽으로 두되 서쪽 끝에서부터 정렬한다. 대부의 경우 의복은 서(序)의 동쪽에 진열해두는데, 총 50칭(稱)이고, 옷깃은 서쪽으로 두되 남쪽 끝에서부터 정렬한다. 사의 경우 의복은 서(序)의 동쪽에 진열해두는데, 총 30칭(稱)이고, 옷깃은 서쪽으로 두되 남쪽 끝에서부터 정렬한다. 묶는 끈과 홑이불에 사용하는 포(布)는 조복(朝服)에 사용하는 포(布)와 같다. 묶는 끈은 1폭(幅)으로 하되 끝을 갈라서 3가닥으로 만들지만, 가운데는 가르지 않는다. 홑이불은 5폭(幅)으로 하되, 가에 붙이는 술이 없다.

鄭注 二衾者, 或覆之, 或薦之. 如朝服者, 謂布精麤朝服十五升. 小斂之絞也, 廣終幅, 析其末, 以爲堅之强也. 大斂之絞, 一幅三析用之, 以爲堅之急也. 紞, 以組類爲之, 綴之領側, 若今被識矣. 生時禪被有識, 死者去之, 異於生也. 士喪禮"大斂亦陳衣於房中, 南領, 西上", 與大夫異, 今此又同, 亦蓋天子之士. 紞, 或爲點.

번역 '이금(二衾)'이라고 했는데, 하나는 덮는 것이고 다른 하나는 밑을 받치는 것이다. '여조복(如朝服)'은 포(布)의 거친 정도가 조복(朝服)을 만들 때 사용하는 15승(升)의 포(布)와 같다는 뜻이다. 소렴(小斂)을 할 때 사용하는 교(絞)는 너비가 종폭이 되며, 끝을 갈라서 단단히 묶게 된다. 대렴(大斂)을 할 때 사용하는 교(絞)는 1폭으로 된 것을 3가닥으로 나눠서 사용하며, 이것을 통해 겹겹이 결속한다. '담(紞)'은 끈 등의 부류로 만들게 되니, 가장자리에 연결하는 것으로, 오늘날의 이불 술과 같은 것이다. 살아있을 때 사용하는 홑이불에는 술이 달려 있는데, 죽은 자에게 사용하는 홑이불에서 이것을 제거하는 것은 생전과 다르게 하기 위해서이다. 『의례』「사상례(士喪禮)」편에서는 "대렴을 할 때에는 또한 방안에 의복을 진열하되 옷깃을 남쪽으로 두고 서쪽 끝에서부터 진열한다."[17]라고 하여, 대부와 차이를 보이고 있지만, 이곳에서는 동일하다고 했다. 이것 또한 천자에게 소속된 사의 예법이기 때문일 것이다. '담(紞)'자를 다른 판본에서는 '점(點)'자로 기록하기도 한다.

---

17) 『의례』「사상례(士喪禮)」: 厥明, 陳衣于房, 南領, 西上. 綪. 絞橫三, 縮一, 廣終幅, 析其末. 緇衾赬裏, 無紞. 祭服次, 散衣次, 凡有十九稱. 陳衣繼之, 不必盡用.

孔疏 ●"大斂布絞, 縮者三"者, 謂取布一幅, 分裂之作三片, 直用之三片, 即共是一幅也. 兩頭裂, 中央不通.

번역 ●經文: "大斂布絞, 縮者三". ○1폭(幅)의 포(布)를 3가닥으로 나누니, 세로로 3가닥을 사용하지만 이 모두는 1폭이 된다는 뜻이다. 양쪽 끝을 가르지만 중앙 부분은 가르지 않는다.

孔疏 ●"橫者五"者, 又取布二幅, 分裂之作六片, 而用五片, 橫之於縮下也.

번역 ●經文: "橫者五". ○또한 2폭(幅)의 포(布)를 6가닥으로 나누되 5가닥을 사용하는 것이며, 세로로 놓아둔 교(絞) 밑에 가로로 놓아둔다.

孔疏 ●"布紟"者, 皇氏云"紟, 禪被也, 取置絞束之下, 擬用以擧尸也. 孝經云'衣衾而擧之' 是也". 今按, 經云紟在絞後, 紟或當在絞上, 以絞束之. 且君衣百稱, 又通小斂與襲之衣, 非單紟所能擧也. 又孝經云衾不云紟, 皇氏之說未善也.

번역 ●經文: "布紟". ○황간은 "'금(紟)'자는 홑이불을 뜻하니, 결속하는 끈 밑에 두어서 이것을 이용해 시신을 들어 올리게 된다. 『효경』에서 '의복과 이불로 시신을 든다.'[18]라고 한 말이 바로 이러한 뜻을 나타낸다."라고 했다. 현재 살펴보니, 경문에서 '금(紟)'을 말한 것은 교(絞)에 대한 설명 뒤에 있으니, 금(紟)은 아마도 교(絞) 위에 놓아서 교(絞)로 결속하는 것이다. 또 군주의 의복은 100칭(稱)이라고 했고, 또 소렴(小斂)과 습(襲)을 할 때 사용하는 옷을 통괄해보면, 홑이불로 들 수 있는 양이 아니다. 또 『효경』에서는 '금(衾)'이라고 했고, '금(紟)'이라고 하지 않았으니, 황간의 주장은 명확하지 않다.

---

18) 『효경』「상친장(喪親章)」: 爲之棺槨衣衾而擧之. 陳其簠簋而哀慼之. 擗踊哭泣哀以送之.

孔疏 ●"二衾"者, 小斂, 君・大夫・士各一衾. 至大斂, 又各加一衾, 爲二衾, 其衾所用與小斂同. 但此衾一是始死覆尸者, 故士喪禮云"幠用斂衾", 注"大斂所幷用之衾", 一是大斂時復制. 又注士喪禮云"衾二者, 始死斂衾, 今又復制." 士旣然, 則大夫以上亦耳.

번역 ●經文: "二衾". ○소렴(小斂)을 치를 때 군주・대부・사는 각각 1개의 이불을 사용한다. 대렴(大斂)을 치르게 되면 또한 각각 1개의 이불을 더하게 되어 모두 2개의 이불을 사용하게 되는데, 이불의 용도는 소렴 때의 이불과 동일하다. 다만 2개의 이불 중 하나는 처음 시신을 덮었던 것이다. 그렇기 때문에 『의례』「사상례(士喪禮)」편에서는 "덮을 때에는 염금(斂衾)을 사용한다."[19]라고 한 것이고, 정현의 주에서는 "대렴(大斂)에서 함께 사용하는 이불이다."라고 한 것이다. 그리고 다른 하나는 대렴(大斂) 때 재차 재단해서 사용하는 것이다. 또 「사상례」편에 대한 정현의 주에서는 "이불 2개라는 것은 이제 막 죽었을 때 사용했던 염금과 현재 다시 재단해서 만든 것이다."[20]라고 했다. 사 계층이 이미 이처럼 따랐다면, 대부로부터 그 이상의 계층 또한 동일하게 따랐던 것이다.

孔疏 ●"君陳衣于庭, 百稱, 北領西上"者, 衣多, 故陳在庭爲榮顯. 按鄭注雜記篇以爲襲禮, 大夫五, 諸侯七, 上公九, 天子十二稱, 則此大斂, 天子當百二十稱, 上公九十稱, 侯伯子男七十稱. 今云君百稱者, 據上公擧全數而言之, 餘可知也. 或大斂襲五等, 同百稱也. "北領"者, 謂尸在堂也.

번역 ●經文: "君陳衣于庭, 百稱, 北領西上". ○의복이 많기 때문에 마당에 진열하여 영예로움을 드러내는 것이다. 『예기』「잡기(雜記)」편에 대한 정현의 주를 살펴보면, 습(襲)의 예법에 대해서, 대부는 5칭(稱), 제후는 7칭, 천자는 12칭을 사용한다고 여겼으니, 대렴(大斂)을 할 때 천자라면 마

---

19) 『의례』「사상례(士喪禮)」: 士喪禮. 死于適室, <u>幠用斂衾</u>.

20) 이 문장은 『의례』「사상례(士喪禮)」편의 "厥明, 滅燎. 陳衣于房, 南領, 西上, 綪. 絞, 紟, 衾二. 君襚・祭服・散衣・庶襚, 凡三十稱. 紟不在筭, 不必盡用."이라는 기록에 대한 정현의 주이다.

땅히 120칭을 사용하고, 상공(上公)은 90칭을 사용하며, 후작 · 백작 · 자작 · 남작은 70칭(稱)을 사용하는 것이다. 현재 "군주는 100칭이다."라고 했는데, 이것은 상공에 대한 대략적인 수를 근거로 말한 것으로, 나머지 경우에 대해서도 알 수 있다. 혹은 대렴 때의 습(襲)에서 다섯 등급의 제후들은 동일하게 100칭의 옷을 사용한 것이다. "옷깃을 북쪽으로 둔다."라고 했는데, 시신이 당(堂)에 있다는 뜻이다.

孔疏 ●"西上"者, 由西階取之便也.

번역 ●經文: "西上". ○서쪽 계단을 통해서 그것을 가져갈 때 편리하기 때문이다.

孔疏 ●"大夫 · 士陳衣于序東, 西領, 南上", 異於小斂北上者, 小斂衣少, 統於尸, 故北上. 大斂衣多, 故南上, 取之便也.

번역 ●經文: "大夫 · 士陳衣于序東, 西領, 南上". ○소렴(小斂)을 치르며 북쪽 끝에서부터 둔 것과 차이가 나는 이유는 소렴을 치를 때의 옷은 적고 그것들은 모두 시신을 위한 것이기 때문에 북쪽 끝에서부터 둔다. 그러나 대렴 때의 옷은 많기 때문에 남쪽 끝에서부터 두니, 가져갈 때 편리하기 때문이다.

孔疏 ●"絞紟如朝服"者, 言絞之與紟, 二者皆以布精麤皆如朝服, 俱十五升也.

번역 ●經文: "絞紟如朝服". ○교(絞)와 금(紟) 두 가지는 모두 포(布)로 만드는데, 거친 정도가 조복(朝服)을 만들 때 사용하는 포(布)와 동일하여, 모두 15승(升)의 포를 사용한다는 뜻이다.

孔疏 ●"絞一幅爲三"者, 謂以一幅之布分爲三段.

번역 ●經文: "絞一幅爲三". ○1폭(幅)의 포(布)를 갈라서 3가닥으로 만든다는 뜻이다.

孔疏 ●"不辟"者, 辟, 擘也, 言小斂絞全幅, 析裂其末爲三. 而大斂之絞既小, 不復擘裂其末. 但古字假借, 讀辟爲擘也.

번역 ●經文: "不辟". ○'벽(辟)'자는 "나눈다[擘]."는 뜻이니, 소렴(小斂) 때 사용하는 교(絞)는 전체 폭을 사용하며 끝부분만 갈라서 3가닥으로 만든다. 그러나 대렴(大斂) 때 사용하는 교(絞)는 그 자체가 작기 때문에, 끝부분만 가를 수 없다는 뜻이다. 다만 고자(古字)에서는 가차해서 사용했으니, '벽(辟)'자는 '벽(擘)'자로 풀이한다.

孔疏 ●"紟五幅, 無紞"者, 紟, 擧尸之禪被也. 紞, 謂緣飾爲識, 所以組類綴邊爲識, 今無識, 異於生也.

번역 ●經文: "紟五幅, 無紞". ○'금(紟)'자는 시신을 들 때 사용하는 홑이불이다. '담(紞)'은 가장자리에 다는 표식이니, 끈 등을 가장자리에 연결하여 표식으로 삼는다는 뜻이다. 다만 현재 표식이 없는 것은 생전에 사용하던 것과 차이를 두기 때문이다.

孔疏 ◎注"二衾"至"之上". ○正義曰: "朝服十五升"者, 雜記文. 云"以爲堅之强也"者, 解小斂用全幅布爲絞, 欲得堅束力强, 以衣少, 故用全幅. 云"以爲堅之急也"者, 解大斂一幅分爲三片之意, 凡物細則束縛牢急, 以衣多, 故須急也. 云"紞, 以組類爲之"者, 組之般類, 其制多種, 故云組類. 云"綴之領側, 若今被識矣"者, 領爲被頭, 側謂被旁, 識謂記識. 言綴此組類於領及側, 如今被之記識. 引士喪禮以"陳衣於房中", 與大夫異. 今此士陳衣與大夫同, 故云"今此又同, 亦蓋天子之士".

번역 ◎鄭注: "二衾"~"之上". ○정현이 "조복(朝服)은 15승(升)의 포

(布)로 만든다."라고 했는데, 이것은 『예기』「잡기(雜記)」편의 문장이다.[21] 정현이 "이로써 강(强)하게 결속한다."라고 했는데, 이것은 소렴(小斂) 때 전체 폭의 포(布)를 사용하여 교(絞)로 삼는다는 뜻을 풀이한 것으로, 결속을 강력히 하고자 해서이며, 옷의 수가 적기 때문에 전체 폭을 사용한다. 정현이 "이로써 급(急)하게 결속한다."라고 했는데, 이것은 대렴(大斂) 때 1폭(幅)의 포(布)를 갈라서 3가닥으로 나눈다는 뜻을 풀이한 것으로, 무릇 가는 끈이라면 겹겹이 결속을 하니, 옷이 많기 때문에 겹겹이 결속해야만 한다. 정현이 "'담(紞)'은 끈 등의 부류로 만든다."라고 했는데, 끈의 부류는 만드는 제도가 다양하기 때문에, '조류(組類)'라고 말한 것이다. 정현이 "가장자리에 연결하는 것으로, 오늘날의 이불 술과 같은 것이다."라고 했는데, '영(領)'은 이불의 모서리이고, '측(側)'은 이불의 측면이며, '식(識)'은 표식이다. 즉 이러한 끈을 모서리와 측면에 연결하니, 현재의 이불에 달려 있는 표식과 같다. 정현이 『의례』「사상례(士喪禮)」편을 인용하여, "방안에 옷을 진열한다."고 했고, 이것이 대부와 차이를 보인다고 했다. 현재 이곳 기록에서는 사가 옷을 진열하는 것이 대부의 경우와 동일하다고 기록했기 때문에, "이곳에서는 동일하다고 했으니, 이것은 또한 천자에게 소속된 사의 예법이기 때문일 것이다."라고 말한 것이다.

集解 賈氏公彦曰: 大斂衣不依命數, 喪禮略上下. 大夫及五等諸侯各同一節, 則天子宜百二十稱. 小斂惟一衾, 大斂用二衾者, 大斂衣多, 宜用二衾裹之也. 大斂衾不言其所用之異, 則與小斂同也.

번역 가공언[22]이 말하길, 대렴(大斂)에 사용하는 옷은 명(命)의 등급에 따르지 않으니, 상례에서는 상하의 계층적 차이를 간략히 하기 때문이다. 대부와 다섯 등급의 제후들은 각각 동일한 규범에 따르니, 천자는 마땅히

---

21) 『예기』「잡기상(雜記上)」【499b】: 朝服十五升, 去其半而緦加灰, 錫也.

22) 가공언(賈公彦, ?~?) : 당(唐)나라 때의 유학자이다. 정현(鄭玄)을 존숭하였다. 예학(禮學)에 조예가 깊었다. 『주례소(周禮疏)』, 『의례소(儀禮疏)』 등의 저서를 남겼으며, 이 저서들은 『십삼경주소(十三經注疏)』에 포함되었다.

120칭(稱)을 사용하게 된다. 소렴(小斂)에서는 오직 1개의 이불만 사용했는데, 대렴(大斂)에서는 2개의 이불을 사용한다. 그 이유는 대렴 때에는 사용되는 옷이 많으므로, 마땅히 2개의 이불을 이용해서 감싸야 하기 때문이다. 대렴에 사용되는 이불에 대해서, 그 용도의 차이를 언급하지 않았다면, 소렴 때 사용되는 이불의 용도와 같은 것이다.

集解 愚謂: 君陳衣於庭, 大夫士陳衣於序東, 皆爲大斂之衣多於小斂也. 百稱・五十稱・三十稱, 皆據用以斂者言之, 其陳者不必止於此也. 大斂時, 尸在阼, 君陳衣於庭, 蓋在阼階下之東, 故北領, 西上. 此云“大夫士皆陳衣於序東, 西領, 南上”, 士喪禮“大斂陳衣於房, 南領, 西上”, 與此不同, 亦禮俗異也. 序東西領南上, 房中南領西上, 亦皆統於尸也. 辟, 擘也. 小斂之絞擘其末, 大斂之絞, 用一幅布析爲三而用之, 而不復擘也.

번역 내가 생각하기에, “군주는 마당에 옷을 진열하고, 대부와 사는 서(序)의 동쪽에 옷을 진열한다.”라고 했는데, 이 모두는 대렴(大斂) 때 사용되는 옷의 수가 소렴(小斂) 때 사용되는 옷의 수보다 많기 때문이다. 100칭(稱)・50칭・30칭이라고 했는데, 이 모두는 실제로 사용해서 시신을 감싸는 것에 기준을 두고 언급한 것이니, 진열하는 옷들이 반드시 이러한 수치에만 그쳤던 것은 아니다. 대렴 때 시신은 동쪽 계단 위에 있게 되는데, 군주는 마당에 의복을 진열한다고 했으니, 아마도 동쪽 계단 밑의 동쪽에 해당할 것이다. 그렇기 때문에 옷깃을 북쪽으로 두고 서쪽 끝에서부터 진열하는 것이다. 이곳에서는 “대부와 사는 모두 서(序)의 동쪽에 옷을 진열하며, 옷깃은 서쪽으로 두고, 남쪽 끝에서부터 진열한다.”라고 했는데, 『의례』「사상례(士喪禮)」편에서는 “대렴 때 방안에 옷을 진열하고, 옷깃은 남쪽으로 두며, 서쪽 끝에서부터 진열한다.”라고 하여, 이곳 기록과 차이를 보인다. 이 또한 예법에 따른 풍속에 차이가 있었기 때문이다. 서(序)의 동쪽에서 옷깃을 서쪽으로 두고 남쪽 끝에서부터 진열하는 것과 방안에서 옷깃을 남쪽으로 두고 서쪽 끝에서부터 진열하는 것은 그 옷들이 모두 시신을 위한 것이기 때문이다. ‘벽(辟)’자는 “나눈다[擘].”는 뜻이다. 소렴 때 사용하는 교(校)

는 끝부분만 가르는데, 대렴 때 사용하는 교(校)는 1폭(幅)의 포(布)를 사용하며 세 가닥으로 찢어서 사용하고, 재차 끝부분을 가르지 않는다.

참고 『예기』「상대기(喪大記)」 기록

경문-535c 小斂之衣, 祭服不倒. 君無襚. 大夫・士畢主人之祭服. 親戚之衣, 受之不以卽陳. 小斂, 君・大夫・士皆用複衣複衾. 大斂, 君・大夫・士祭服無筭, 君褶衣褶衾, 大夫・士猶小斂也.

번역 소렴(小斂)에 사용하는 19칭(稱)의 옷에 있어서, 제사 복장은 거꾸로 뒤집어두지 않는다. 군주는 자신의 옷만 사용하므로, 다른 사람이 보내온 수의를 포함시키지 않는다. 대부와 사는 가지고 있는 옷이 적기 때문에, 본인의 정규 복장을 먼저 사용하고, 모자란 부분은 다른 사람이 보내온 수의에서 충당한다. 친척이 보내온 수의는 받기만 하고 진열하지 않는다. 소렴 때 군주・대부・사는 모두 솜을 채운 옷과 솜을 채운 이불을 사용한다. 대렴 때 군주・대부・사는 모두 제사 복장을 사용함에 제한된 수치가 없지만, 군주의 경우에는 겹으로 된 옷과 겹으로 된 이불을 사용하고, 대부와 사는 여전히 소렴 때 사용하는 옷 및 이불과 동일하게 따른다.

鄭注 尊祭服也. 斂者要方, 散衣有倒. 無襚者, 不陳不以斂. 褶, 袷也. 君衣尙多, 去其著也.

번역 제사 복장을 존귀하게 여기기 때문이다. 시신을 감쌀 때에는 네모반듯하게 해야 하므로, 옷을 펼쳐 둘 때에는 거꾸로 두는 것도 있다. "수의가 없다."는 말은 이것을 진열하지 않고, 또 이것으로 시신을 감싸지 않는다는 뜻이다. '습(褶)'자는 겹[袷]을 뜻한다. 군주의 옷은 항상 많기 때문에 홑옷을 제외한다.

孔疏 ●"小斂"至"斂也". ○正義曰: "祭服不倒"者, 祭服, 謂死者, 所得用祭服以上者. 小斂十九稱, 不悉著之, 但用裹尸, 要取其方, 而衣有倒領在足間者. 唯祭服尊, 雖散不著, 而領不倒在足也.

번역 ●經文: "小斂"~"斂也". ○경문의 "祭服不倒"에 대하여. '제복(祭服)'은 죽은 자가 착용할 수 있는 제사 복장으로부터 그 이상의 복장을 뜻한다. 소렴(小斂)에는 19칭(稱)의 의복이 사용되지만, 시신에게 모두 입힐 수가 없으므로 단지 시신을 감싸는데 사용하며, 네모반듯하게 펼치게 되어 의복 중에는 옷깃이 거꾸로 되어 발쪽으로 가는 것도 있다. 그러나 오직 제복으로부터 그 이상의 복장은 존귀한 의복이므로, 비록 펼쳐놓아 시신에게 입히지 않더라도 옷깃이 발쪽으로 가지 않도록 한다.

孔疏 ●"君無襚"者, 國君陳衣及斂, 悉宜用己衣, 不得陳用他人見襚送者.

번역 ●經文: "君無襚". ○제후에 대해 옷을 진열하고 염(斂)을 할 때에는 모두 자신의 옷을 사용해야 하며, 다른 사람이 수의로 보내온 것을 진열하거나 사용할 수 없다.

孔疏 ●"大夫・士畢主人之祭服"者, 降於君也, 大夫・士小斂, 則先畢盡用己正服, 後乃用賓客襚者也. 盧云: "畢, 盡也. 小斂盡主人衣美者, 乃用賓客襚衣之美者, 欲以美之, 故言祭服也."

번역 ●經文: "大夫・士畢主人之祭服". ○제후보다 낮추기 때문이니, 대부와 사는 소렴(小斂)을 하게 되면 우선적으로 자신의 정규 복장을 모두 사용하고, 그 이후 부족한 부분은 빈객이 보내온 수의를 사용한다. 노식[23]

---

23) 노식(盧植, A.D.159?~A.D.192) : =노씨(盧氏). 후한(後漢) 때의 유학자이다. 자(字)는 자간(子幹)이다. 어려서 마융(馬融)을 스승으로 섬겼다. 영제(靈帝)의 건녕(建寧) 연간(A.D.168~A.D.172)에 박사(博士)가 되었다. 채옹(蔡邕) 등과 함께 동관(東觀)에서 오경(五經)을 교정했다. 후에 동탁(董卓)이 소제(少帝)를 폐위시키자, 은거하며 『상서장구(尙書章句)』, 『삼례해고(三禮解詁)』를

은 "'필(畢)'자는 '다한다[盡].'는 뜻이다. 소렴에서는 주인의 의복 중 아름다운 것을 모두 사용하고, 그런 뒤에 빈객이 보내온 수의 중 아름다운 것을 사용하게 되니, 아름답게 꾸미고자 하였기 때문에 '제복(祭服)'이라고 말한 것이다."라고 했다.

孔疏 ●"親戚之衣, 受之, 不以卽陳"者, 君親屬有衣相送, 受之, 而不以卽陳列也. 士喪禮鄭注云: "大功以上, 有同財之義, 襚之不將命, 自卽陳於房中. 小功以下及同姓皆將命."

번역 ●經文: "親戚之衣, 受之, 不以卽陳". ○제후의 친족들이 의복을 보내주면, 그것을 받지만 곧바로 진열할 수는 없다. 『의례』「사상례(士喪禮)」편에 대한 정현의 주에서는 "대공복(大功服)으로부터 그 이상의 관계에 있는 친족은 재산을 함께 공유한다는 뜻이 포함되니, 수의를 보낼 때에는 남을 시켜 대신 전달하지 않으므로, 스스로 방안에 진열하게 된다. 소공복(小功服)으로부터 그 이하의 관계에 있는 친족과 동성인 친족들은 모두 다른 사람을 대신 시켜서 전달한다."[24]라고 했다.

孔疏 ◎注"無襚"至"以斂". ○正義曰: 如皇氏之意, 臣有致襚於君之禮, 故少儀云"臣致襚於君", 但君不陳, 不以斂. 熊氏云: "君無襚大夫·士, 謂小斂之時, 君不合以衣襚. 大夫·士雖有君襚, 不陳, 不以斂, 故云無襚. 大夫·士至大斂, 則得用君襚, 故士喪禮大斂時云君襚, 祭服不倒." 其義俱通, 故兩存焉.

번역 ◎鄭注: "無襚"~"以斂". ○황간의 주장에 따른다면, 신하에게는 군주에게 수의를 보내는 예법이 있다. 그렇기 때문에 『예기』「소의(少義)」편에서는 "신하가 죽은 군주에게 수의를 보낸다."[25]라고 한 것이다. 다만

저술했지만, 남아 있지 않다.

24) 이 문장은 『의례』「사상례(士喪禮)」편의 "親者襚, 不將命以卽陳."이라는 기록에 대한 정현의 주이다.

25) 『예기』「소의(少義)」【431d】: 臣致襚於君, 則曰: "致廢衣於賈人", 敵者曰: "襚". 親者兄弟不以襚進.

군주의 적장자는 그것을 진열하지 않으며, 또 이것으로 염(斂)을 하지 않는다. 웅안생은 "군주는 대부나 사에게 수의를 보내는 일이 없다는 뜻이니, 소렴(小斂)을 치를 때, 군주는 의복을 수의로 보내서는 안 된다는 의미이다. 대부와 사가 비록 군주의 수의를 받더라도, 그것을 진열하지 않고, 또 그 옷으로 염(斂)을 하지 않는다. 그렇기 때문에 '수의가 없다.'라고 말한 것이다. 대부와 사가 대렴(大斂)을 치르게 되면, 군주가 보내온 수의를 사용할 수 있다. 그렇기 때문에 『의례』「사상례(士喪禮)」편에서는 대렴을 치르는 것에 대해, 군주의 수의와 제복에 대해서는 거꾸로 놓지 않는다[26]고 한 것이다."라고 했다. 그 의미도 모두 통용되므로, 이곳에 두 주장을 모두 수록해둔다.

孔疏 ●"祭服無筭". ○正義曰: 筭, 數也. 大斂之時, 所有祭服皆用之無限數也.

번역 ●經文: "祭服無筭". ○'산(筭)'자는 "셈하다[數]."는 뜻이다. 대렴(大斂)을 치를 때 보유하고 있는 제복으로부터 그 이상의 복장은 모두 사용하며, 제한된 수치가 없다는 뜻이다.

孔疏 ◎注"褶袷"至"著也". ○正義曰: "君衣尚多, 去其著也"者, 經云"大夫·士猶小斂", 則複衣複衾也. 據主人之衣, 故用複, 若襚亦得用袷也, 故士喪禮云"襚以褶", 是也.

번역 ◎鄭注: "褶袷"~"著也". ○정현이 "군주의 옷은 항상 많기 때문에 홑옷을 제외한다."라고 했는데, 경문에서는 "대부와 사는 소렴(小斂) 때 사용한 것과 같게 한다."라고 했으니, 솜을 넣은 옷과 솜을 넣은 이불을 사용한다는 뜻이다. 주인의 의복에 기준을 두었기 때문에 '복(複)'을 사용하는 것이다. 만약 수의인 경우라면 겹옷[袷]을 사용할 수 있다. 그렇기 때문에 『의례』「사상례(士喪禮)」편에서는 "수의를 보내는 것은 겹옷으로 한다."[27]

---

26) 『의례』「사상례(士喪禮)」: 商祝布絞·紟·衾·衣, 美者在外. <u>君襚不倒</u>.

라고 한 것이다.

集解 君無襚, 言君之小斂不用襚衣也. 士喪禮襲衣"庶襚繼陳, 不用", 蓋君之小斂亦陳襚衣而不用也. 畢, 盡也. 大夫士小斂兼用襚衣, 然必先盡用主人之祭服, 而後以襚衣繼之, 主人先自盡也. 親戚, 謂大功以上之親也. 不以卽陳, 謂主人不使人陳之也. 士喪禮云"親者襚, 不將命, 以卽陳", 與此不同者, 蓋襚者之衣皆委於尸東, 而主人之人以之卽陳, 若大功以上之襚, 則襚者自以卽陳, 而主人不使人陳之, 蓋與士喪禮文似異而義實同也.

번역 '군무수(君無襚)'는 군주의 소렴(小斂) 때에는 수의를 사용하지 않는다는 뜻이다. 『의례』「사상례(士喪禮)」편에서는 습(襲)하는 의복에 대해 "여러 수의들은 이어서 진열하되 사용하지 않는다."[28]라고 했으니, 무릇 군주의 소렴 때에도 또한 수의를 진열하지만 사용하지 않는 것이다. '필(畢)'자는 "다하다[盡]."는 뜻이다. 대부와 사의 소렴 때에는 모두 수의를 사용한다. 그러나 반드시 죽은 자의 제복부터 먼저 사용하고, 모두 사용한 이후에야 수의를 이어서 사용하는 것이니, 죽은 자의 옷을 먼저 모두 사용하는 것이다. '친척(親戚)'은 대공복(大功服)으로부터 그 이상의 관계에 있는 친족이다. '불이즉진(不以卽陳)'이라는 말은 주인이 다른 사람을 시켜서 그 옷들을 진열하지 않는다는 뜻이다. 「사상례」편에서는 "친족이 수위를 보내면, 다른 사람을 대신 시켜서 전달하지 않고, 스스로 나아가 진열한다."[29]라고 하여, 이곳의 기록과 차이를 보인다. 그 이유는 수의로 보내온 옷은 모두 시신의 동쪽에 놓아두고, 상주에게 소속된 자가 그것을 가져다가 진열하게 된다. 만약 대공복으로부터 그 이상의 관계에 있는 친족이 보내온 수의라면, 수의를 보내오는 자가 직접 진열하며, 상주는 다른 사람을 시켜서 진열하지 않는다. 이것은 「사상례」편의 기록과 차이를 보이는 것

---

27) 『의례』「사상례(士喪禮)」: 襚者以褶, 則必有裳, 執衣如初, 徹衣者亦如之. 升降自西階, 以東.
28) 『의례』「사상례(士喪禮)」: 庶襚繼陳, 不用.
29) 『의례』「사상례(士喪禮)」: 親者襚, 不將命以卽陳.

같지만, 의미상으로는 동일하다.

集解 愚謂: 有著者謂之複, 有表裏而無著者謂之褶. 君大斂衣多, 故衣・衾之有著者爲其太厚, 不便於斂也. 大夫士猶小斂, 猶用複衣・複衾也. 複衣, 卽袍也. 袍・褶與裘・葛, 皆褻衣也. 襲・斂兼用褻衣, 然用袍・褶而不用裘・葛, 爲裘太厚, 葛太疏, 取其中者而用之也.

번역 내가 생각하기에, 속을 채운 것을 '복(複)'이라고 부르고, 겉감과 안감이 있지만 속에 채운 것이 없는 것을 '습(褶)'이라고 부른다. 군주의 대렴(大斂) 때 사용하는 의복은 많기 때문에, 옷과 이불 중에 속을 채운 것이 포함된다면 너무 두껍게 되어 감싸기에 불편하다. "대부와 사는 소렴(小斂) 때 사용한 것과 같다."라고 했는데, 여전히 속을 채운 옷과 이불을 사용한다는 뜻이다. '복의(複衣)'는 곧 포(袍)[30]에 해당한다. 포(袍)・습(褶) 및 갓옷[裘]과 갈옷[葛]은 모두 속옷에 해당한다. 습(襲)과 염(斂)을 할 때에는 모두 속옷도 사용한다. 그러나 포(袍)와 습(褶)은 사용하되 구(裘)와 갈(葛)은 사용하지 않으니, 구(裘)는 너무 두껍고 갈(葛)은 너무 얇기 때문이니, 그 중간 정도의 두께를 가진 옷을 사용한다.

참고 『예기』「상대기(喪大記)」 기록

경문-535d 袍必有表, 不禪; 衣必有裳. 謂之一稱.

번역 포(袍)에는 반드시 겉옷을 껴입혀야 하니, 포(袍)만을 홑겹으로 입힐 수 없다. 또 상의를 입힌다면 반드시 하의도 입혀야 한다. 이처럼 모두 갖추게 되면, 이것을 1칭(稱)이라고 부른다.

鄭注 袍, 褻衣, 必有以表之乃成稱也. 雜記曰"子羔之襲, 繭衣裳與稅衣纁

30) 포(袍)는 오래된 솜을 넣어서 만든 옷을 뜻한다.

袡爲一", 是也. 論語曰"當暑, 袗絺綌, 必表而出之", 亦爲其褻也.

번역 '포(袍)'는 안에 입는 속옷이니, 반드시 겉을 가리는 옷이 있어야만 칭(稱)을 이루게 된다. 『예기』「잡기(雜記)」편에서는 "자고(子羔)에 대한 습(襲)을 했는데, 상의와 하의가 연결된 솜옷을 입히고 그 겉옷으로 단의(褖衣)에 진홍색의 가선을 댄 옷을 입혀서, 이것을 한 벌로 삼았다."[31]라고 한 것이 바로 이러한 사실을 나타낸다. 또 『논어』에서는 "더울 때에는 홑겹의 치격(絺綌)[32]을 착용하시고, 반드시 겉옷을 입으신 뒤에 출타하셨다."[33]라고 했으니, 이 또한 그것들이 속에 입는 옷이기 때문이다.

孔疏 ●"袍必"至"一稱". ○正義曰: "袍必有表, 不禪"者, 袍是褻衣, 必須在上有衣以表之, 不使禪露, 乃成稱也.

번역 ●經文: "袍必"~"一稱". ○경문의 "袍必有表, 不禪"에 대하여. '포(袍)'는 안에 입는 속옷이니, 반드시 그 위에는 다른 옷을 걸쳐서 가려야 하며, 홑겹으로 입어서 드러내서는 안 되니, 이처럼 해야만 곧 칭(稱)을 이룬다.

孔疏 ◎注"袍褻"至"褻也". ○正義曰: 引雜記者, 證子羔之襲有袍, 繭衣上加稅衣爲表乃成稱. 引論語者, 證衣上加表. 死則冬夏並用袍, 上並加表. 熊氏云: "褻衣所用, 尊卑不同, 士襲而用褻衣, 故士喪禮'陳襲事, 爵弁服, 皮弁服, 褖衣', 注云'褖, 所以表袍'者, 是襲有袍. 士喪禮小斂云'祭服次, 散衣次', 注云'褖衣以下, 袍·繭之屬', 是小斂有袍. 士喪禮又大斂散衣, 是亦有袍. 若大夫,

31) 『예기』「잡기상(雜記上)」【502a】: 子羔之襲也, 繭衣裳與稅衣纁袡爲一, 素端一, 皮弁一, 爵弁一, 玄冕一. 曾子曰, "不襲婦服."
32) 치격(絺綌)은 갈포(葛布)로 만든 옷을 총칭하는 말이다. 갈(葛) 중에서도 가는 것을 '치(絺)'라고 바르며, 성근 것을 '격(綌)'이라고 부른다. 따라서 이러한 뜻에서 '치격'을 갈포로 만든 옷을 가리키는 용어로 사용하는 것이다.
33) 『논어』「향당(鄕黨)」: 當署, 袗絺綌, 必表而出之. 緇衣, 羔裘, 素衣, 麑裘, 黃衣狐裘.

襲亦有袍, 按雜記云'子羔之襲, 繭衣裳', 是也. 斂則必用正服, 不用褻衣, 故檀弓云'季康子之母死, 陳褻衣', 注云'將以斂', '敬姜曰: 將有四方之賓來, 褻衣何爲陳於斯? 命徹之'. 若公, 則襲及大小斂皆不用褻衣. 知者, 按雜記云公襲無袍・繭, 襲輕尙無, 則大小斂無可知也."

번역 ◎鄭注: "袍褻"~"褻也". ○정현이 『예기』「잡기(雜記)」편을 인용한 것은 자고에 대해 습(襲)을 할 때 포(袍)가 포함되었음을 증명하기 위한 것이니, 상의와 하의가 연결된 솜옷을 입히고 그 겉옷으로 단의(褖衣)에 진홍색의 가선을 댄 옷을 입혀서 가려야만 곧 칭(稱)을 이루게 된다. 정현이 『논어』를 인용했는데, 그 의복 위에 껴입는 겉옷이 있음을 증명한 것이다. 죽은 자에 대해서는 겨울과 여름에 모두 포(袍)를 사용하니, 그 위에는 모두 껴입히는 옷이 있게 된다. 웅안생은 "속옷으로 사용되는 옷은 신분에 따라 차이를 보이니, 사는 습(襲)을 하며 속옷을 사용한다. 그렇기 때문에 『의례』「사상례(士喪禮)」편에서는 '습(襲)에 사용되는 의복을 진열하며, 작변복(爵弁服), 피변복(皮弁服), 단의(褖衣)를 둔다.'[34]라고 했고, 정현의 주에서는 '단(褖)은 포(袍) 겉에 입는 옷이다.'라고 했다. 이것은 습(襲)에 포(袍)가 사용된다는 사실을 나타낸다. 또 「사상례」편에서는 소렴(小斂)에 대해서, '제복이 그 다음이고 산의(散衣)[35]가 그 다음이다.'[36]라고 했으며, 정현의 주에서는 '단의(褖衣)로부터 그 이하로 포(袍)와 견(繭) 등의 부류이다.'라고 했으니, 이것은 소렴 때 포(袍)가 포함된다는 사실을 나타낸다. 「사상례」편에서는 또한 대렴 때 산의가 있다고 했으니, 이것은 또한 포(袍)가 포함됨을 나타낸다. 만약 대부의 경우라면 습(襲)을 할 때 또한 포(袍)가 포함된다. 「잡기」편을 살펴보면, '자고에 대해 습(襲)을 하며, 견의상(繭衣裳)을 사용했다.'라고 한 말이 바로 이러한 사실을 나타낸다. 염(斂)을 하게

34) 『의례』「사상례(士喪禮)」: 陳襲事于房中, 西領, 南上, 不綪. …… 爵弁服, 純衣, 皮弁服, 褖衣, 緇帶, 韎韐, 竹笏. 夏葛屨, 冬白屨, 皆繶緇絇純, 組綦繫于踵. 庶襚繼陳, 不用.

35) 산의(散衣)는 평상시 착용하는 의복이다.

36) 『의례』「사상례(士喪禮)」: 厥明, 陳衣于房, 南領, 西上. 綪. 絞橫三, 縮一, 廣終幅, 析其末. 緇衾赬裏, 無紞. 祭服次, 散衣次, 凡有十九稱. 陳衣繼之, 不必盡用.

되면 반드시 정규 복장을 사용해야 하며 속옷을 사용할 수 없다. 그렇기 때문에 『예기』「단궁(檀弓)」편에서는 '계강자(季康子)의 모친이 죽었을 때, 모친의 속옷을 펼쳐두었다.'[37]라고 했고, 정현의 주에서는 '장차 염(斂)을 하려고 하는 때이다.'라고 했으며, 경문에서는 '계강자의 종조모(從祖母)인 경강(敬姜)이 그 모습을 보고, 부인들은 치장을 하지 않으면, 감히 시부모를 뵙지 않는다. 그런데 현재 사방에서 빈객들이 찾아오게 될 것인데, 그녀의 속옷을 어찌하여 이곳에 펼쳐두었는가? 곧 명령을 하여 속옷을 치우도록 하였다.'라고 했다. 만약 군주의 경우라면 습(襲)·소렴·대렴에서 모두 속옷을 사용하지 않는다. 이러한 사실을 알 수 있는 이유는 「잡기」편에서 군주에 대해 습(襲)을 할 때에는 포(袍)와 견(繭)이 없다고 했기 때문이니,[38] 습(襲)은 상대적으로 덜 중요한 일인데도 오히려 이러한 옷들이 없다면, 소렴과 대렴에도 포함되지 않는다는 사실을 알 수 있다."라고 했다.

集解 愚謂: 袍, 有著之衣也, 而曰"不禪"者, 謂不專用一衣, 與玉藻"禪曰絅"之義異也. 衣必有裳, 釋所以袍必有表之義也. 衣·裳具, 乃謂之稱. 袍乃長襦, 故必以有裳之衣若褖衣者爲之表, 乃謂之一稱也. 士喪禮曰, "褖者以褶, 則必有裳." 必有裳, 卽必有表之謂. 袍·褶皆褻衣, 故用之之法同.

번역 내가 생각하기에, '포(袍)'는 속을 채운 옷인데, 이것에 대해서 "홑겹으로 하지 않는다."라고 말한 것은 전적으로 이 옷만을 사용하지 않는다는 뜻이니, 『예기』「옥조(玉藻)」편에서 "겉감은 있되 안감이 없는 옷을 '경(絅)'이라고 부른다."[39]라고 했을 때의 '단(禪)'과는 의미가 다르다. 상의가 있으면 반드시 하의도 있어야 하니, 이것은 포(袍)에 반드시 겉옷이 있어야 한다는 뜻을 풀이한 것이다. 상의와 하의가 모두 갖춰지게 되면 이것을 '칭(稱)'이라고 부른다. 포(袍)는 길이가 짧은 옷이다. 그렇기 때문에 반드시

37) 『예기』「단궁하(檀弓下)」【120b】: 季康子之母死, 陳褻衣. 敬姜曰: "婦人不飾不敢見舅姑. 將有四方之賓來, 褻衣何爲陳於斯?" 命徹之.

38) 『예기』「잡기상(雜記上)」【503a】: 公襲卷衣一, 玄端一, 朝服一, 素積一, 纁裳一, 爵弁二, 玄冕一, 褒衣一, 朱綠帶, 申加大帶於上.

39) 『예기』「옥조(玉藻)」【381c】: 纊爲繭, 縕爲袍, 禪爲絅, 帛爲褶.

하의에 상의가 있듯이 단의(襐衣)와 같은 옷을 겉옷으로 삼아야만, 이것을 1칭(稱)이라고 부른다. 『의례』「사상례(士喪禮)」편에서는 "수의를 보내는 자가 겹옷으로 한다면, 반드시 하의가 있어야 한다."[40]라고 했으니, 반드시 하의가 포함되어야 한다는 것은 곧 반드시 겉옷이 있어야 한다는 뜻이다. 포(袍)와 습(褶)은 모두 안에 입는 속옷이다. 그렇기 때문에 그것을 사용하는 법도가 동일한 것이다.

集解 愚謂: 敬姜命徹褻衣, 謂婦人之褻服不當陳於序東, 使賓客見之耳, 非謂不可用以斂也. 上文"小斂, 君・大夫・士皆用複衣", 大斂, "君褶衣". 大夫士猶小斂複衣, 褶衣卽褻衣也, 則君・大夫・士, 大小斂無不用褻衣矣. 人君襲無褻衣, 所用衣少也. 大小斂用褻衣, 所用衣多也.

번역 내가 생각하기에, 경강이 명령을 내려서 속옷을 치우게 했다는 말은 부인들의 속옷은 서(序)의 동쪽에 진열해서 빈객들이 보도록 해서는 안 되기 때문이니, 이것을 사용해서 염(斂)을 할 수 없다는 뜻이 아니다. 앞 문장에서 "소렴(小斂) 때 군주・대부・사가 모두 동일하게 복의(複衣)를 사용한다."라고 했고, 대렴(大斂)에 대해서는 "군주는 습의(褶衣)를 사용한다."라고 했다. 대부와 사는 소렴에서 복의(複衣)를 사용한 것과 동일하게 한다고 했는데, 습의(褶衣)는 곧 속옷에 해당하므로, 군주・대부・사는 모두 소렴과 대렴 때 속옷을 사용하지 않은 적이 없는 것이다. 군주의 경우 습(襲)을 할 때 속옷이 없는 것은 사용되는 옷이 적기 때문이다. 반면 소렴과 대렴에서 속옷을 사용하는 것은 사용되는 옷이 많기 때문이다.

참고 『예기』「상대기(喪大記)」 기록

경문-536a 凡陳衣者實之篋, 取衣者亦以篋. 升降者自西階. 凡陳衣不詘,

40) 『의례』「사상례(士喪禮)」: 襚者以褶, 則必有裳, 執衣如初, 徹衣者亦如之. 升降自西階, 以東.

非列采不入, 絺·綌·紵不入.

번역 무릇 옷을 진열하는 자는 상자에 담았던 옷을 꺼내서 진열하고, 수의를 거둬가는 자 또한 상자에 담아서 가져간다. 옷을 진열하기 위해 당(堂)에 오르고 내릴 때에는 서쪽 계단을 이용한다. 무릇 옷을 진열할 때에는 모두 펴두며 말아놓지 않고, 정복(正服)의 색깔이 아닌 간색이나 잡색의 의복은 그 안에 포함시키지 않으며, 고운 갈포와 성근 갈포 및 모시로 만든 옷들은 그 안에 포함시키지 않는다.

鄭注 取猶受也. 不屈, 謂舒而不卷也. 列采, 謂正服之色也. 絺·綌·紵者, 當暑之褻衣也. 襲尸重形, 冬夏用袍, 及斂則用正服.

번역 '취(取)'자는 "받다[受]."는 뜻이다. '불굴(不屈)'은 펴 두며 말아놓지 않는다는 뜻이다. '열채(列采)'는 정규 복장의 색깔을 뜻한다. 치(絺)·격(綌)·저(紵)는 더울 때 착용하는 속옷이다. 시신에게 습(襲)을 할 때에는 형체를 드러내지 않는 것을 중시하니, 겨울과 여름에는 포(袍)를 사용하고, 염(斂)을 하게 되면 정복을 사용한다.

孔疏 ●"凡陳"至"不入". ○正義曰: "陳衣不詘"者, 謂舒而不卷也.

번역 ●經文: "凡陳"~"不入". ○경문의 "陳衣不詘"에 대하여. 옷을 펴 두며 말아놓지 않는다는 뜻이다.

孔疏 ●"非列采不入"者, 列采, 謂五方正色之采. 非列采, 謂雜色也, 不入陳之也.

번역 ●經文: "非列采不入". ○'열채(列采)'는 다섯 방위에 해당하는 정색(正色)[41]의 채색을 뜻한다. '비렬채(非列采)'는 잡색을 뜻하니, 진열하는

41) 정색(正色)은 간색(間色)과 대비되는 말로, 청색(靑色)·적색(赤色)·황색(黃色)·백색(白色)·흑색(黑色) 등 순일한 다섯 종류의 색깔을 뜻한다.

옷에 포함시키지 않는다.

孔疏 ●"絺·綌·紵不入"者, 絺是細葛, 綌是麄葛, 紵是紵布, 此褻衣, 故不入陳也.

번역 ●經文: "絺·綌·紵不入". ○'치(絺)'는 가는 갈포로 만든 옷이며, '격(綌)'은 성근 갈포로 만든 옷이고, '저(紵)'는 모시로 만든 옷인데, 이것들은 속옷에 해당하기 때문에 진열하는 옷에 포함시키지 않는다.

孔疏 ◎注"襲尸"至"正服". ○正義曰: 如熊氏之意, 此謂大夫以下, 若公則襲亦不用袍.

번역 ◎鄭注: "襲尸"~"正服". ○웅안생의 주장에 따른다면, 이 내용은 대부로부터 그 이하 계층의 예법이니, 군주의 경우라면, 습(襲)을 할 때에도 포(袍)를 사용하지 않는다.

集解 取衣, 謂取之於所陳之處而用之也. 隋方曰篋. 鬼神之位在西, 衣是死者所用, 故升降皆由西階.

번역 '취의(取衣)'는 진열해둔 장소에서 옷을 가져다가 사용한다는 뜻이다. 사각형으로 만든 상자를 '협(篋)'이라고 부른다. 귀신의 자리는 서쪽에 해당하고 옷은 죽은 자가 사용하는 것이기 때문에, 당(堂)에 오르고 내릴 때 모두 서쪽 계단을 이용하는 것이다.

集解 愚謂: 絺·綌不以入, 則袍·褶固陳之矣. 論語"紅紫不以爲褻服", 則紅紫而外, 其他間色或用爲褻服矣, 惟陳之而用以斂者必以正色也.

번역 내가 생각하기에, "치격(絺綌)은 들이지 않는다."라고 했으니, 포(袍)와 습(褶)[42]은 진실로 진열하는 것이다. 『논어』에서는 "다홍색과 자홍색으로는 속옷을 만들어 입지 않으셨다."[43]라고 했으니, 다홍색과 자홍색이외의 다른 간색 중에는 아마도 속옷으로 사용된 색도 있었을 것인데, 그것을 진열하여 염(斂)에 사용하는 것이라면, 반드시 정색으로 된 것을 사용하게 된다.

참고 『예기』「상대기(喪大記)」 기록

경문-536c 小斂大斂, 祭服不倒, 皆左衽, 結絞不紐.

번역 소렴(小斂)과 대렴(大斂)을 치를 때, 제사 복장은 거꾸로 펼쳐두지 않고, 이러한 옷들은 모두 옷깃이 좌측을 향하도록 하며, 묶는 끈을 결속하게 되면 매듭을 짓지 않는다.

鄭注 左衽, 衽鄕左, 反生時也.

번역 '좌임(左衽)'은 옷깃이 좌측을 향하도록 한다는 뜻으로, 생전과 반대로 하기 때문이다.

孔疏 ●"小斂大斂, 祭服不倒"者, 大斂亦不倒. 前已言"小斂不倒", 此又言小斂者, 爲下諸事出也.

번역 ●經文: "小斂大斂, 祭服不倒". ○대렴(大斂)에서도 옷을 거꾸로 놓아두지 않는다. 앞에서 이미 "소렴(小斂)에서는 옷을 거꾸로 놓아두지 않는다."라고 했는데, 이곳에서는 재차 '소렴(小斂)'이라고 했다. 그 이유는 아래의 여러 사안을 위해서 표제어로 제시한 것이다.

孔疏 ●"皆左衽"者, 大斂小斂同然, 故云皆也. 衽, 衣襟也. 生鄕右, 左手解抽帶便也. 死則襟鄕左, 示不復解也.

---

42) 습(褶)은 안감과 겉감이 있지만 솜 등을 덧대는 것이 없는 옷을 뜻한다.
43) 『논어』「향당(鄕黨)」: 君子不以紺緅飾, 紅紫不以爲褻服.

번역 ●經文: "皆左衽". ○대렴(大斂)과 소렴(小斂)에서 동일하게 따른다는 뜻이다. 그렇기 때문에 '개(皆)'라고 말했다. '임(衽)'자는 옷의 옷깃을 뜻한다. 생전에는 우측을 향하도록 하니, 좌측 손으로 허리띠를 풀거나 당길 때 편리하기 때문이다. 죽게 되면 옷깃이 좌측을 향하도록 하니, 다시 풀지 않는다는 뜻을 나타내기 때문이다.

孔疏 ●"結絞不紐"者, 生時帶並爲屈紐, 使易抽解. 若死則無復解義, 故絞束畢結之, 不爲紐也.

번역 ●經文: "結絞不紐". ○생전에 차는 허리띠는 모두 굽혀서 매듭을 짓게 되니, 당기거나 풀 때 편리하게 만들기 위해서이다. 만약 죽게 되면 다시 푸는 뜻이 없기 때문에 묶는 끈을 결속하게 되면 매듭을 짓지 않는다.

集解 愚謂: 生時之衽在左而鄕右, 謂之右衽; 大・小斂之衽在右而鄕左, 謂之左衽也. 結絞, 謂結大・小斂之絞也. 生時大帶綴紐, 而用組約之, 大・小斂之絞不綴紐, 直取兩端交結之, 欲其束之堅急也.

번역 내가 생각하기에, 생전에 하는 옷깃은 좌측에 있으면서 우측을 향하니, 이것을 '우임(右衽)'이라고 부른다. 대렴(大斂)과 소렴(小斂)을 치를 때의 옷에서는 옷깃이 우측에 있으면서 좌측을 향하니, 이것을 '좌임(左衽)'이라고 부른다. '결교(結絞)'는 대렴과 소렴 때 사용하는 교(絞)를 묶는다는 뜻이다. 생전에 착용하는 대대(大帶)는 연결하여 매듭을 짓고, 끈을 사용해서 묶게 되는데, 대렴과 소렴 때의 교(絞)에서는 연결하여 매듭을 짓지 않고, 단지 양쪽 끝단을 교차하여 묶으니, 묶는 것을 단단하고 촘촘히 하기 위해서이다.

참고 『예기』「상대기(喪大記)」 기록

경문-536d 君錦冒黼殺, 綴旁七. 大夫玄冒黼殺, 綴旁五. 士緇冒赬殺, 綴旁三. 凡冒, 質長與手齊, 殺三尺, 自小斂以往用夷衾. 夷衾質殺之裁猶冒也.

번역 시신을 감싸는 모(冒)에 있어서, 군주의 경우 상단부인 질(質)은 비단으로 만들고 하단부인 쇄(殺)에는 보(黼)무늬를 그리며, 측면에 다는 끈은 7개이다. 대부의 경우 상단부인 질은 현색으로 만들고 하단부인 쇄에는 보무늬를 그리며, 측면에 다는 끈은 5개이다. 사의 경우 상단부인 질은 치포(緇布)로 만들고 하단부인 쇄는 붉은 색으로 만들며, 측면에 다는 끈은 3개이다. 무릇 모(冒)의 경우 상단부의 질 길이는 시신의 팔 길이와 같고, 하단부의 쇄는 3척(尺)이며, 소렴(小斂)을 치른 이후에는 이금(夷衾)을 사용하여 시신을 덮는다. 이금의 질과 쇄를 만드는 방법은 모(冒)와 같다.

鄭注 冒者, 旣襲所以韜尸, 重形也. 殺, 冒之下裾, 韜足上行者也. 小斂又覆以夷衾. 裁, 猶制也, 字或爲材.

번역 '모(冒)'는 습(襲)하는 일이 끝나면 시신을 감싸는 것이니, 시신의 형체를 거듭 가리는 것이다. '쇄(殺)'는 모(冒)의 하단부이며, 다리를 감싸서 위로 올리는 것이다. 소렴(小斂)을 치르게 되면 재차 이금(夷衾)을 이용해서 시신을 덮는다. '재(裁)'자는 "제작하다[制]."는 뜻이며, 그 글자를 다른 판본에서는 '재(材)'자로 기록하기도 했다.

孔疏 ●"君錦冒黼殺"者, 冒, 謂襲後小斂前所用以韜尸也. 冒有質·殺者, 作兩囊, 每輒橫縫合一頭, 又縫連一邊, 餘一邊不縫, 兩囊皆然也. 上者曰質, 下者曰殺. 君質用錦, 殺用黼, 故云"錦冒黼殺"也. 故鄭注士喪禮云"冒, 韜尸者, 制如直囊, 上曰質, 下曰殺. 質, 正也. 其用之, 先以殺韜足而上, 後以質韜首而下".

번역 ●經文: "君錦冒黼殺". ○'모(冒)'는 습(襲)을 끝낸 뒤 소렴(小斂)을 치르기 전에 시신을 감싸는데 사용하는 물건이다. 모(冒)에는 상단부인 질

(質)이 있고 하단부인 쇄(殺)가 있으니, 두 개의 주머니를 만들고, 주머니마다 한쪽의 부분을 봉합하고 재차 한 측면을 봉합하며 다른 측면은 봉합하지 않으니, 두 개의 주머니를 모두 이처럼 만든다. 상단부의 주머니를 '질(質)'이라고 부르고, 하단부의 주머니를 '쇄(殺)'라고 부른다. 군주의 질은 비단을 사용해서 만들며, 쇄에는 보(黼)를 새긴다. 그렇기 때문에 '비단의 모에 보무늬를 새긴 쇄'라고 말한 것이다. 그래서 『의례』「사상례(士喪禮)」편에 대한 정현의 주에서는 "모(冒)는 시신을 감싸는 것이니, 그것을 제작하는 방법은 네모반듯한 주머니와 같고, 상단부는 '질(質)'이라고 부르고, 하단부는 '쇄(殺)'라고 부른다. '질(質)'은 바르다는 뜻이다. 그것을 사용할 때에는 먼저 쇄를 이용해서 시신의 다리를 감싸 위로 올리고, 이후에 질을 이용해서 시신의 머리를 감싸 아래로 내린다."[44]라고 했다.

孔疏 ●"綴旁七"者, 不縫之邊, 上下安七帶, 綴以結之, 故云"綴旁七"也.

번역 ●經文: "綴旁七". ○봉합하지 않은 측면에는 위아래로 7개의 끈을 달고, 그것을 묶어서 결속시킨다. 그렇기 때문에 "묶는 끈이 측면에 7개이다."라고 말한 것이다.

孔疏 ●"大夫玄冒黼殺, 綴旁五, 士緇冒赬殺, 綴旁三"者, 尊卑之差也. 鄭注士喪禮云: "上玄下纁, 象天地也." 以此推之, 士赬殺, 則君·大夫盡殺爲斧文也. 又鄭云"象天地", 則大夫以上, 無疑有象也.

번역 ●經文: "大夫玄冒黼殺, 綴旁五, 士緇冒赬殺, 綴旁三". ○신분에 따른 차등이다. 『의례』「사상례(士喪禮)」편에 대한 정현의 주에서는 "위를 현색으로 하고 아래를 분홍색으로 하는 것은 하늘과 땅을 본뜨는 것이다."[45]라고 했다. 이를 통해 추론해보면, 사가 적색의 쇄(殺)를 사용한다고 했으

44) 이 문장은 『의례』「사상례(士喪禮)」편의 "冒, 緇質, 長與手齊, 赬殺, 掩足."이라는 기록에 대한 정현의 주이다.

45) 이 문장은 『의례』「기석례(既夕禮)」편의 "緇純."이라는 기록에 대한 정현의 주이다.

니, 군주와 대부는 모두 쇄(殺)에 도끼 무늬를 새기게 된다. 또 정현은 "하늘과 땅을 본뜬다."라고 했으니, 대부로부터 그 이상의 계급이 사용하는 것에는 상징하는 것이 있었음을 의심할 수 없다.

孔疏 ●"凡冒, 質長與手齊"者, 凡謂貴賤冒通名也. 言冒之質從頭韜來至下, 長短與手相齊也.

번역 ●經文: "凡冒, 質長與手齊". ○'범(凡)'자는 상하 계층이 사용하는 모(冒)에 대한 통괄적 명칭을 뜻한다. 즉 모(冒)의 질(質)은 시신의 머리로부터 감싸서 밑으로 내리게 되는데, 그 길이는 팔의 길이에 맞춘다는 뜻이다.

孔疏 ●"殺三尺"者, 殺從足韜上, 長三尺.

번역 ●經文: "殺三尺". ○쇄(殺)는 다리로부터 감싸서 위로 올리는데, 그 길이는 3척(尺)이다.

孔疏 ●"自小斂以往用夷衾"者, 往, 猶後也. 小斂前有冒, 故不用夷衾. 自小斂後, 衣多, 不可用冒, 故用夷衾覆之也. 士喪禮云: 無用夷衾, 覆尸柩之衾也.

번역 ●經文: "自小斂以往用夷衾". ○'왕(往)'자는 이후[後]를 뜻한다. 소렴(小斂)을 치르기 이전에는 모(冒)를 사용하기 때문에 이금(夷衾)을 사용하지 않는다. 그러나 소렴 이후에는 의복이 많아지기 때문에 모(冒)를 사용할 수 없다. 그렇기 때문에 이금을 이용해서 덮는 것이다. 『의례』「사상례(士喪禮)」편에서는 덮을 때에는 이금을 사용한다고 했으니,[46] 시신에 대해 이불을 덮는다는 뜻이다.

---

46) 『의례』「사상례(士喪禮)」: 士擧, 男女奉尸, 侇于堂, 幠用夷衾. 男女如室位, 踊無筭.

孔疏 ●"夷衾質殺之裁猶冒也"者, 裁, 猶制也, 言夷衾所用, 上齊於手, 下三尺, 所用繒色及長短制度, 如冒之質・殺也. 但不復爲囊及旁綴也. 熊氏分質字屬上, 殺字屬下爲句, 其義非也. 然始死, 幠用斂衾, 是大斂之衾. 自小斂以前覆尸, 至小斂時, 君錦衾, 大夫縞衾, 士緇衾, 用之小斂, 斂訖, 則制夷衾以覆之, 其小斂以前所用大斂之衾者, 小斂以後停而不用. 至將大斂及陳衣, 又更制一衾, 主用大斂也. 所謂大斂二衾者, 其夷衾至大斂時所用無文, 當應總入大斂衣內, 倂斂之也.

번역 ●經文: "夷衾質殺之裁猶冒也". ○'재(裁)'자는 "제작하다[制]."는 뜻이니, 사용되는 이금(夷衾)에 있어서 상단부는 팔의 길이에 맞추고, 하단부는 3척(尺)으로 하여, 사용하는 비단의 색깔 및 길이 등의 제도가 모(冒)의 질(質) 및 쇄(殺)와 같다는 뜻이다. 다만 재차 주머니처럼 만들거나 측면에 다는 끈은 만들지 않는다. 웅안생은 구분을 하여 '질(質)'자를 앞 구문과 연결시키고 '쇄(殺)'자를 뒤의 구문과 연결시켰는데, 그 주장은 잘못되었다. 어떤 자가 이제 막 죽어서 시신을 덮을 때 사용하는 염금(斂衾)은 대렴(大斂) 때의 이불이다. 그리고 소렴(小斂) 이전에 시신을 덮고, 소렴을 치를 때까지 사용하는 것은 군주는 비단으로 만든 이불이고, 대부는 명주로 만든 이불이며, 사는 치포로 만든 이불인데, 그것을 이용하여 소렴을 치르고, 소렴을 끝내면 이금을 제작하여 시신을 덮으니, 소렴을 치르기 이전에 대렴 때의 이불을 사용하는 것은 소렴을 치른 이후에는 그대로 나둬서 사용하지 않기 때문이다. 또 대렴을 치르려고 하는 때와 옷을 진열할 때에는 재차 하나의 이불을 더 제작하니, 대렴을 치를 때 사용하기 위해서이다. 이른바 "대렴에는 2개의 이불을 사용한다."[47]라고 한 것인데, 이금의 경우 대렴을 치를 때 사용한다는 경문 기록이 없으니, 마땅히 대렴 때 사용하는 의복 안에 포함되어, 이것까지도 함께 염(斂)을 하는 것이다.

47) 『예기』「상대기(喪大記)」【534d~535a】: 大斂: 布絞, 縮者三, 橫者五; 布紟, 二衾. 君・大夫・士一也. 君陳衣于庭, 百稱, 北領西上. 大夫陳衣于序東, 五十稱, 西領南上. 士陳衣于序東, 三十稱, 西領南上. 絞・紟如朝服. 絞一幅爲三, 不辟. 紟五幅, 無紞.

集解 愚謂: 冒者, 質殺之總名. 錦冒·玄冒·緇冒, 皆指其質而言也. 質, 正也. 冒之在上者, 上下方正, 故曰質. 殺, 削也. 冒之在下者, 向足而漸削, 故曰殺. 大·小斂之衾, 大夫以縞, 士以緇布, 則大夫之玄冒·黼殺, 亦以帛爲之, 士之緇冒·赬殺, 亦以布爲之也. 緇冒·赬殺, 所以象天地之色, 則錦冒者玄錦, 黼殺者皆纁帛而畫以黼文也. 長與手齊者, 人之長短不一, 皆以齊於手爲度也. 自小斂以往用夷衾者, 始死覆用大斂之衾, 旣小斂, 則大斂之衾須陳, 故別制夷衾以覆尸, 至大斂而去之也. 夷衾質·殺之裁猶冒者, 夷衾之制如衾, 其上下所用繒色及長短之度, 則與冒同也. 旣夕禮, "幠用夷衾." 蓋夷衾乃殯時所用以覆棺於殯中者, 故旣啓而其覆如故也. 小斂後暫用夷衾以覆尸, 猶始死暫用斂衾以覆尸也. 賈疏云, "朝廟及入壙, 雖不言'用夷衾', 又無'徹'文, 以覆棺言之, 當隨柩入壙矣."

번역 내가 생각하기에, '모(冒)'는 질(質)과 쇄(殺)를 총괄하는 명칭이다. 금모(錦冒)·현모(玄冒)·치모(緇冒)는 모두 질(質)을 가리켜서 한 말이다. '질(質)'자는 "바르다[正]."는 뜻이다. 모(冒)의 상단부는 위아래가 모두 반듯하기 때문에 '질(質)'이라고 부른다. '쇄(殺)'자는 "줄인다[削]."는 뜻이다. 모(冒)의 하단부는 다리 쪽으로 갈수록 점점 줄어들기 때문에 '쇄(殺)'라고 부른다. 소렴(小斂)과 대렴(大斂)에 사용하는 이불에 있어서, 대부는 명주를 사용해서 만들고, 사는 치포(緇布)를 사용해서 만드니, 대부의 현모(玄冒)와 보쇄(黼殺) 또한 명주를 이용해서 만들고, 사의 치모(緇冒)와 정쇄(赬殺) 또한 포를 이용해서 만든다. 치모(緇冒)와 정쇄(赬殺)는 하늘과 땅의 색깔을 본뜨는 것이니, 금모(錦冒)는 현색의 비단을 사용하는 것이고, 보쇄(黼殺)는 모두 분홍색의 비단을 사용하고 보(黼)무늬를 그리는 것이다. "길이는 팔과 맞춘다."라고 했는데, 사람의 키는 일률적이지 않기 때문에, 팔의 길이와 맞추는 것을 법도로 삼는 것이다. "소렴으로부터 그 이후로 이금(夷衾)을 사용한다."라고 했는데, 어떤 자가 이제 막 죽었을 때에는 대렴 때의 이불로 덮고, 소렴을 치르고 나면 대렴 때의 이불은 다시 진열해야만 한다. 그렇기 때문에 별도로 이금을 제작하여 시신을 덮고, 대렴을 치르게 되면 제거하는 것이다. "이금의 질(質)과 쇄(殺)는 그 제작 방법이 모

(冒)와 같다."라고 했는데, 이금을 제작하는 방법은 이불을 만드는 것과 같지만, 상단부와 하단부에 사용하는 비단의 색깔 및 길이는 모(冒)와 동일하다는 뜻이다. 『의례』「기석례(旣夕禮)」편에서 "시신을 덮을 때 이금을 사용한다."라고 했으니, 이금이라는 것은 빈소를 마련할 때 사용하여, 이것을 이용해 빈소에 안치된 관을 덮는 것이다. 그렇기 때문에 계빈(啓殯)을 하게 되면 덮고 있던 것은 이전과 같게 된다. 소렴을 치른 이후에는 잠시 이금을 사용하여 시신을 덮으니, 이것은 어떤 자가 이제 막 죽었을 때 잠시 염금(斂衾)을 이용해서 시신을 덮는 것과 같다. 가공언의 소에서는 "조묘(朝廟) 및 무덤 속에 관을 안치할 때, 비록 '이금을 사용한다.'라고 말하지 않고, 또 '치운다.'라는 기록이 없지만, 이것을 통해서 관을 덮는다고 말한다면, 마땅히 영구를 뒤따라 무덤 속으로 들어가게 된다."라고 했다.

그림 5-1 ▣ 포석(蒲席)과 완석(莞席)

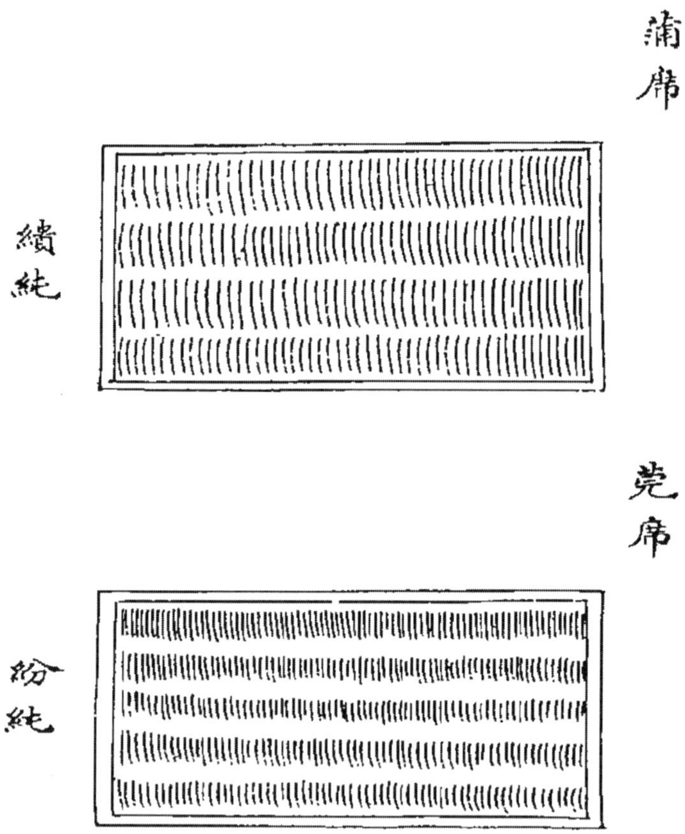

蒲席

纁純

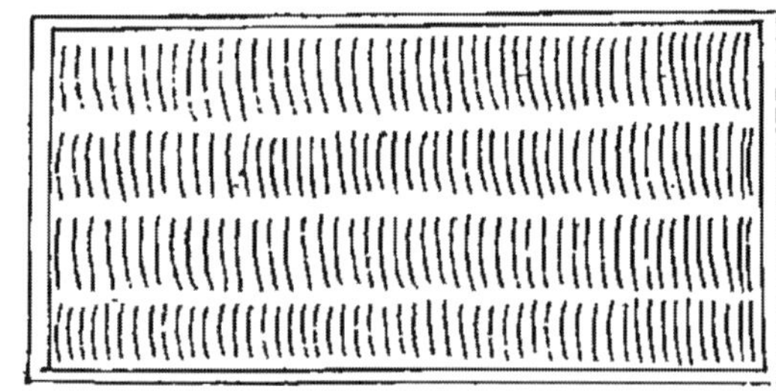

莞席

紛純

※ 출처: 『삼례도(三禮圖)』 2권

그림 5-2 ▣ 우: 소렴(小斂)의 교(絞), 좌: 대렴(大斂)의 교(絞)

絞 絞

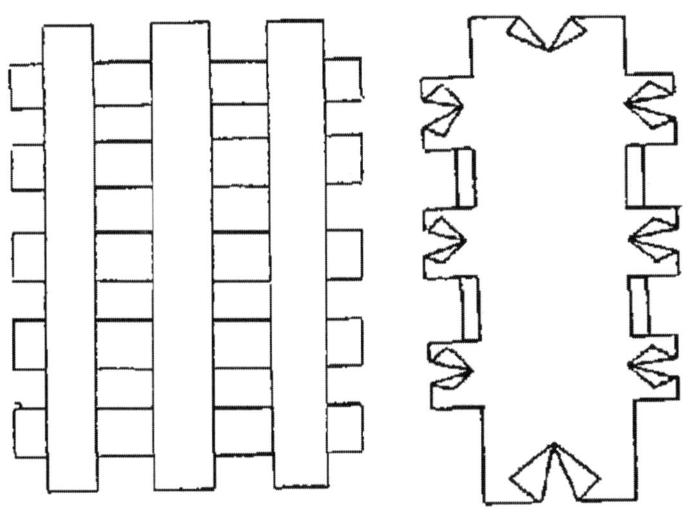

※ **출처:** 『삼례도집주(三禮圖集注)』 17권

그림 5-3 ▣ 협(篋)

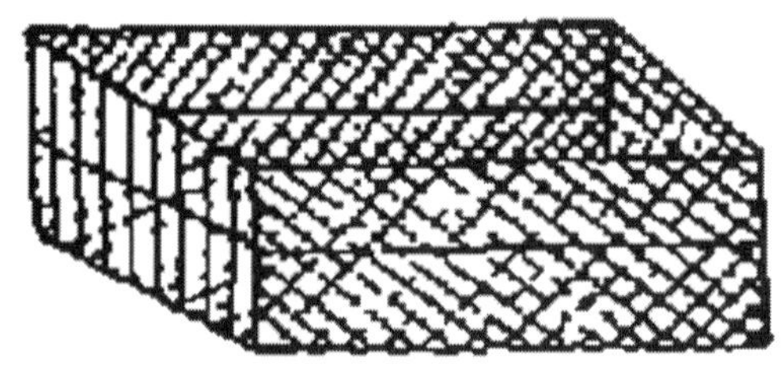

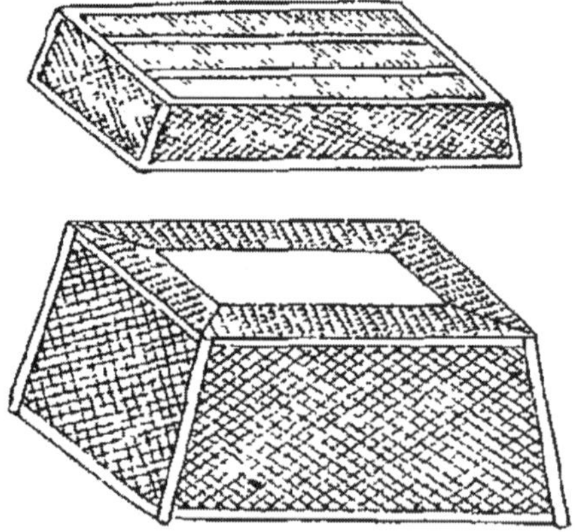

※ 출처: 상단-『삼례도집주(三禮圖集注)』 3권 ; 하단-『삼례도(三禮圖)』 4권

그림 5-4 ▣ 모(冒)

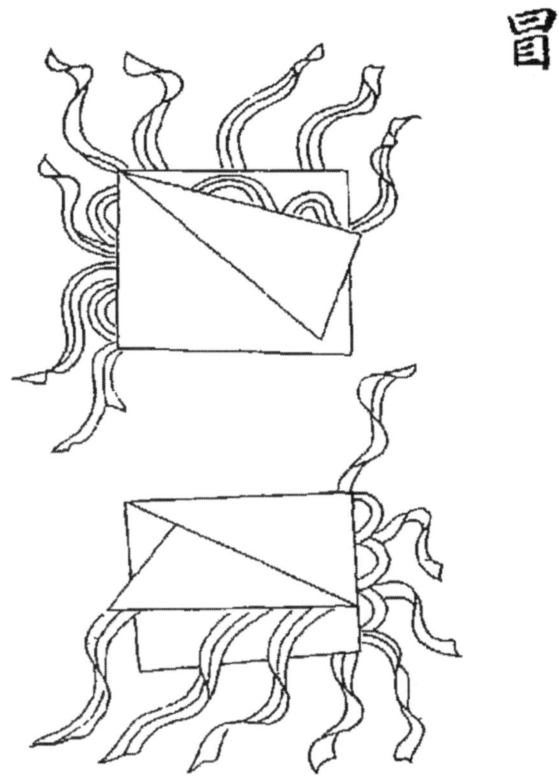

※ **출처:** 『삼례도집주(三禮圖集注)』 17권

그림 5-5 ■ 보(黼)와 불(黻)

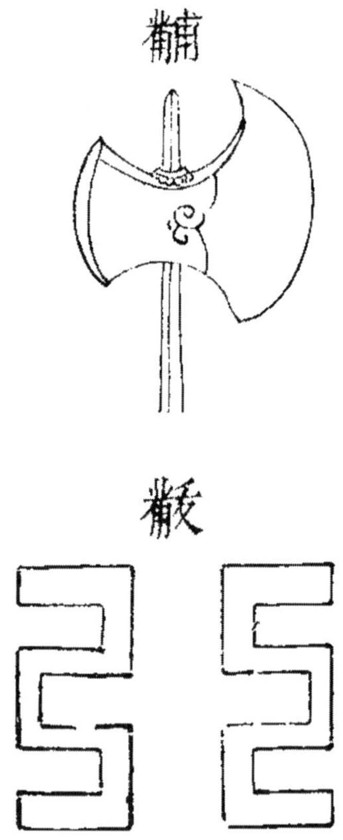

※ **출처:**『삼재도회(三才圖會)』「의복(衣服)」 1권

그림 5-6 ▣ 이금(夷衾)

衾 夷

※ **출처:** 『삼례도집주(三禮圖集注)』 17권

• 제 6 절 •

관(冠)을 쓴 자가 단(袒)을 하지 않는 이유

【659b】

或問曰, "冠者不肉袒, 何也?" 曰, "冠至尊也, 不居肉袒之體也, 故爲之免以代之也. 然則禿者不免, 傴者不袒, 跛者不踊. 非不悲也, 身有錮疾, 不可以備禮也. 故曰, '喪禮唯哀爲主矣.' 女子哭泣悲哀, 擊胸傷心, 男子哭泣悲哀, 稽顙觸地無容, 哀之至也."

직역 或이 問하여 曰, "冠者는 肉袒을 不함은 何입니까?" 曰, "冠은 至히 尊하니, 肉袒의 體에 不居라, 故로 免을 爲하여 代라. 然이면 禿者는 不免하고, 傴者는 不袒하며, 跛者는 不踊한다. 不悲가 非이며, 身에 錮疾이 有하여, 禮를 備하기가 不可라. 故로 曰, '喪禮에서는 唯히 哀가 主가 爲한다.' 女子는 哭泣하고 悲哀하여, 胸을 擊하고 心을 傷하며, 男子는 哭泣하고 悲哀하여, 稽顙하여 地에 觸하여 容이 無니, 哀의 至라."

의역 어떤 이가 묻기를 "관을 쓰게 되면 팔을 걷어 신체를 드러내지 않는 것은 어째서입니까?"라고 하자, 답하길 "관은 지극히 존귀한 복식이니, 관을 쓰게 되면 팔을 걷어 신체를 드러내지 않는다. 그렇기 때문에 면(免)을 시행하여 대신한다. 그렇다면 대머리는 면(免)을 하지 않고, 곱사등이는 단(袒)을 하지 않으며, 절름발이는 용(踊)을 하지 않는다. 이것은 슬퍼하지 않아서가 아니며, 몸에 고질적인 병이 있어서, 예법을 모두 갖출 수 없기 때문이다. 그래서 '상례에서는 오직 슬픔만을 위주로 한다.'라고 말한 것이다. 여자는 곡을 하며 눈물을 흘려 비통하고 애통함을 드러내어 가슴을 치고 상심하며, 남자는 곡을 하며 눈물을 흘려 비통하고 애통함을 드러내어 이마를 땅에 닿도록 엎드려서 용모를 꾸밈이 없으니, 애통함이 지극하기 때문이다."라고 했다.

集說 免而袒, 袒而踊, 先後之次也. 有一疾則廢一禮. 女子不踊, 則惟擊胸; 男子不踊, 則惟稽顙觸地, 皆可以爲哀之至也.

번역 면(免)[1]을 하고 단(袒)을 하며, 단(袒)을 하고 용(踊)을 하는 것은 선후의 차례이다. 해당하는 질병이 있다면 관련된 예법을 제외한다. 여자가 용(踊)을 하지 않는다면 오직 가슴만 치게 되고, 남자가 용(踊)을 하지 않는다면 오직 이마를 숙여 땅에 닿도록 하니, 이 모두는 애통함을 지극히 나타낸 것이라 할 수 있다.

大全 嚴陵方氏曰: 露肉體而袒衣, 故謂之肉袒. 冠則在首之上服也, 故以至尊言之. 免雖在首, 而非冠焉, 故以之代冠而已, 亦見檀弓免焉解. 禿則頂無飾, 故不免, 免則頂露矣. 傴則形不直, 故不袒, 袒則形褻矣. 跛則足不正, 故不踊, 踊則足勞矣. 此皆禮之權者也.

번역 엄릉방씨가 말하길, 신체를 드러내고 옷을 걷기 때문에 '육단(肉袒)'이라고 부른다. 관은 머리에 쓰는 복식이기 때문에 지극히 존귀하다고 말했다. 면(免)이 비록 머리에 하는 것이지만 관은 아니기 때문에 이로써 관을 대신할 따름이며, 이것은 또한 "단궁이 면(免)을 했다."[2]고 한 기록의 풀이에 나온다. 대머리는 정수리가 드러나서 꾸밀 수 없기 때문에 면(免)을 하지 않으니, 면(免)을 한다면 정수리가 드러나게 된다. 곱사등이는 몸체가 곧지 않기 때문에 단(袒)을 하지 않으니, 단(袒)을 하게 된다면 몸체가 가림없이 드러나게 된다. 절름발이는 발이 정상적이지 않기 때문에 용(踊)을 하지 않으니, 용(踊)을 한다면 발이 힘들게 된다. 이것들은 모두 권도에 따른 예법이다.

---

1) 면(免)은 면포(免布)나 면복(免服)과 같은 뜻이다.
2) 『예기』「단궁상(檀弓上)」【68a】: 公儀仲子之喪, 檀弓免焉. 仲子舍其孫而立其子, 檀弓曰, "何居? 我未之前聞也." 趨而就子服伯子於門右.

鄭注 怪衣冠本[3]之相爲也. 言身無飾者不敢冠, 冠爲褻尊服, 肉袒則著免. 免狀如冠, 而廣一寸. 將踊先袒, 將袒先免, 此三疾俱不踊·不袒·不免, 顧其所以否者, 各爲一耳. 擊胸傷心, 稽顙觸地, 不踊者若此而可. 或曰"男女哭踊".

번역 관을 착용한 자가 일을 돕는 것을 괴의하게 여긴 것이다. 즉 몸에는 장식을 꾸밀 수 없어서 감히 관을 쓰지 않으니, 관을 쓰는 것은 존귀한 복장을 무람되게 만들기 때문이며, 팔을 걷어 신체를 드러낸다면 면(免)을 한다는 뜻이다. 면(免)을 한 모습은 관을 쓴 것과 비슷한데, 그 폭은 1촌(寸)이다. 용(踊)을 하게 되면 우선 단(袒)을 하게 되고, 단(袒)을 하게 되면 우선 면(免)을 하는데, 이러한 세 가지 질병을 가지고 있는 자는 모두 용(踊)을 하지 않고, 단(袒)을 하지 않으며, 면(免)을 하지 않으니, 그가 할 수 없다는 것을 고려하여 각각 한 가지만 시행하도록 할 따름이다. 가슴을 치고 상심하며 이마를 땅에 닿도록 하는 것은 용(踊)을 할 수 없는 자가 이처럼 한다면 괜찮다. 어떤 판본에서는 "남녀가 곡과 용(踊)을 한다."라고도 기록한다.

釋文 冠音官. 免音問, 注及下皆同. 褻, 息列反. 著, 張慮反, 又張略反. 廣, 古曠反. 禿, 吐祿反, 無髮也. 傴, 於縷反, 一音紆矩反, 背曲也. 跛, 補禍反, 又彼我反, 足廢也. 錮音故. 稽音啓, 注同. 顙, 桑朗反, 下注同.

번역 '冠'자의 음은 '官(관)'이다. '免'자의 음은 '問(문)'이며, 정현의 주 및 아래문장에 나오는 글자도 모두 그 음이 이와 같다. '褻'자는 '息(식)'자와 '列(렬)'자의 반절음이다. '著'자는 '張(장)'자와 '慮(려)'자의 반절음이며, 또한 '張(장)'자와 '略(략)'자의 반절음도 된다. '廣'자는 '古(고)'자와 '曠(광)'자의 반절음이다. '禿'자는 '吐(토)'자와 '祿(록)'자의 반절음이며, 머리카락이 없다는 뜻이다. '傴'자는 '於(어)'자와 '縷(누)'자의 반절음이며, 다른 음은 '紆(우)'자와 '矩(구)'자의 반절음이고, 등이 굽었다는 뜻이다. '跛'자는 '補(보)'자와

---

3) '괴의관본(怪衣冠本)'에 대하여. 『십삼경주소(十三經注疏)』 북경대 출판본에서는 "'괴의관본'을 『예기훈찬(禮記訓纂)』에서는 '괴관의(怪冠衣)'로 기록했다." 라고 했다.

'禍(화)'자의 반절음이며, 또한 '彼(피)'자와 '我(아)'자의 반절음도 되니, 다리를 전다는 뜻이다. '錮'자의 음은 '故(고)'이다. '稽'자의 음은 '啓(계)'이며, 정현의 주에 나오는 글자도 그 음이 이와 같다. '顙'자는 '桑(상)'자와 '朗(낭)'자의 반절음이며, 아래 정현의 주에 나오는 글자도 그 음이 이와 같다.

孔疏 ●"或問曰: 冠者不肉袒, 何也"者, 此解冠必不袒, 袒必不冠之意也, 又明孝子身有病, 闕其居喪所以禮矣. 此冠不居肉袒者, 謂心旣悲哀, 肉袒形褻, 故不可褻其尊服而冠也, 若有吉事而內心肅敬, 則雖袒而著冠也, 故郊特牲云"君袒而割牲", 是也.

번역 ●經文: "或問曰: 冠者不肉袒, 何也". ○이 말은 관을 썼을 때에는 단(袒)을 할 수 없고, 단(袒)을 하게 되면 관을 쓸 수 없다는 뜻을 풀이한 것이며, 또 자식의 몸에 질병이 있으면 상을 치르는 절차를 생략하는 것이 예법에 따른 것임을 나타내고 있다. 이곳에서 관을 쓰고서 육단(肉袒)을 하지 않는다고 했는데, 마음은 이미 비통하고 애통한 상태이며, 팔을 걷어 신체를 드러내기 때문에, 존귀한 복장을 무람되게 사용하여 관을 써서는 안 된다는 뜻이다. 만약 길한 일이 있을 때에는 마음이 엄숙하고 공경하여, 비록 단(袒)을 하더라도 관을 쓴다. 그렇기 때문에 『예기』「교특생(郊特牲)」편에서는 "군주가 팔을 걷어서 신체를 드러내며 직접 희생물을 가른다."[4]라고 한 것이다.

集解 免者, 小斂後旣去笄纚, 而以布約其髮也. 禿者無髮, 故不免, 以其無髮可約也. 傴者曲背, 故不袒, 以其不便於袒也. 跛者足廢, 故不踊, 以其不能乎踊也. 稽顙觸地無容, 謂爲喪主拜賓也. 喪禮以哀爲主, 故有疾之人雖於禮有所不能備, 亦盡其哀而已矣.

---

4) 『예기』「교특생(郊特牲)」【342c】: 君再拜稽首, 肉袒親割, 敬之至也. 敬之至也, 服也. 拜服也. 稽首, 服之甚也. 肉袒, 服之盡也. 祭稱孝子孝孫, 以其義稱也. 稱曾孫某, 謂國家也. 祭祀之相, 主人自致其敬, 盡其嘉, 而無與讓也.

번역 '면(免)'은 소렴(小斂)을 치른 이후 비녀와 머리싸개를 제거한 상태에서, 포(布)로 머리카락을 묶는 것을 뜻한다. 대머리는 머리카락이 없다. 그렇기 때문에 면(免)을 하지 않으니, 묶을 수 있는 머리카락이 없기 때문이다. 곱사등이는 허리가 굽어 있다. 그렇기 때문에 단(袒)을 하지 않으니, 단(袒)을 하기가 불편하기 때문이다. 절름발이는 다리를 전다. 그렇기 때문에 용(踊)을 하지 않으니, 용(踊)을 할 수 없기 때문이다. 이마를 땅에 닿도록 하여 용모를 꾸밈이 없다는 것은 상주가 되어 빈객에게 절을 한다는 뜻이다. 상례에서는 애통함을 위주로 한다. 그렇기 때문에 질병이 있는 자는 비록 예법에 대해서 모두 갖출 수 없지만, 또한 자신의 슬픈 마음을 다할 따름이다.

集解 鄭氏云, "將踊先袒, 將袒先免, 此三疾俱不踊不袒不免", 非也. 袒免踊雖一時爲之, 然喪禮襲而踊者固多矣, 三疾於禮各廢其一, 非皆不踊不袒不免也. 又鄭氏云, "擊胸傷心, 稽顙觸地, 不踊者若此而可", 亦非也. 婦人不袒不踊, 故上文云"發胸擊心爵踊", 初非爲有疾不能袒踊, 而以此代之也. 稽顙乃主人拜賓之禮, 自非主人, 雖不踊, 而可以稽顙乎?

번역 정현은 "용(踊)을 하게 되면 우선 단(袒)을 하게 되고, 단(袒)을 하게 되면 우선 면(免)을 하는데, 이러한 세 가지 질병을 가지고 있는 자는 모두 용(踊)을 하지 않고, 단(袒)을 하지 않으며, 면(免)을 하지 않는다."라고 했는데, 잘못된 주장이다. 단(袒)·면(免)·용(踊)은 비록 동시에 시행하는 것이지만, 상례에서는 습(襲)을 하고서 용(踊)을 하는 경우가 매우 많다. 그리고 세 가지 질병이 있는 자는 예법에 대해서 각각 해당하는 한 가지 사안만을 하지 않으니, 모두가 용(踊)을 하지 않고 단(袒)을 하지 않으며 면(免)을 하지 않는 것이 아니다. 또 정현은 "가슴을 치고 상심하며 이마를 땅에 닿도록 하는 것은 용(踊)을 할 수 없는 자가 이처럼 한다면 괜찮다."라고 했는데, 이 또한 잘못된 주장이다. 부인은 단(袒)을 하지 않고 용(踊)을 하지 않기 때문에 앞 문장에서 "앞쪽의 옷을 젖히고 가슴을 두드리며 작용(爵踊)을 한다."라고 말한 것인데, 애초부터 질병이 있기 때문에 단(袒)이나 용(踊)을 할 수 없어서 이로써 대체했던 것이 아니다. 이마를 땅에 닿도록 하는 것은 주인이 빈객에게 절을 하는 예법인데, 주인이 아니라면 비록 용(踊)은 하지 않더라도 이마를 땅에 닿도록 절을 할 수 있겠는가?

참고 『예기』「단궁상(檀弓上)」 기록

경문-68a 公儀仲子之喪, 檀弓免焉. 仲子舍其孫而立其子, 檀弓曰, "何居? 我未之前聞也." 趨而就子服伯子於門右.

번역 공의중자의 상에 대해서 단궁은 단면(袒免)을 하고 조문을 갔다. 그가 이처럼 예법에 어긋나는 행동을 한 이유는 공의중자가 적손(嫡孫)을 버려두고, 서자(庶子)를 대신 후계자로 세웠기 때문이니, 단궁은 "이 무슨 까닭인가? 나는 이처럼 따르는 도리를 들어보지 못했다."라고 했다. 그리고는 곧 종종걸음으로 나아가서 문 오른쪽에 있었던 자복백자에게 다가갔다.

鄭注 故爲非禮, 以非仲子也. 禮: "朋友皆在他邦, 乃袒免." 此其所立非也. 公儀蓋魯同姓. 周禮適子死, 立適孫爲後. 居, 讀爲姬姓之姬, 齊魯之間語助也. 前猶故也.

번역 일부러 비례(非禮)에 해당하는 단면(袒免)을 하고서, 이것을 통해 중자를 비난한 것이다. 『예』에서는 "친구들과 그의 식솔들이 모두 다른 나라에 머물러 있다가 죽은 경우에는 곧 단면을 한다."[5]라고 했다. 서자(庶子)를 세웠다는 말은 후계자로 삼은 자가 잘못되었다는 뜻이다. 공의(公儀)는 아마도 노(魯)나라의 공실(公室)과 동성(同姓)일 것이다. 주(周)나라 때의 예법에서는 적자(適子)가 죽게 되면, 적손(嫡孫)을 세워서 후계자로 삼는다. '거(居)'자는 '희성(姬姓)'이라고 할 때의 '희(姬)'자로 풀이하니, 제(齊)나라와 노(魯)나라 사이에서 사용되었던 어조사이다. '전(前)'자는 '옛날[故]'이라는 뜻이다.

---

5) 『의례』「상복(喪服)」: 朋友皆在他邦, 袒免, 歸則已.

孔疏 ◎注"禮朋友"至"袒免". ○正義曰: 知者, 喪服記云: "若他邦來, 還家而無主, 猶爲之免." 故鄭注云: "歸有主人乃已, 明無主猶袒免也. 若朋友俱在家, 則弔服加麻. 加麻者, 素弁上加緦之環絰, 若一在一否亦然." 知者, 以云"皆在他邦, 乃袒免", 明不皆在者則否.

번역 ◎鄭注: "禮朋友"～"袒免". ○정현이 말한 내용이 사실임을 알 수 있는 이유는 『의례』「상복(喪服)」편의 기문(記文)에서 "만약 다른 나라에서 영구(靈柩)가 돌아와서, 자신의 본가로 돌아왔는데, 상주가 없는 경우라면, 그를 위해 단면(袒免)을 하게 된다."라고 했다. 그렇기 때문에 이 문장에 대한 정현의 주에서, "영구가 돌아왔는데, 상주가 있는 경우라면, 곧 단면의 복장방식을 그만두게 되니, 이 말은 곧 상주가 없는 경우에는 단면을 하게 된다는 사실을 나타내고 있다. 만약 친구와 그의 식솔들이 그의 집안에 있는 상태에서 친구가 죽게 되었다면, 조문하는 복장에 마(麻)를 덧대게 된다. 마(麻)를 덧댄다는 말은 흰색의 변(弁)에 시마복(緦麻服)을 착용할 때의 환질(環絰)을 두르게 되는데, 만약 친구와 식솔들 중 어느 한쪽이 본가에 남아 있고, 다른 한쪽이 떠나 있는 경우라면, 또한 이처럼 한다."라고 했다. 이 말이 사실임을 알 수 있는 이유는 "모두 다른 나라에 머물러 있는 경우에는 곧 단면을 한다."라고 했기 때문이니, 이 말은 곧 모두 다른 나라에 머물러 있는 경우가 아니라면, 단면을 하지 않는다는 뜻을 나타낸다.

集說 公儀, 氏, 仲子, 字, 魯之同姓也. 檀弓, 魯人之知禮者. 袒免, 本五世之服, 而朋友之死於他邦而無主者, 亦爲之免, 其制以布, 廣一寸, 從項中而前交於額, 又却向後而繞於髻也. 適子死, 立適孫爲後, 禮也. 弓以仲子舍孫而立庶子, 故爲過禮之免以弔而譏之. 何居, 怪之之辭, 猶言何故也. 此時未小斂, 主人未居阼階下, 猶在西階下受其弔, 故弓弔畢而就子服伯子於門右而問之也.

번역 '공의(公儀)'는 씨(氏)이고, '중자(仲子)'는 자(字)이니, 노(魯)나라 공실(公室)과 동성(同姓)인 자이다. '단궁(檀弓)'은 노나라 사람들 중에서도 예법에 밝은 자이다. '단면(袒免)'[6]은 본래 자신과의 관계가 5세대가 넘은 친족이 죽었을 때, 그를 위해 입는 상복이고,[7] 친구가 다른 나라에 머물러 있다가 죽었을 때, 그의 상을 치를 상주가 없는 경우에도 또한 그를 위해서 면(免)을 하게 되니, 머리를 묶는 끈은 베로 만들며, 너비는 1촌(寸)으로 하고, 목 있는 곳으로부터 묶어서 이마 앞쪽에서 교차를 하며, 또한 뒤쪽으로 틀어서 머리를 두르게 된다. 적자(適子)가 죽게 되면, 적손(嫡孫)을 후계자로 세우는 것이 예법이다. 단궁은 중자가 적손을 버리고 서자(庶子)를 세웠기 때문에, 일부로 예법에서 벗어난 복식인 단면을 하고 조문을 가서, 그를 기롱했던 것이다. '하거(何居)'라는 말은 괴이하게 여길 때 쓰는 말이니, "이 무슨 까닭인가[何故]?"라고 말하는 것과 같다. 여기에서 말하는 시기는 아직 소렴(小斂)[8]을 하지 않은 때이므로, 주인(主人)이 아직 동쪽 계단 아래에 서 있지 않고, 여전히 서쪽 계단 아래에서 조문을 받게 되는 것이다. 그렇기 때문에 단궁이 조문을 끝내고서, 문의 오른쪽에 있었던 자복백자에게 나아가 그 이유를 물어본 것이다.

大全 嚴陵方氏曰: 免之爲服, 特施於五世之親爾, 而朋友死於他邦者, 亦服之. 仲子之於檀弓, 旣非五世之親, 而其喪, 又非死於他邦者, 檀弓之免也, 蓋非所服而服之也. 服非所服之服, 所以譏立非所立之意爾.

번역 엄릉방씨가 말하길, 단면(袒免)을 하여, 복장방식을 꾸미는 것은 단지 자신과의 관계가 5세대가 넘은 친족에 대해서만 할 따름이며, 친구가 다른 나라에 머물러 있다가 죽은 경우에도 또한 이러한 복장방식을 사용하게 된다. 중자는 단궁에 대해서, 5세대가 넘은 친족도 아니며, 그리고 그의 죽음 또한 다른 나라에서 죽은 경우가 아닌데도, 단궁이 단면을 한 것은 아마도 본래는 착용할 수 없는 복장을 착용한 것이다. 즉 본래는 착용할

---

6) 단면(袒免)은 상의의 한쪽을 벗어 좌측 어깨를 드러내고, 관(冠)을 벗고 머리끈으로 머리를 묶는다는 뜻이다. 먼 친척이 죽었을 때, 해당하는 상복(喪服)이 없다면, 이처럼 '단면'을 해서 애도하는 마음을 표현하게 된다.

7) 『예기』「대전(大傳)」【426d】: 四世而緦. 服之窮也, 五世袒免.

8) 소렴(小斂)은 상례(喪禮) 절차 중 하나이다. 죽은 자의 시신을 목욕시키고, 의복을 착용시키며, 그 위에 이불 등으로 감싸는 절차를 뜻한다.

수 없는 복장을 착용하여, 이를 통해 그가 세우지 말아야 할 대상을 후계자로 삼은 것에 대해서 기롱하려는 뜻을 나타낸 것이다.

訓纂 五經異義曰: 公羊說云, "質家立世子弟, 文家立世子子."

번역 『오경이의』[9]에서 말하길, 공양가(公羊家)들이 주장하길, "질박한 왕조[은(殷)나라]에서는 세자(世子)가 죽었을 경우, 그의 동생을 후계자로 세웠고, 문식을 꾸민 왕조[주(周)나라]에서는 세자가 죽었을 경우, 그의 자식을 후계자로 세웠다."라고 했다.

참고 『예기』「교특생(郊特牲)」 기록

경문-342c 君再拜稽首, 肉袒親割, 敬之至也. 敬之至也, 服也. 拜服也. 稽首, 服之甚也. 肉袒, 服之盡也. 祭稱孝子孝孫, 以其義稱也. 稱曾孫某, 謂國家也. 祭祀之相, 主人自致其敬, 盡其嘉, 而無與讓也.

번역 군주가 재배(再拜)를 하고 머리를 조아리며, 팔을 걷어서 신체를 드러내며 직접 희생물을 가르는 것은 공경함을 지극히 나타내는 것이다. 공경함을 지극히 나타내는 것은 복종하고 순종함을 뜻한다. 절을 하는 것도 복종하고 순종함을 뜻한다. 머리를 조아리는 것은 복종함과 순종함을 매우 극심히 나타내는 것이다. 팔을 걷어서 신체를 드러내는 것은 복종함과 순종함의 도리를 다하는 것이다. 제사에서 '효자(孝子)'나 '효손(孝孫)'이라고 지칭하는 것은 제사의 의(義)에 따라 명칭을 맞추는 것이다. '증손(曾孫) 아무개'라고 지칭하는 것은 국(國)이나 가(家)를 소유한 경우를 뜻한다. 제사에서는 권유를 하며 아뢰는 일을 하는데, 주인이 제 스스로 공경함을

9) 『오경이의(五經異義)』는 후한(後漢) 때의 학자인 허신(許愼)이 지은 책이다. 유실되었는데, 송대(宋代) 때 학자들이 다시 모아서 엮었다. 오경(五經)에 관한 고금(古今)의 유설(遺說)과 이의(異義)를 싣고, 그에 대한 시비(是非)를 판별한 내용들이다.

지극히 하며, 좋은 것들을 다하게 되어, 함께 겸양을 표하는 일이 없게 된다.

鄭注 割解牲體. 謂事祖禰. 謂諸侯事五廟也, 於曾祖以上, 稱曾孫而已. 相, 謂詔侑尸也. 嘉, 善也.

번역 희생물의 몸체를 가른다는 뜻이다. 효자(孝子)나 효손(孝孫)이라고 지칭한 것은 조부와 부친을 섬기는 때를 뜻한다. 증손(曾孫)이라고 한 경우는 제후처럼 오묘(五廟)에 대해 섬기는 경우를 뜻하니, 증조부 이상의 조상에 대해서는 '증손(曾孫)'이라고 지칭할 따름이다. '상(相)'은 시동에게 아뢰고 권유를 한다는 뜻이다. '가(嘉)'자는 좋음[善]을 뜻한다.

孔疏 ●"敬之"至"盡也". ○"敬之"至"也, 服也"者, 言君所以再拜稽首肉袒者, 是恭敬之至極. 恭敬之至極, 乃是服順於親也. 此總結上"再拜稽首, 肉袒"之文, 下又各釋"拜稽首, 肉袒"之事.

번역 ●經文: "敬之"~"盡也". ○경문의 "敬之"로부터 "也, 服也"까지에 대하여. 군주가 재배(再拜)를 하고 머리를 조아리며, 팔을 걷어서 신체를 노출시키는 것은 공경을 지극히 나타내는 것에 해당한다는 의미이다. 공경을 지극히 나타내는 것은 부모에 대해서 복종하고 순종한다는 뜻이다. 이곳에서는 총괄적으로 "재배를 하고 머리를 조아리며, 팔을 걷어서 신체를 노출시킨다."라는 문장을 그 앞에 제시했고, 그 뒤에서는 또한 "절을 하고 머리를 조아리며, 팔을 걷어서 신체를 노출시킨다."는 사안에 대해서 각각 풀이하고 있다.

孔疏 ●"拜, 服也"者, 釋再拜之文, 拜者, 是服順於親也.

번역 ●經文: "拜, 服也". ○재배(再拜)를 한다는 문장을 풀이한 것으로, 절을 하는 것은 부모에 대해서 복종하고 순종하는 것이다.

孔疏 ●"稽首, 服之甚也"者, 釋稽首之文. 拜旣是服, 而稽首頭至於地, 是服之甚極也.

번역 ●經文: "稽首, 服之甚也". ○머리를 조아린다는 문장을 풀이한 것이다. 절을 하는 것 자체가 이미 복종을 하는 것인데, 머리를 조아려서, 이마를 땅에 대는 것은 복종함을 지극히 나타낸 것이다.

孔疏 ●"肉袒, 服之盡也"者, 釋肉袒之文. 言心雖內服, 外貌不盡, 今肉袒去飾, 是服之竭盡也.

번역 ●經文: "肉袒, 服之盡也". ○팔을 걷어서 신체를 노출시킨다는 문장을 풀이한 것이다. 마음으로는 비록 내적인 복종을 하고 있지만, 외적인 모습에서는 지극히 나타내지 않은 것이니, 현재 팔을 걷어서 장식을 제거하는 것은 복종함을 다 드러낸 것이다.

集說 服者, 服順於親也. 拜服也, 謂再拜是服順也. 稽首爲服順之甚, 肉袒爲服順之盡, 言服順之誠在內, 今又肉袒, 則內外皆服矣, 故云服之盡. 祭主於孝, 士之祭, 稱孝孫孝子, 是以祭之義爲稱也. 諸侯有國, 卿大夫有家, 不但祭祖與禰而已. 其祭自曾祖以上, 惟稱曾孫, 故云稱曾孫某, 謂國家也. 蓋大夫三廟, 得事曾祖也. 上士二廟, 事祖禰. 中下士一廟, 祖禰共之. 相, 詔侑於尸也. 相者不告尸以讓, 蓋是主人敬尸, 自致其誠敬, 盡其嘉善, 無所與讓也.

번역 '복(服)'이라는 말은 부모에 대해서 복종하고 순종한다는 뜻이다. '배복야(拜服也)'라는 말은 재배(再拜)를 하는 것은 복종하고 순종함에 해당한다는 뜻이다. 계수(稽首)는 복종함과 순종함이 매우 깊은 것이며, 옷을 걷어서 신체를 드러내는 것은 복종함과 순종함을 다하는 것이니, 복종함과 순종함의 진실됨이 내면에 있는데, 현재 신체까지도 드러냈다면, 내외적으로 모두 복종을 한다는 뜻이다. 그렇기 때문에 "복(服)을 다함이다."라고 말한 것이다. 제사에서는 효(孝)를 위주로 하는데, 사(士) 계층의 제사에서는 '효손(孝孫)'이나 '효자(孝子)'라고 지칭하니, 이것은 제사의 의(義)에 따라 칭호를 맞춘 것이다. 제후는 국(國)을 소유하고 있고, 경(卿)과 대부(大夫)는 가(家)를 소유하고 있으니, 단지 조부 및 부친에 대해서만 제사를 지낼 뿐이 아니다. 그들이 지내는 제사에서는 증조부로부터 그 이상의 조상에 대해서 지내므로, 오직 '증손(曾孫)'이라고 지칭하게 된다. 그렇기 때문에 "증손 아무개라고 지칭하는 것은 국가(國家)를 소유한 경우를 뜻한다."라고 말한 것이다. 무릇 대부는 3개의 묘(廟)를 세우니, 증조부에 대해서 섬길 수가 있다. 상사(上士)는 2개의 묘(廟)를 세우니, 조부와 부친에 대해서 섬기는 것이다. 중사(中士) 및 하사(下士)는 1개의 묘(廟)를 세우니, 조부와 부친의 신주를 같은 곳에 설치하여 섬긴다. '상(相)'은 시동에게 아뢰고 권유를 한다는 뜻이다. 의례를 돕는 자는 시동에게 겸양의 뜻으로 아뢰지 않으니, 무릇 주인이 시동을 공경하여, 제 스스로 진실됨과 공경함을 다하고, 좋은 것들을 다 하게 되어, 함께 사양을 하는 것이 없기 때문이다.

大全 延平周氏曰: 以天子不可屈之勢, 而爲之稽首肉袒, 則天下莫不知有尊, 而亦莫不知有親也. 蓋先王設教之意, 常寓於甚微之間.

번역 연평주씨[10]가 말하길, 천자는 세력에 따라 굽힐 일이 없지만, 조상을 위해서 머리를 조아리고 팔을 걷는다면, 천하에는 존귀하게 여겨야 할 것이 있음을 알지 못하는 일이 없고, 또한 부모가 있다는 사실을 알지 못하는 자가 없게 된다. 무릇 선왕이 교화를 펼쳤던 뜻은 항상 매우 은미한 것에 기착을 시켰다.

大全 山陰陸氏曰: 凡祭稽首不必肉袒, 肉袒不必稽首, 兼之者此歟. 蓋朝踐以前, 以素爲貴, 父子之事多, 饋食以後. 以文爲貴, 君臣之事多, 服臣之事也, 非子之事也.

---

10) 연평주씨(延平周氏, ?~?) : =주서(周諝)·주희성(周希聖). 송(宋)나라 때의 유학자이다. 이름은 서(諝)이다. 자(字)는 희성(希聖)이다. 『예기설(禮記說)』 등의 저서가 있다.

번역 산음육씨가 말하길, 무릇 제사에서 머리를 조아렸을 때에는 반드시 팔을 걷어서 신체를 노출시키는 것이 아니고, 팔을 걷어서 신체를 노출시켰을 때에는 반드시 머리를 조아리는 것이 아닌데, 이것들을 함께 하는 것은 바로 이러한 경우일 것이다. 무릇 조천(朝踐)[11]을 시행하기 이전에는 소박한 것을 존귀한 것으로 삼으니, 부자관계의 일들이 대부분 여기에 해당하고, 궤식(饋食)[12]을 한 이후에는 격식을 갖춘 것을 존귀한 것으로 삼으니, 군신관계의 일들이 대부분 여기에 해당한다. 따라서 복종을 하는 것은 신하로 자처하는 사안이며, 자식으로 자처하는 일은 아니다.

참고 『예기』「상복사제(喪服四制)」 기록

경문-721d 杖者, 何也? 爵也. 三日授子杖, 五日授大夫杖, 七日授士杖. 或曰擔主, 或曰輔病. 婦人·童子不杖, 不能病也. 百官備, 百物具, 不言而事行者, 扶而起. 言而后事行者, 杖而起. 身自執事而后行者, 面垢而已. 禿者不髽, 傴者不袒, 跛者不踊, 老病不止酒肉. 凡此八者, 以權制者也.

번역 지팡이를 두는 것은 어째서인가? 작위를 가진 자들을 위해서이다. 상이 발생하면 3일 째에 자식에게 지팡이를 주고, 5일 째에 대부에게 지팡이를 주며, 7일 째에 사에게 지팡이를 준다. 어떤 경우는 상주에게 지팡이

---

11) 조천(朝踐)은 제례(祭禮) 의식 중 하나이다. 희생물의 피와 기름 등을 바치고, 단술을 따르게 되면, 비로소 제사를 본격적으로 시행하게 된다. 제주(祭主)의 부인이 되는 주부(主婦)는 이때 제사 때 진설해두는 제기(祭器)인 두변(豆籩) 등을 바치게 된다. '조천'은 바로 이러한 의식 절차를 가리킨다. 『주례』「춘관(春官)·사존이(司尊彝)」에는 "其朝踐用兩獻尊."이라는 기록이 있고, 이 기록에 대한 정현의 주에서는 "朝踐, 謂薦血腥, 酌醴, 始行祭事, 后於是薦朝事之豆籩."이라고 풀이하였다.

12) 궤식(饋食)은 음식을 바친다는 뜻이다. 고대에는 천자 및 제후들이 매월 초하루마다 종묘(宗廟)에서 음식을 바치는 의식을 치렀는데, 이것을 '궤식'이라고도 부른다. 『주례』「춘관(春官)·대종백(大宗伯)」편에는 "以饋食享先王."이라는 기록이 있다. 한편 조사(朝事)를 시행할 때, 조천(朝踐)을 끝낸 뒤, 생고기를 삶아서 재차 바치는 의식을 가리키기도 한다.

를 빌려준다고 말하고, 또 어떤 경우는 병약해진 몸을 부축하기 위해서라고 말한다. 아직 성인(成人)이 되지 못한 여자와 남자들은 지팡이를 잡지 않으니, 병약해질 수 없기 때문이다. 백관(百官)이 갖춰져 있고 백물(百物)이 갖춰져서, 말을 하지 않아도 일이 시행될 수 있는 경우에는 지팡이가 있지만, 몸이 몹시 수척해지는 것이 허용되므로, 남의 부축을 받아서 일어나게 된다. 이러한 것들이 갖춰지지 않아서, 직접 말을 해야만 일이 시행되는 경우에는 몸을 몹시 수척하게 할 수 없으니, 자신이 직접 지팡이를 잡고 일어나게 된다. 또한 일을 맡아볼 수 있는 자가 전혀 없어서, 제 자신이 직접 상사의 일을 처리해야만 시행되는 경우에는 몸이 수척해지는 것을 허용하지 않으니, 얼굴에 때만 묻히고 직접 일처리를 할 따름이다. 대머리는 북상투를 틀지 않고, 곱사등이는 단(袒)을 하지 않으며, 절름발이는 용(踊)을 하지 않고, 노약하고 병든 자들은 술과 고기를 끊지 않는다. 무릇 이러한 여덟 가지 경우는 권도[權]로써 제정한 것들이다.

鄭注 五日・七日授杖, 謂爲君喪也. 扶而起, 謂天子・諸侯也. 杖而起, 謂大夫・士也. 面垢而已, 謂庶民也. 髽, 婦人也. 男子免而婦人髽. 髽, 或爲"免".

번역 5일 째와 7일 째에 지팡이를 준다는 것은 군주를 위해서 상을 치르는 경우를 뜻한다. 부축을 받아서 일어난다는 것은 천자와 제후에 대한 경우를 뜻한다. 지팡이를 잡고서 일어난다는 것은 대부와 사에 대한 경우를 뜻한다. 얼굴에 때를 묻힐 따름이라는 것은 서인(庶人)과 백성들에 대한 경우를 뜻한다. 좌(髽)는 부인들이 상중에 트는 머리 방식을 뜻한다. 남자는 면(免)을 하고, 부인들은 북상투를 튼다. '좌(髽)'자를 다른 판본에서는 '면(免)'이라고도 기록한다.

孔疏 ●"禿者不髽", 髽者, 是婦人之大紒, 重喪辮麻繞髮. 禿者無髮, 故不髽也. 女禿不髽, 故男子禿亦不髽也.

번역 ●經文: "禿者不髽". ○좌(髽)는 부인들이 트는 북상투이니, 수위가 높은 상에서는 마(麻)를 땋아서 머리카락을 감싸게 된다. 독(禿)은 머리카락이 없는 자들이다. 그렇기 때문에 북상투를 틀지 않는 것이다. 여자들 중 대머리는 북상투를 틀지 않기 때문에, 남자 중 대머리 또한 상투를 틀지 않는 것이다.

孔疏 ●"傴者不袒", 袒者露膊, 傴者可憎, 故不露也.

번역 ●經文: "傴者不袒". ○단(袒)이라는 것은 신체를 도출시키는 것이고, 곱사등이는 남에게 혐오감을 줄 수 있기 때문에, 신체를 드러내지 않는 것이다.

孔疏 ●"跛者不踊", 踊是跳躍. 跛人脚蹇, 故不跳躍也.

번역 ●經文: "跛者不踊". ○용(踊)은 제자리에서 뛰는 것이다. 절름발이는 다리를 절기 때문에, 제자리에서 뛰지 않는 것이다.

孔疏 ●"凡此八者, 以權制者也", 此記者結前權數也. 夫喪禮宜備, 今有此八條, 不可以强逼, 故聖人權宜制也. 所謂八者, 謂應杖不杖, 不應杖而杖, 一也; "扶而起", 二也; "杖而起", 三也; "面垢", 四也; "禿者", 五也; "傴者", 六也; "跛者", 七也; "老病"者, 八也. 庾蔚云"父存爲母, 一也", 不數杖與不杖之科. 皇氏·熊氏並取以爲說. 今按經文爲母期, 乃屬前經. 鄭於期下總注"三日而食, 三月而沐"之事, 是爲母期之文, 乃在節制之中, 不得下屬此經權制之例. 又此經權制之科, 乃載杖與不杖之條. 此經末又總云八者, 是總此經之八事. 今乃不數此經杖條, 便是杖文虛設. 庾氏之說, 恐未爲善, 聽賢者擇焉.

번역 ●經文: "凡此八者, 以權制者也". ○이 구문은 『예기』를 기록한 자가 앞서 제시한 권도에 따라 처리하는 여러 사안들에 대해서 결론을 내린 문장이다. 무릇 상례에서는 예제대로 갖춰야 하는데, 현재 이곳에서 거론한 여덟 가지 사안들은 억지로 갖추게 할 수가 없다. 그렇기 때문에 성인은 권도의 합당함에 따라서 별도의 예외 규정을 제정했던 것이다. 이른바 여덟 가지라는 것은 마땅히 지팡이를 잡아야 하는데도 잡지 않는 경우와 지팡이를 잡지 말아야 하는데도 잡는 것이 첫 번째 사안이다. "부축해서 일어난다."라는 것이 두 번째 사안이다. "지팡이를 잡고서 일어난다."라는 것이 세 번째 사안이다. "얼굴에 때를 묻힌다."라는 것이 네 번째 사안이다. '대머리'에 대한 것이 다섯 번째 사안이다. '곱사등이'에 대한 것이 여섯 번째 사안이다. '절름발이'에 대한 것이 일곱 번째 사안이다. '노인과 병자'에 대한 것이 여덟 번째 사안이다. 유울지[13]는 "부친이 생존해 계실 때 돌아가신 모친에 대한 경우가 첫 번째 사안이다."라고 하여, 지팡이를 잡거나 잡지 않는 등의 경우를 수치 안에 포함시키지 않았다. 황간[14]과 웅안생도 모두 이러한 의미에 따라서 주장을 펼쳤다. 그런데 현재 경문을 살펴보면, 모친을 위해서 기년상을 지낸다는 것은 앞의 경문에 속해 있다. 정현은 기년상을 지낸다는 구문 아래에 "3일 째에 죽을 마시고, 3개월째에 목욕을 한다."라는 사안에 대해 주를 기록하였으니, 이것은 모친을 위해서 기년상을 치른다는 문장이 곧 절제(節制)에 포함되며, 그 뒤에 있는 권제(權制)의 용례에 포함될 수 없다는 사실을 나타낸다. 또한 이곳 경문은 권제(權制)에 대한 항목을 열거하며, 곧 지팡이를 잡고 지팡이를 잡지 않는 조항을 기재하고 있다. 그리고 이곳 경문의 끝에서는 또한 여덟 가지라고 결론적으로 말을 했으니, 이 말은 이곳 경문에 기록된 여덟 가지 사안들에 대해서 총괄한 것이다. 이곳 경문에 기록된 지팡이에 대한 조항을 수치로 포함시키지 않는다면, 지팡이에 대한 문장은 헛되이 기록된 것이 된다. 따라서 유울지의 주장은 아마도 옳은 말은 아닌 것 같으니, 현명한 자들의 선택을 기다린다.

---

13) 유울지(庾蔚之, ?~?) : =유씨(庾氏). 남조(南朝) 때 송(宋)나라 학자이다. 저서로는 『예기약해(禮記略解)』, 『예론초(禮論鈔)』, 『상복(喪服)』, 『상복세요(喪服世要)』, 『상복요기주(喪服要記注)』 등을 남겼다.

14) 황간(皇侃, A.D.488~A.D.545) : =황씨(皇氏). 남조(南朝) 때 양(梁)나라의 경학자이다. 『주례(周禮)』, 『의례(儀禮)』, 『예기(禮記)』 등에 해박하여, 『상복문구의소(喪服文句義疏)』, 『예기의소(禮記義疏)』, 『예기강소(禮記講疏)』 등을 지었지만, 현재는 전해지지 않는다. 그 일부가 마국한(馬國翰)의 『옥함산방집일서(玉函山房輯佚書)』에 수록되어 있다.

그림 6-1 ■ 시마복(緦麻服) 착용 모습

※ **출처:** 『삼재도회(三才圖會)』「의복(衣服)」 3권

그림 6-2 ■ 시마복(緦麻服) 각부 명칭

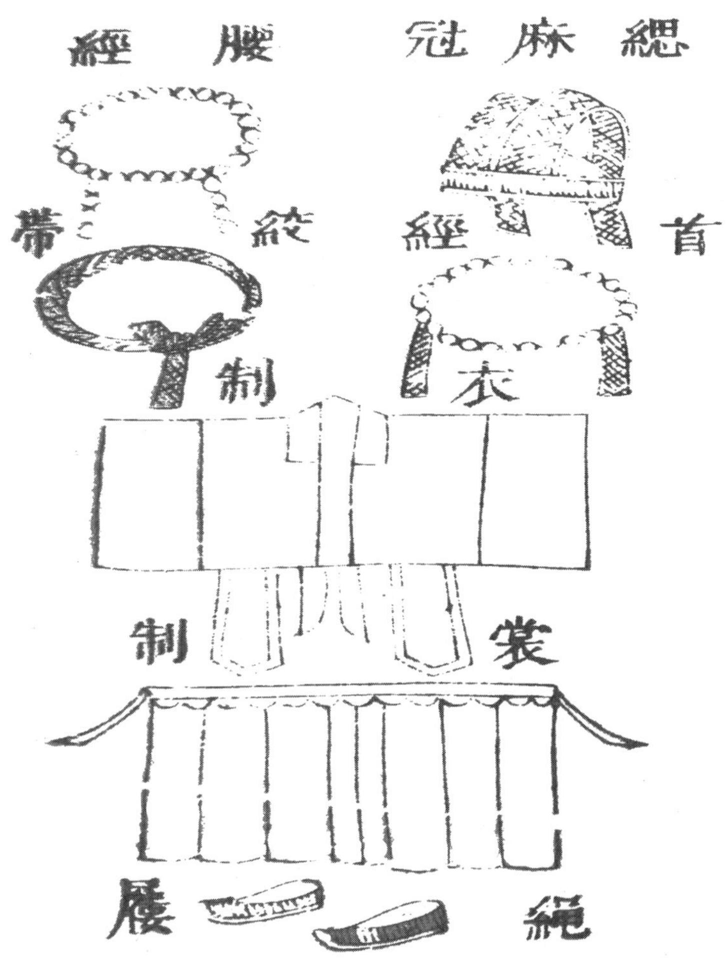

※ **출처:** 『삼재도회(三才圖會)』「의복(衣服)」 3권

• 제 7 절 •

면(免)을 하는 이유

【659c】

或問曰, "免者以何爲也?" 曰, "不冠者之所服也. 禮曰, '童子不緦, 唯當室緦', 緦者其免也, 當室則免而杖矣."

직역 或이 問하여 曰, "免者는 何로써 爲입니까?" 曰, "不冠者가 服한 所이다. 禮에서 曰, '童子는 不緦이나 唯히 當室만은 緦하며, 緦者는 그 免이니, 當室이라면 免하고 杖한다.'"

의역 어떤 이가 묻기를 "면(免)이라는 것은 어떤 용도로 사용하는 것입니까?" 라고 하자, 답하길 "관을 쓰지 않을 때 착용하는 복식이다. 『예』에서는 '어린아이는 상복을 착용하지 않는데, 오직 당실(當室)만이 상복을 착용한다.'라고 했는데, 상복을 착용하는 것은 면(免)을 하기 때문이니, 당실의 경우라면 면(免)을 하고 지팡이를 잡는다."라고 했다.

集說 劉氏曰: 已冠者爲喪變而去冠, 則必著免. 蓋雖去冠, 猶嫌於不冠, 故加免也. 童子初未冠, 則雖爲喪亦不免, 以其未冠, 故不嫌於不冠也. 若爲孤子而當室, 則雖童子亦免, 以其爲喪主而當成人之禮也. 如童子不杖, 以其不能病也, 而當室則杖. 童子不緦, 幼不能知疎遠之哀也, 而當室則緦. 緦者, 以其當室而爲成人之免且杖, 則亦可爲成人之緦矣. 故曰緦者以其免也.

번역 유씨[1)]가 말하길, 이미 관례를 치른 자가 상으로 인해 복식의 변화

---

1) 장락유씨(長樂劉氏, A.D.1017~A.D.1086) : =유씨(劉氏) · 유이(劉彝) · 유집중

를 주어 관을 제거한다면 반드시 면(免)을 한다. 비록 관을 제거하더라도 여전히 관을 쓰지 않는다는 것에 혐의를 두기 때문에 면(免)을 한다. 어린아이가 아직 관례를 치르지 않았다면, 비록 상을 치르더라도 또한 면(免)을 하지 않으니, 아직 관례를 치르지 않았기 때문이다. 그래서 관을 쓰지 않는다는 혐의를 받지 않는다. 만약 부모를 잃어 고아가 된 상태이고 당실(當室)[2]의 입장이라면, 비록 어린아이라도 또한 면(免)을 하니, 상주를 맡게 되어 성인이 따라야 하는 예법을 치러야 하기 때문이다. 어린아이가 지팡이를 잡지 않는 것은 상례의 절차를 모두 치르지 않아서 피로해질 수 없기 때문이지만, 당실의 경우라면 지팡이를 잡는다. 어린아이는 상복을 착용하지 않는데, 어려서 소원한 관계의 친족에 대해 슬픔을 느낄 수 없기 때문이지만, 당실이라면 상복을 착용한다. 상복을 착용하는 것은 당실의 입장이므로 성인이 해야 하는 면(免)과 지팡이를 잡는다고 했으니, 이 또한 성인이 착용하는 상복을 입을 수 있다는 뜻이다. 그렇기 때문에 "상복을 착용하는 것은 면(免)을 하기 때문이다."라고 했다.

大全 嚴陵方氏曰: 不緦則不杖, 不杖則不免, 此童子之正也. 當室者, 雖童子亦緦, 緦則免而杖矣. 童子以幼, 故不服族人之緦, 至當室, 雖未冠, 亦責以成人之備禮矣.

번역 엄릉방씨가 말하길, 상복을 착용하지 않는다면 지팡이를 잡지 않고, 지팡이를 잡지 않는다면 면(免)을 하지 않는 것이 어린아이가 따르는 정규 예법이다. 당실(當室)의 경우라면 비록 어린아이지만 또한 상복을 착용하고, 상복을 착용한다면 면(免)을 하고 지팡이를 잡는다. 어린아이는 너

(劉執中). 북송(北宋) 때의 성리학자이다. 자(字)는 집중(執中)이다. 복주(福州) 출신이며, 어려서 호원(胡瑗)에게서 학문을 배웠다. 『정속방(正俗方)』, 『주역주(周易注)』를 지었으나 현존하지 않는다. 『칠경중의(七經中議)』, 『명선집(明善集)』, 『거이집(居易集)』 등이 남아 있다.

2) 당실(當室)은 부친을 대신하여, 가사(家事)일을 돌본다는 뜻이다. 고대에는 대부분 장자(長子)가 이 일을 담당해서, 적장자(嫡長子)를 가리키기는 용어로도 사용하였다.

무 어리기 때문에 친족에 대한 상복을 착용할 수 없다. 그러나 당실의 경우에는 아직 관례를 치르지 않았더라도 또한 성인이 따라야 하는 정규 예법의 책무가 있다.

鄭注 怪本所爲施也. "不冠者", 猶未冠也. 當室, 謂無父兄而主家者也. 童子不杖, 不杖者不免, 當室則杖而免. 免, 冠之細別, 以次成人也. "緦者其免也", 言免乃有緦服也.

번역 면(免)을 시행하는 이유를 괴이하게 여긴 것이다. "관을 하지 않았다."는 말은 아직 관례를 치르지 않았다는 뜻이다. '당실(當室)'은 부친과 형이 없어서 집안의 가장이 된 자를 뜻한다. 어린아이는 지팡이를 잡지 않는데, 지팡이를 잡지 않는 자는 면(免)을 하지 않는다. 그러나 당실의 경우라면 지팡이를 잡고 면(免)을 한다. 면(免)은 관을 쓰는 것과 미세한 차이가 나서, 이를 통해 성인에 버금간다는 뜻을 나타낸다. "상복은 면(免)을 한다."라고 했는데, 면(免)을 착용하면 상복을 착용한다는 뜻이다.

釋文 何爲, 于僞反, 盡篇末文注皆同. 緦音思. 冠之, 古亂反.

번역 '何爲'에서의 '爲'자는 '于(우)'자와 '僞(위)'자의 반절음이며, 이후의 문장과 정현의 주에 나오는 이 글자는 모두 그 음이 이와 같다. '緦'자의 음은 '思(사)'이다. '冠之'에서의 '冠'자는 '古(고)'자와 '亂(란)'자의 반절음이다.

孔疏 ●"或問曰: 免者以何爲也"者, 此怪成人肉袒之時須著免. 今非成人, 肉袒亦有著免, 故問之云: 免者以何所爲?

번역 ●經文: "或問曰: 免者以何爲也". ○성인이 팔을 걷어 신체를 노출시킬 때 반드시 면(免)을 하는 것을 괴이하게 여긴 것이다. 현재 성인이 아닌데도 팔을 걷어 신체를 노출시키게 되면 또한 면(免)을 한다. 그렇기 때문에 "면(免)을 하는 것은 어떤 이유로 하는 것입니까?"라고 질문하였다.

孔疏 ●"曰: 不冠者之所服也", 此答問之辭也. 不冠, 謂未冠童子之所服, 以未冠, 故著免也.

번역 ●經文: "曰: 不冠者之所服也". ○이것은 질문에 답변한 말이다. '불관(不冠)'은 아직 관례를 치르지 않은 어린아이가 착용하는 복식을 뜻하니, 아직 관례를 치르지 않았기 때문에 면(免)을 한다는 의미이다.

孔疏 ●"禮曰: 童子不緦"者, 此喪服正經之文, 記者引之, 故稱"禮曰".

번역 ●經文: "禮曰: 童子不緦". ○이것은 『의례』「상복(喪服)」편의 경문으로,[3] 『예기』를 기록한 자가 그 내용을 인용한 것이기 때문에 '예왈(禮曰)'이라고 기록했다.

孔疏 ●"童子不緦"者, 言不爲族人著緦服也.

번역 ●經文: "童子不緦". ○친족을 위해 상복을 착용하지 않는다는 뜻이다.

孔疏 ●"唯當室緦"者, 謂童子無父兄當室, 主於家事, 唯此當室之童, 乃爲族人著緦服.

번역 ●經文: "唯當室緦". ○어린아이인데 부친과 형이 없어서 당실(當室)이 되어, 가사를 주관하는 자이니, 오직 이러한 당실에 해당하는 어린아이만이 친족을 위해 상복을 착용한다는 뜻이다.

孔疏 ●"緦者其免也"者, 作記者云: 所以此童子爲族人得著緦者, 以其無父兄當室之時, 即著免也. 以其無父兄, 而可依理, 故得爲族人著緦服也.

번역 ●經文: "緦者其免也". ○『예기』를 기록한 자가 한 말이니, 어린아

---

3) 『의례』「상복(喪服)」: 童子唯當室緦. 傳曰, 不當室則無緦服也.

이가 친족을 위해 상복을 착용할 수 있는 것은 부친과 형이 없어서 당실(當室)의 입장이 되었기 때문에 면(免)을 한다고 말한 것이다. 그에게 부친과 형이 없고 상례의 이치에 따를 수 있기 때문에 친족을 위해 상복을 착용할 수 있는 것이다.

孔疏 ●"當室則免而杖矣"者, 又明童子得免所由. 以其孤兒當室, 則得免而杖, 爲族人得著緦也. 若童子不當室, 則不得免及杖也.

번역 ●經文: "當室則免而杖矣". ○또한 어린아이가 면(免)을 할 수 있는 이유에 대해 설명한 것이다. 고아가 되었고 당실(當室)의 입장이라면, 면(免)을 하고 지팡이를 잡을 수 있으니, 친족을 위해 상복을 착용하기 때문이다. 만약 어린아이이고 당실의 입장이 아니라면 면(免)을 하거나 지팡이를 잡을 수 없다.

孔疏 ◎注云"免冠之細別, 以次成人也". ○正義曰: 解當室所著之意也. 言免是冠之流例也. 童子當室, 亞次成人, 故得著免也. 云"緦者其免也"者, 疊出經文也, 言免乃有緦服也. 鄭出緦其免之意, 言內爲父母著免, 乃有族人緦服. 言緦服由於著免, 是所以緦者, 由有免故也.

번역 ◎鄭注: "免冠之細別, 以次成人也". ○당실(當室)이 면(免)을 하는 뜻을 풀이한 말이다. 면(免)은 관의 일종이라는 의미이다. 어린아이지만 당실(當室)의 입장이라면 성인에 버금간다. 그렇기 때문에 면(免)을 할 수 있다. 정현이 "상복은 면(免)을 한다."라고 했는데, 이것은 경문을 재차 언급한 것이니, 면(免)을 하게 되면 상복을 착용하게 된다는 뜻이다. 정현은 상복을 착용하여 면(免)을 하게 된다는 의미를 도출한 것이니, 내상(內喪)[4]의 경우 부모를 위해서 면(免)을 착용하게 된다면, 친족에 대한 상복도 착용하게 된다는 뜻이다. 즉 상복을 착용하는 것은 면(免)을 하는 것에서 비롯되

4) 내상(內喪)은 대문(大門) 안에서 발생한 상(喪)을 뜻한다. 즉 집안에서 발생한 상(喪)을 뜻하며, 외상(外喪)과 반대가 된다.

니, 이것은 상복을 착용하는 것이 면(免)을 하는 데에서 비롯되었다는 의미이다.

訓纂 戴德曰: 童子當室, 謂年十五以上. 若世子生則杖, 故曾子問云, "子衰杖, 成子禮", 是也.

번역 대덕[5]이 말하길, 어린아이인데 당실(當室)에 해당하는 경우는 나이가 15세 이상일 때를 뜻한다. 만약 군주가 죽고 세자가 태어난 경우라면, 다른 사람을 대신 시켜 지팡이를 잡게 한다. 그렇기 때문에 『예기』「증자문(曾子問)」편에서는 "세자가 상복을 걸치고 다른 사람으로 하여금 지팡이를 잡게 하는 것은 정식 자식으로 인정받는 예법이다."라고 했다.

集解 愚謂: 童子不免・不緦・不杖, 蓋免所以代冠, 童子本未冠, 則不必有以代之也. 緦者服之末, 杖者服之重, 童子未能惇行孝弟, 恩不能以至緦, 而其於父母之喪, 亦未可責其病而予之以杖也. 惟無父兄而主家事, 則與族人有相接之恩, 而情不可以不免, 故爲應緦者服緦, 又於應著免之時則免也. 當室旣應著免, 則於其父母之喪, 又當爲喪主而杖矣.

번역 내가 생각하기에, 어린아이는 면(免)을 하지 않고 시마복(緦麻服)[6]을 착용하지 않으며 지팡이를 잡지 않는데, 면(免)이라는 것은 관을 대체하는 것이니, 어린아이는 본래 관례를 아직 치르지 않은 상태이므로,

---

5) 대덕(戴德, ?~?) : 전한(前漢) 때의 학자이다. 자(字)는 연군(延君)이다. 금문예학(今文禮學)인 대대학(大戴學)의 창시자로 일컬어진다. 조카 대성(戴聖), 경보(慶普) 등과 후창(后蒼)에게서 수학하여, 예(禮)를 익혔다. 선제(宣帝) 때에는 박사(博士)에 임명되기도 하였다. 그의 학문은 서량(徐良)과 유경(斿卿) 등에게 전수되었다. 『대대례기(大戴禮記)』를 편찬하였지만, 『소대례기(小戴禮記)』에 비해 성행되지 못하였으며, 현재는 많은 부분이 없어지고, 단지 삼십여 편만이 남아 있다.

6) 시마복(緦麻服)은 상복(喪服) 중 하나로, 오복(五服)에 속한다. 가장 조밀한 삼베를 사용해서 만든다. 이 복장을 입게 되는 기간은 상황에 따라서 차이가 있지만, 일반적으로 3개월이 된다. 친족의 백숙부모(伯叔父母)나 친족의 형제(兄弟)들 및 혼인하지 않은 친족의 자매(姊妹) 등을 위해서 입는다.

면(免)으로 대체할 필요가 없다. 시마복은 상복 중에서도 가장 수위가 낮은 것이고, 지팡이는 상복의 복식 중에서도 중요한 것인데, 어린아이는 아직까지 효제의 도리를 도탑게 시행할 수 없고, 그 은정에 있어서도 시마복의 관계에 있는 친족에게 미칠 수 없으며, 부모의 상에 있어서도 또한 몸을 병약하게 만들어야 하는 책무를 지지 않아 지팡이를 지급하지 않는다. 오직 부친이 없고 형도 없어서 가사를 주관하는 경우에만 족인들과 서로 교류해야 하는 은정이 있고, 정감에 있어서도 면(免)을 하지 않을 수가 없다. 그렇기 때문에 시마복을 착용해야 하는 상황이라면 시마복을 착용하고, 또 면(免)을 해야 하는 시기라면 면(免)을 하게 된다. 당실(當室)이 이미 상황에 따라 면(免)을 착용한다고 했다면, 자신의 부모상에 있어서도 마땅히 상주가 되어 지팡이를 잡게 된다.

참고 『의례』「상복(喪服)」 기록

경문 童子, 唯當室緦.

번역 어린아이의 경우 오직 당실(當室)만이 시마복(緦麻服)을 착용한다.

鄭注 童子, 未冠之稱也. 當室者, 爲父後, 承家事者, 爲家主, 與族人爲禮. 於有親者, 雖恩不至, 不可以無服也.

번역 '동자(童子)'는 아직 관례(冠禮)를 치르지 않은 자를 지칭한다. '당실(當室)'은 부친의 후계자로 가사를 계승하여 가장이 된 자이니, 족인들과 해당 의례를 시행한다. 친족관계에 있는 자에 대해서 비록 은정이 미치지 않더라도 상복을 착용하지 않을 수가 없다.

賈疏 ◎注"童子"至"服也". ○釋曰: 此云"當室"者, 周禮謂之"門子", 與宗室往來, 故爲族人有緦服. 云"童子, 未冠之稱"者, 謂十九已下. 按內則年二十

"敦行孝弟", 十九已下, 未能敦行孝弟, 非當室則無緦麻, 以當室故服緦也. 云"當室者, 爲父後, 承家事者", 以其言當室, 是代父當家事, 故云"爲家主, 與族人爲禮". "於有親者", 則族內四緦麻以來皆是也. 云"雖恩不至, 不可以無服也"者, 以其童子未能敦行孝弟, 故云恩不至, 與族爲禮而爲服, 故服之也. 若然, 不在緦章者, 若在緦章則外內俱報, 此當室童子, 直與族人爲禮, 有此服不及外親, 故不在緦章而在此記也.

번역 ◎鄭注: "童子"~"服也". ○이곳에서 '당실(當室)'이라고 했는데, 『주례』에서는 '문자(門子)'라고 했고,[7] 종실(宗室)과 왕래를 하기 때문에 족인들을 위해서 시마복을 착용하게 된다. 정현이 "'동자(童子)'는 아직 관례(冠禮)를 치르지 않은 자를 지칭한다."라고 했는데, 19세 이하의 자들을 뜻한다. 『예기』「내칙(內則)」편을 살펴보면, 20세에 대해서 "효제(孝悌)의 도리를 돈독히 실천한다."[8]라고 했으니, 19세 이하라면 아직까지 효제의 도리를 돈독히 실행할 수 없다. 따라서 당실이 아니라면 시마복을 착용하는 일이 없으니, 당실의 입장이기 때문에 시마복을 착용하는 것이다. 정현이 "'당실(當室)'은 부친의 후계자로 가사를 계승하여 가장이 된 자이다."라고 했는데, 당실이라고 말한 것은 그가 부친을 대신해서 가사를 주관하기 때문이다. 그래서 "가장이 된 자이니, 족인들과 해당 의례를 시행한다."라고 말한 것이다. 정현이 '친족관계에 있는 자에 대해서'라고 했다면, 친족 중 네 부류의 시마복을 착용하는 대상들에 대해 모두 이처럼 한다는 뜻이다. 정현이 "비록 은정이 미치지 않더라도 상복을 착용하지 않을 수가 없다."라고 했는데, 어린아이는 아직까지 효제의 도리를 돈독히 실행할 수 없기 때문에 은정이 미치지 못한다고 했다. 그러나 족인들과 해당 의례를 시행하여 상복을 착용하기 때문에 시마복을 입는 것이다. 만약 이와 같다면 '시마복장(緦麻服章)'에 포함되지 않는 이유는 만약 시마복장에 포함된

---

7) 『주례』「춘관(春官)·소종백(小宗伯)」: 掌三族之別, 以辨親疏. 其正室皆謂之門子, 掌其政令.

8) 『예기』「내칙(內則)」【368d】: 二十而冠, 始學禮, 可以衣裘帛, 舞大夏, 惇行孝弟, 博學不教, 內而不出.

다면 내외의 친족들에 대해서 모두 착용을 해야 한다. 그런데 여기에서 말한 당실은 어린아이이므로 단지 족인들과 해당 의례를 시행하게 되어, 이러한 상복규정이 외친(外親)에게까지는 미치지 않는다. 그렇기 때문에 시마복장에 수록되지 않고 이곳의 기문(記文)에 수록된 것이다.

경문 傳曰: 不當室則無緦服也.

번역 전문에서 말하길, 당실(當室)이 아니라면 시마복(緦麻服)을 착용하지 않는다.

賈疏 ○釋曰: 記自云"唯當室緦", 自然不當室則無緦服. 而傳言之者, 按曲禮云: "孤子當室, 冠衣不純采." 但是孤子, 皆不純以采. 曲禮言之者, 嫌當室與不當室異, 故言之. 此傳恐不當室與當室者同, 故明之也.

번역 기문에서는 "오직 당실만이 시마복을 착용한다."라고 했으니, 자연히 당실이 아니라면 시마복을 착용하지 않는다. 그런데도 전문에서 이 사실을 언급한 이유는 『예기』「곡례(曲禮)」편을 살펴보면, "부모가 돌아가셔서 고아가 된 자들 중에 부친의 뒤를 이은 적장자는 관과 의복에 대해서 채색으로 가선을 대지 않는다."[9]라고 했다. 이것은 단지 고아가 된 자들은 모두 채색으로 가선을 대지 않는다는 사실을 나타낸다. 「곡례」편에서 언급한 것은 당실이나 당실이 아닌 자들 사이에 차이가 있을까 의심되기 때문에 언급한 것이다. 이곳 전문에서는 당실이 아닌 자와 당실인 자가 동일하게 따를까 염려했기 때문에 그 사실을 밝힌 것이다.

참고 『예기』「곡례상(曲禮上)」 기록

경문-16b 孤子當室, 冠衣不純采.

---

9) 『예기』「곡례상(曲禮上)」【16b】: 孤子當室, 冠衣不純采.

번역 부모가 돌아가셔서 고아가 된 자들 중에 부친의 뒤를 이은 적장자는 관(冠)과 의복에 채색으로 가선을 대지 않는다.

鄭注 早喪親, 雖除喪, 不忘哀也. 謂年未三十者. 三十壯, 有室, 有代親之端, 不爲孤也. 當室, 適子也. 深衣曰: "孤子衣純以素."

번역 어린 나이에 부모의 상을 당하게 되면, 비록 상이 끝났다고 하더라도 애달픈 마음을 잊을 수가 없다. 따라서 이 문장의 내용은 아직 30세가 되지 못한 자에게 해당하는 규정이다. 30세가 되면, 장성하게 되어 혼인을 하게 되고,[10] 또한 자식을 낳게 되므로, 부친의 대를 잇는 단서를 갖추게 되니, 이러한 자들은 부모를 여의게 되더라도, 그들을 고아[孤]라고 부르지 않는 것이다. '당실(當室)'은 적장자를 뜻한다. 『예기』「심의(深衣)」편에서는 "고아[孤子]인 경우, 옷에 순백색으로 가선을 댄다."[11]라고 했다.

孔疏 ●"孤子"至"純采". ○正義曰: 上言有親而不素, 此言無親而素者也. 孤子謂二十九以下而無父者, 當室謂適子也. 旣少孤, 故雖除服, 猶自素也. 然深衣云: "孤子衣純以素." 則嫡庶悉然. 今云"當室", 則似庶子不同, 所以爾者, 通者有二, 云凡子皆然, 豈唯當室, 但嫡子內理烝嘗, 外交宗族, 代親旣備, 嫌或不同, 故特明之, 所以鄭引深衣爲注, 會證凡孤子悉同也. 崔靈恩云: "指謂當室, 不當室則純采, 所以然者, 當室之孤, 內理烝嘗, 外交宗族, 所履之事, 莫不傷心, 故特純素示哀也. 深衣不云當室者, 文略耳."

번역 ●經文: "孤子"~"純采". ○앞의 경문에서는 "부모가 생존해 계시다면, 의관(衣冠)에 흰색의 가선을 대지 않는다."라고 하였고, 이곳 경문에서는 "부친이 돌아가셔서 없는 경우에는 의관에 흰색의 가선을 댄다."라고 하였다. 고아[孤子]는 나이가 29세 이하인 자들 중에서 부모가 없는 자를

---

10) 『예기』「곡례상(曲禮上)」【12b】: 人生十年曰幼, 學. 二十曰弱, 冠. 三十曰壯, 有室.

11) 『예기』「심의(深衣)」【674d】: 具父母大父母, 衣純以繢. 具父母, 衣純以靑. 如孤子, 衣純以素. 純袂緣純邊, 廣各寸半.

가리키고, '당실(當室)'은 적장자를 뜻한다. 어린 나이에 부모를 여의었기 때문에, 비록 상복을 벗게 되었더라도, 여전히 제 스스로 흰색의 가선을 대는 것이다. 한편『예기』「심의(深衣)」편에서는 "고자(孤子)인 경우, 옷에 순백색으로 가선을 댄다."라고 하였으니, 적장자나 그 외의 아들들[庶子]도 모두 그렇게 입는다는 뜻이 된다. 그런데 이곳 문장에서는 '당실'이라는 말을 명시하였으니, 적장자에 대한 규정은 서자들과는 달랐다는 뜻처럼 보인다. 이처럼 차이점을 보이는 이유에 대해서는 두 종류의 해석이 있는데, 첫 번째는 적장자나 서자의 구분 없이 모든 아들들이 이처럼 착용하는 것으로, 어찌 적장자만이 이러한 규정을 따르겠느냐는 주장이다. 다만 적장자는 내적으로는 증상(烝嘗)[12]과 같은 제사를 지내야 하고, 외적으로는 종족(宗族)들과 교류를 하게 되어, 부친의 임무를 대신하는 일들을 모두 따르게 된다. 따라서 혹여 나머지 아들들과 복장방식을 다르게 하지는 않을까 염려가 되었기 때문에, 특별히 적장자라고 명시를 했던 것이니, 정현이「심의」편의 문장을 인용하여, 주를 작성한 것 또한 모든 아들들이 이러한 복장방식을 동일하게 지킨다는 사실을 증명하기 위함이라는 해석이다. 한편 최영은은 "이 문장은 적장자에 대한 내용으로, 적장자가 아닌 자들은 채색으로 가선을 댄 옷을 입는다. 그러한 까닭은 고아가 된 자들 중 적장자는 내적으로 '증상'과 같은 제사를 지내야 하고, 외적으로는 종족들과 교류를 하게 되어, 내외적으로 실행하는 모든 일들이 부모가 생전에 하던 일들이었으므로, 그의 마음을 아프게 하지 않는 것들이 없게 된다. 그렇기 때문에 적장자만이 특별히 흰색의 가선을 댄 의관을 착용하여, 애도의 뜻을 표시하는 것이다.

---

12) 증상(烝嘗)은 종묘(宗廟)에서 지내는 가을 제사와 겨울 제사를 가리킨다. 또한 '증상'은 종묘에 대한 제사를 총칭하는 용어로도 사용된다. 사계절마다 큰 제사를 지내게 되는데, 계절별 제사 명칭이 다르며, 문헌마다 조금씩 차이를 보인다. 예를 들어『춘추번로(春秋繁露)』「사제(四祭)」편에는 "四祭者, 因四時之所生孰而祭其先祖父母也. 故春曰祠, 夏曰礿, 秋曰嘗, 冬曰蒸."이라고 하여, 봄 제사를 사(祠), 여름 제사를 약(礿), 가을 제사를 상(嘗), 겨울 제사를 증(蒸)이라고 설명했다. 한편『예기』「왕제(王制)」편에는 "天子諸侯宗廟之祭, 春曰礿, 夏曰禘, 秋曰嘗, 冬曰烝."이라고 하여, 봄 제사를 약(礿), 여름 제사를 체(禘), 가을 제사를 상(嘗), 겨울 제사를 증(烝)이라고 설명했다.

「심의」편에서 '당실'이라고 언급하지 않은 것은 단순히 문장을 생략한 것일 뿐이다."라고 주장한다.

孔疏 ◎注"早喪"至"以素". ○正義曰: 三十以外遭喪者, 除服後卽得純采. 今所言雖是除喪, 未三十不得純采. 若至三十, 則亦采也, 故云"當室, 適子也. 深衣曰: '孤子衣純以素也.'" 然注前解適子, 後引深衣, 似崔解也. 深衣不言冠者, 從可知也.

번역 ◎鄭注: "早喪"~"以素". ○30세가 넘어서 부친상을 당하게 된 경우, 상복을 벗은 이후에는 채색으로 가선을 댈 수 있다. 이곳 문장에서 언급하는 상황은 비록 상복을 벗었다고 하더라도, 아직 30세가 안 된 상태이므로, 순색에 채색이 가미된 옷을 입을 수 없는 것이다. 만약 이곳 문장에서 설명하는 경우에 해당한다고 하더라도, 그 아들이 30세에 이르게 된다면, 또한 채색으로 가선을 댄다. 그래서 정현은 "'당실(當室)'은 적장자를 뜻한다. 『예기』「심의(深衣)」편에서 '고자(孤子)인 경우, 옷에 순백색으로 가선을 댄다.'"라고 말한 것이다. 그런데 정현의 주에서는 먼저 적장자에 대한 풀이를 하고, 그 이후에 「심의」편을 인용하고 있으니, 최영은의 해석과 일치하는 것 같다. 따라서 「심의」편에서 의복에 대한 언급만 하고, 관(冠)에 대해서 언급하지 않은 것도 '당실'에 대한 경우처럼 문장을 생략해서 기록한 것임을 알 수 있다.

集解 愚謂: 深衣云, "具父母, 衣純以靑; 孤子, 衣純以素", 是非具父母卽爲孤子矣. 鄭云未三十無父者乃爲孤, 非也. 孔氏謂凡孤皆不純采, 崔氏謂惟當室者不純采, 呂氏說與崔氏同, 朱子則存孔氏之說. 然考問喪云, "童子不緦, 唯當室緦. 緦者其免也, 當室則免而杖矣." 是童子當室者之服皆重於其不當室者. 若此冠衣不純采, 凡孤皆然, 則不必嫌當室者之不然而特明之矣. 今特言"孤子當室", 則是惟當室者有此禮, 而餘孤不然也. 蓋以適子傳重, 所感彌深故也. 深衣不言當室, 乃文略爾.

번역 내가 생각하기에, 『예기』「심의(深衣)」편에서는 "부모가 생존해 계시면, 의복은 청색으로 가선을 대고, 고아가 된 자들은 흰색으로 가선을 댄다."라고 했으니, 이 말은 곧 부모가 생존해 계시지 않다면, '고아[孤子]'에 해당된다는 뜻이다. 따라서 정현이 30세가 되지 않은 자들 중에서 부모가 없는 자가 '고자(孤子)'가 된다고 설명한 것은 잘못된 주장이다. 공영달은 무릇 고아들은 모두 채색으로 가선을 대지 않는다고 하였고, 최영은은 오직 적장자만이 채색으로 가선을 대지 않는다고 하였으며, 여대림[13]의 주장도 최영은의 주장과 같고, 주자(朱子)는 공영달의 주장에 동의하였다. 그러나 『예기』「문상」편을 살펴보면, "동자(童子)들은 시마복(緦麻服)을 입지 않지만, 오직 적장자에 해당하는 경우에만 시마복을 입는다. 시마복을 입는 자들은 면복(免服)[14]을 하고, 적장자인 경우에는 '면복'에 지팡이까지 든다."라고 했다. 즉 이 내용은 동자(童子)들 중에서도 적장자가 착용하는 상복은 모든 경우에 있어서 적장자가 아닌 자들이 착용하는 상복보다 그 수위가 더 무겁다는 뜻을 나타낸다. 만약 이곳 문장에서 언급한 "의관(衣冠)에 채색으로 가선을 대지 않는다."는 규정을 모든 아들들이 다 따랐다고 한다면, 적장자만이 이 규정을 따르지 않을까를 염려하여, 특별히 명시할 필요가 없게 된다. 따라서 이곳 문장에서 특별히 '고아이면서 적장자인 자[孤子當室]'라고 언급하였다면, 이 말은 곧 오직 적장자에게만 이러한 규정들이 적용되었고, 나머지 아들들은 그렇게 하지 않았다는 사실을 뜻한다. 아마도 이러한 규정을 정했던 이유는 적장자는 부모로부터 중대한 임무를 전수받았으므로, 그가 느끼는 애달픈 감정은 더욱 깊었기 때문일 것이다. 「심의」편에서 '당실(當室)'이라는 말을 언급하지 않은 것은 단지 문장을 생략해서 기록했기 때문이다.

---

13) 남전여씨(藍田呂氏, A.D.1040~A.D.1092) : =여대림(呂大臨)·여씨(呂氏)·여여숙(呂與叔). 북송(北宋) 때의 학자이다. 이름은 대림(大臨)이고, 자(字)는 여숙(與叔)이며, 호(號)는 남전(藍田)이다. 장재(張載) 및 이정(二程)형제에게서 수학하였다. 저서로는 『남전문집(藍田文集)』 등이 있다.

14) 면복(免服)은 상복(喪服)의 한 종류이다. 면(免)과 최질(衰絰)을 하는 것이며, 친상(親喪)을 처음 당했을 때 착용하는 복장이다.

참고 『예기』「심의(深衣)」 기록

경문-674d 具父母・大父母衣純以繢. 具父母衣純以青. 如孤子, 衣純以素. 純袂緣・純邊, 廣各寸半.

번역 부모와 조부모가 모두 생존해 계시다면 옷에 무늬를 그린 것으로 가선을 댄다. 부모만 생존해 계시다면 옷에 청색으로 가선을 댄다. 부친이 이미 돌아가신 자라면 옷에 흰색으로 가선을 댄다. 소매의 입구에 가선을 두르고 앞자락의 측면과 밑에 가선을 두르는데, 그 너비는 각각 1.5촌(寸)으로 한다.

鄭注 尊者存, 以多飾爲孝. 繢, 畫文也. 三十以下無父稱孤. 純, 謂緣之也. 緣袂, 謂其口也. 緣, 緆也. 緣邊, 衣裳之側. 廣各寸半, 則表裏共三寸矣. 唯袷廣二寸.

번역 존귀한 자가 생존해 계실 때에는 장식을 많이 하는 것을 효로 여긴다. '궤(繢)'는 무늬를 그린 것이다. 30세 이하 중 부친이 없는 자는 고아[孤]라고 부른다. '순(純)'자는 가선을 댄다는 뜻이다. 소매에 가선을 두른다는 말은 소매의 입구를 뜻한다. '연(緣)'자는 하의의 아랫단을 뜻한다. 변두리에 가선을 두른다는 것은 하의의 측면을 뜻한다. 그 너비가 각각 1.5촌(寸)이라면, 겉감과 안감을 합치면 3촌이 된다. 오직 옷깃에 대는 것만 그 너비가 2촌이다.

孔疏 ●"具父母・大父母, 衣純以繢"者, 所尊俱在, 故"衣純以繢". 言"具父母", 則父母俱在也, "大父母", 則亦然也. 若其不具, 一在一亡, 不必純以繢也.

번역 ●經文: "具父母・大父母, 衣純以繢". ○존귀하게 여기는 자가 모두 생존해 계시기 때문에 "옷에 무늬를 그린 것으로 가선을 댄다."라고 말한 것이다. "부모가 생존해 계시다."라고 했으니, 부모 모두 생존해 계신 것을 뜻하며, '대부모(大父母)'라고 했으니, 조부모 또한 모두 생존해 계신 것이다. 만약 모두 생존해 계시지 않아서, 부친이나 모친 중 어느 한쪽만 생존해 계시고 어느 한쪽이 이미 돌아가신 상태라면, 반드시 채색된 것으로 가선을 댈 필요가 없다.

孔疏 ●"具父母, 衣純以靑"者, 唯有父母, 而無祖父母者, 以爲吉不具, 故飾少, 而深衣領緣用靑純, 降於繢也. 若父母無, 唯祖父母在, 亦當純以靑.

번역 ●經文: "具父母, 衣純以靑". ○오직 부모만 생존해 계시고 조부모가 없는 자라면 길례의 복식을 모두 갖추지 않기 때문에 장식을 조금만 하며, 심의(深衣)의 옷깃과 가선에 대해서도 청색의 가선을 사용하니, 무늬를 그린 것보다 낮추기 때문이다. 만약 부모가 돌아가셨고 오직 조부모만 생존해 계신 경우라면, 또한 마땅히 청색으로 가선을 대야 한다.

孔疏 ●"純袂·緣·純邊, 廣各寸半"者, 純袂者, 純, 緣也, 謂純其袂. 緣則袂口也. 又云"緣, 讀爲緆", 謂深衣之下純也. 純邊者, 謂深衣之旁側也. "廣各寸半"者, 言純袂口及裳下之緆幷純旁邊, 其廣各寸半. 言表裏合爲三寸.

번역 ●經文: "純袂·緣·純邊, 廣各寸半". ○'순메(純袂)'라고 했는데, '순(純)'자는 "가선을 댄다[緣]."는 뜻이니, 소매에 가선을 대는 것이다. 가선을 두른다면 소매의 입구에 하는 것이다. 또 "'연(緣)'자는 '석(緆)'자로 풀이한다."라고 했으니, 심의(深衣)의 하단에 다는 가선을 뜻한다. '순변(純邊)'은 심의의 측면에 대는 가선을 뜻한다. 경문의 "廣各寸半"에 대하여. 소매의 입구 및 하의의 아랫단에 가선을 두르고 측면에도 가선을 두르는데, 그 너비가 각각 1.5촌(寸)이라는 뜻이다. 즉 안감과 겉감을 합치면 총 3촌이 된다는 의미이다.

孔疏 ◎注"純謂"至"二寸". ○正義曰: "純謂緣之"者, 解經文二箇"純"字, 一是純袂, 二是純邊, 皆謂緣之也. 云"緣袂, 謂其口"也, 經言"純袂", 恐口外更緣, 故云"純袂", 則是緣其袂口也, 非是口外更有緣也, 故分明言之. 云"緣,緆也", 解經"緣"字讀爲"緆", 謂深衣下畔也. 故旣夕禮云: "明衣縓綼緆." 鄭注云: "在幅曰綼, 在下曰緆." 今經云此緆, 則深衣之下緣也. 云"緣邊, 衣裳之側", 解經"純邊"也. 深衣外衿之邊有緣也. 裳雖前後相連, 然外邊曲裾揜處, 其側亦有緣也.

번역 ◎鄭注: "純謂"~"二寸". ○정현이 "'순(純)'자는 가선을 댄다는 뜻이다."라고 했는데, 경문에 나오는 2개의 '순(純)'자를 풀이한 것이니, 하나는 소매에 가선을 두르는 것이고, 다른 하나는 하의의 측면에 가선을 두르는 것으로, 이 모두는 가선을 댄다는 것을 뜻한다. 정현이 "소매에 가선을 두른다는 말은 소매의 입구를 뜻한다."라고 했는데, 경문에서 '순몌(純袂)'라고 했는데, 입구 외에 별도로 가선을 대는 것으로 오해할 수도 있기 때문에 '순몌(純袂)'라고 했으니, 이것은 소매의 입구에 가선을 두른다는 뜻이며, 입구 외에 별도로 다른 곳에 가선을 두른다는 뜻이 아니다. 그렇기 때문에 분명하게 언급했다. 정현이 "'연(緣)'자는 하의의 아랫단을 뜻한다."라고 했는데, 이것은 경문에 나온 '연(緣)'자를 '석(緆)'자로 풀이해야 한다고 설명한 것으로, 심의(深衣)의 아랫단을 뜻한다. 그렇기 때문에 『의례』「기석례(旣夕禮)」편에서는 "명의(明衣)[15]는 하의의 장식과 아랫단을 분홍색으로 한다."[16]라고 했고, 정현의 주에서는 "치마의 폭에 있는 장식을 '벽(綼)'이라고 부르며, 아랫단을 '석(緆)'이라고 부른다."라고 한 것이다. 현재 이곳 경문에서 '석(緆)'이라고 한 것은 심의의 아랫단에 달린 가선을 뜻한다. 정현이 "변두리에 가선을 두른다는 것은 하의의 측면을 뜻한다."라고 했는데, 경문에 나온 '순변(純邊)'이라는 말을 풀이한 것이다. 심의 겉의 앞자락 측면에는 가선을 두른다. 하의는 비록 전면과 후면이 서로 연결되어 있지만 겉의 측면 중 곡거(曲裾)를 두어서 가리게 하는 부분에 대해서는 그 측면에도 또한 가선을 두른다.

---

15) 명의(明衣)는 가장 안쪽에 입는 내의를 뜻한다. 재계를 할 때 목욕을 한 이후에 명의를 착용하며, 시신에 대한 염습(殮襲)을 할 때에도 시신을 닦은 이후 명의를 입혔다.
16) 『의례』「기석례(旣夕禮)」: 縓綼緆.

集說 呂氏曰: 三十以下無父者, 可以稱孤. 若三十之上有爲人父之道, 不言孤也. 純袂, 緣, 純邊, 三事也. 謂袂口裳下衣裳邊皆純也. 亦見既夕禮.

번역 여씨가 말하길, 30세 이하의 사람 중 부친이 없는 자는 고아[孤]라고 부를 수 있다. 만약 30세 이상이라면 부친이 되는 도리를 포함하고 있으니, 고아라고 부를 수 없다. '순메(純袂)'·'연(緣)'·'순변(純邊)'은 세 가지 사안을 뜻한다. 즉 소매의 입구, 하의의 아래, 하의의 측면에는 모두 가선을 댄다. 이러한 사실은 『의례』「기석례(既夕禮)」편에도 나온다.

集解 愚謂: 繢·青·素, 皆緇也. 朝祭之服, 其飾有一定, 深衣用於燕居, 故其飾有是三者之異. 上云"具父母, 衣純以青", 下言"孤子, 衣純以素", 則是無父者皆孤也. 鄭云"三十以下無父爲孤", 非也. 家無二尊, 父沒母存, 則純當以素; 母沒父存, 純猶以青也. 大父母亦然. 孔概云"一在一亡, 不得純以繢", 亦非也.

번역 내가 생각하기에, 무늬를 그린 것, 청색, 흰색은 모두 비단을 뜻한다. 조복(朝服)과 제복(祭服)은 장식에 있어서 일정한 제도가 있는데, 심의(深衣)는 한가롭게 거처할 때 사용하는 것이기 때문에, 장식에 있어서도 이처럼 세 가지 차이가 생긴다. 앞에서는 "부모가 모두 생존해 계시다면 옷에는 청색으로 가선을 댄다."라고 했고, 뒤에서는 "고아라면 옷에는 흰색으로 가선을 댄다."라고 했으니, 이것은 부친이 없는 자를 모두 고아라고 부른다는 사실을 뜻한다. 정현은 "30세 이하 중 부친이 없는 자는 고아라고 한다."라고 했는데, 잘못된 주장이다. 집안에는 존귀한 자가 2명이 있을 수 없으니, 부친이 돌아가시고 모친만 생존해 계시다면 가선은 마땅히 흰색으로 대야 하며, 모친이 돌아가시고 부친이 생존해 계시다면 가선은 여전히 청색으로 대야 한다. 조부모에 대해서도 이처럼 한다. 공영달은 일괄적으로 "한쪽이 생존해 계시고 다른 한쪽이 돌아가신 경우라면, 무늬를 그린 것으로 가선을 댈 수 없다."라고 했는데, 이 또한 잘못된 주장이다.

참고 『예기』「상복소기(喪服小記)」 기록

경문-422a 緦小功, 虞卒哭則免.

번역 시마복(緦麻服)과 소공복(小功服)[17]을 치르는 상에서는 우제(虞祭)와 졸곡(卒哭)[18]을 치르게 되면, 면(免)을 한다.

鄭注 棺柩已藏, 嫌恩輕可以不免也. 言則免者, 則旣殯先啓之間, 雖有事不免.

번역 관을 실은 영구를 이미 매장했다면, 은정이 가벼워서 면(免)을 하지 않아도 된다고 오해할 수도 있기 때문이다. "곧 면(免)을 한다."라고 말했다면, 이미 빈소를 차린 후부터 계빈(啓殯)을 하기 이전까지는 비록 처리할 일이 있더라도 면(免)을 하지 않는 것이다.

孔疏 ●"緦・小功, 虞・卒哭則免"者, 言遭緦・小功之喪, 棺柩在時, 則當著免. 今至虞・卒哭之時, 棺柩雖藏已久, 至虞・卒哭之時, 亦著免也.

번역 ●經文: "緦・小功, 虞・卒哭則免". ○시마복과 소공복을 착용해야 하는 상을 당했는데, 관을 실은 영구가 아직 빈소에 있을 때라면, 마땅히 면(免)을 착용해야 한다. 현재는 우제와 졸곡을 치르는 시기가 되어, 관을 실은 영구가 비록 장례를 치른 지 오랜 기간이 흐른 것이지만, 우제와 졸곡을 치르는 시기가 되면, 또한 면(免)을 한다.

---

17) 소공복(小功服)은 상복(喪服) 중 하나로, 오복(五服)에 속한다. 조밀한 삼베를 사용해서 만들며, 대공복(大功服)에 비해서 삼베의 재질이 조밀하기 때문에, '소공복'이라고 부른다. 이 복장을 입게 되는 기간은 상황에 따라 차이가 생기지만, 일반적으로 5개월이 된다. 백숙(伯叔)의 조부모나 당백숙(堂伯叔)의 조부모, 혼인하지 않은 당(堂)의 자매(姊妹), 형제(兄弟)의 처 등을 위해서 입는다.

18) 졸곡(卒哭)은 우제(虞祭)를 지낸 뒤에 지내는 제사이다. 이 제사를 지내게 되면, 수시로 곡(哭)하던 것을 멈추고, 아침과 저녁때에만 한 번씩 곡을 하게 된다. 그렇기 때문에 '졸곡'이라고 부르게 된 것이다.

孔疏 ◎注"言則"至"不免". ○正義曰: 言"則免"者, 則既殯先啓之間, 雖有事不免者, 以經云: "虞·卒哭則免." 明未虞之前, 則不免也. 虞前有葬, 葬是喪之大事, 棺柩既啓, 著免可知. 嫌虞與卒哭棺柩既掩, 不復著免, 故特言"虞·卒哭"以明之也.

번역 ◎鄭注: "言則"~"不免". ○정현이 "곧 면(免)을 한다."라고 했다면, 이미 빈소를 차린 후로부터 계빈(啓殯)을 하기 이전까지는 비록 일이 있더라도 면(免)을 하지 않는데, 그 이유는 경문에서 "우제와 졸곡이 되면 면(免)을 한다."라고 했기 때문이니, 아직 우제를 치르기 이전이라면, 면(免)을 하지 않는다는 사실을 나타낸다. 우제를 치르기 이전에는 장례 절차를 시행하고, 장례는 상의 절차 중 중대사에 해당하며, 관을 실은 영구에 대해서, 이미 계빈을 하였다면, 면(免)을 하게 된다는 사실을 알 수 있다. 우제와 졸곡에서 관을 실은 영구가 땅에 묻혀서 다시 면(免)을 착용하지 않는다고 오해할 수 있기 때문에, 특별히 우제와 졸곡을 언급해서, 이러한 사실을 나타낸 것이다.

集說 緦與小功, 服之輕者也. 殯之後啓之前, 雖有事不免, 及虞與卒哭則必免, 不以恩輕而略於後也.

번역 시마복과 소공복은 상복 중에서도 수위가 낮은 것이다. 빈소를 차린 이후로부터 가매장한 영구를 열기 이전까지 비록 처리하는 일이 있더라도 면(免)을 하지 않는데, 우제와 졸곡을 치르게 되면, 반드시 면(免)을 하니, 은정이 가볍더라도 그 뒤의 일들에 대해 소략하게 대하지 않기 때문이다.

集解 愚謂: 虞·卒哭則免, 已卒哭變葛, 乃不免也.

번역 내가 생각하기에, 우제와 졸곡을 치르게 되면 면(免)을 하고, 이미 졸곡을 끝내서, 갈(葛)로 된 질(絰)로 바꾸게 되면, 면(免)을 하지 않는다.

참고 『예기』「상복소기(喪服小記)」 기록

경문-422a 旣葬而不報虞, 則雖主人皆冠, 及虞則皆免.

번역 이미 장례를 치렀지만, 특별한 사정 때문에 신속히 우제를 치르지 못하는 경우라면, 비록 상주라 하더라도 모두 관(冠)을 쓰고, 우제를 치르게 되면, 모두 면(免)을 한다.

鄭注 有故不得疾虞, 雖主人皆冠, 不可久無飾也. 皆免, 自主人至緦麻.

번역 특별한 사정이 있어서 신속히 우제를 치르지 못한 경우로, 비록 상주라도 모두 관(冠)을 쓰니, 오래도록 장식을 하지 않을 수 없기 때문이다. 모두 면(免)을 한다고 했는데, 상주로부터 시마복을 입은 자들까지이다.

孔疏 ◎注"有故"至"緦麻". ○正義曰: 前云"赴葬"者, 赴虞, 於疾葬者疾虞, 今依時而葬, 不依時而虞, 主人以下則皆冠, 不可久無飾也. 經云"及虞則皆免", 承上文"緦·小功"之下, 故知主人及緦麻皆免也.

번역 ◎鄭注: "有故"~"緦麻". ○앞에서는 "신속히 장례를 치른다."라고 했는데, 신속히 우제를 치른다는 말은 신속히 장례를 치른 경우에는 신속히 우제를 치르는 것이며, 현재는 정해진 시기에 따라서 장례를 치렀지만, 정해진 시기에 우제를 치르지 못한 경우로, 상주로부터 그 이하의 사람들은 모두 관(冠)을 쓰니, 오래도록 장식을 하지 않을 수 없기 때문이다. 경문에서는 "우제를 치르게 되면 모두 면(免)을 한다."라고 했는데, 이것은 앞의 "시마복과 소공복이다."라고 한 문장 뒤에 연이어 있기 때문에, 상주 및 시마복을 착용하는 자들까지 모두 면(免)을 한다는 사실을 알 수 있다.

大全 山陰陸氏曰: 旣葬而不報虞, 則雖主人皆冠, 此言過期而葬也. 蓋亦報虞姑然者, 以亦報虞知之也. 蓋禮如期而葬, 如期則虞, 故曰葬而虞, 弗忍一日離也. 不及時而葬, 渴葬也, 過時而葬, 慢葬也, 故禮使後其虞, 以責子道, 先王之所以必其時也. 會葬者, 葬已而去, 卽欲會虞, 報而後知之. 言雖主人皆冠, 嫌不冠也, 及虞則皆免, 據此報葬虞自有日. 但禮文殘闕, 其期不得而知也.

번역 산음육씨가 말하길, 이미 장례를 치렀는데도 신속히 우제를 치르지 않았다면, 비록 상주라도 모두 관(冠)을 쓴다고 했는데, 이것은 기간을 지나쳐서 장례를 치른 경우이다. 무릇 신속히 우제를 치르는 것을 잠시 미룬 경우에도 신속히 우제를 치러야 한다는 사실을 알 수 있다. 무릇 예법에 따르면, 정해진 시기가 되어야만 장례를 치르고, 또 정해진 시기가 되어야만 우제를 치른다. 그렇기 때문에 "장례를 치르고 곧바로 우제를 치르는 것은 하루라도 신령이 떨어져 있는 것을 참아낼 수 없기 때문이다."[19]라고 한 것이다. 시기가 되지도 않았는데 장례를 치르는 경우는 갈장(渴葬)에 해당하고, 시기를 넘겨서 장례를 치르는 경우는 만장(慢葬)에 해당한다. 그렇기 때문에 예법에서는 우제를 뒤늦게 치르게 함으로써, 자식에 대한 도리로써 책임을 추궁하니, 선왕이 반드시 정해진 시기에 맞추게끔 했던 방법이다. 장례에 참여하는 자들은 장례가 끝나면 떠나서, 우제에 참여하고자 하니, 신속히 하여 곧바로 그 뒤에 치르게 됨을 알 수 있다. 비록 상주라도 모두 관(冠)을 쓴다고 말한 이유는 관(冠)을 쓰지 않아도 된다고 오해할까 염려되기 때문이다. 우제를 치르게 되면 모두 면(免)을 한다고 했는데, 이것은 신속히 장례를 치르고, 우제 자체에 정해진 시일을 둔 경우에 기준을 둔 것이다. 다만 예의 기록들은 누락되고 생략되어, 그 기간에 대해서는 알 수 없다.

訓纂 朱氏軾曰: 葬日虞, 不忍一日離也. 葬已踰期矣, 而又後虞, 是失禮之中又失禮也. 此記所云, 或葬後有故而不及虞, 或先葬母, 虞待父也.

번역 주식[20]이 말하길, 장례를 치른 날 곧바로 우제를 치르는 것은 신령

19) 『예기』「단궁하(檀弓下)」【116a】: 葬日虞, 弗忍一日離也.
20) 주식(朱軾, A.D.1665~A.D.1735): 청(淸)나라 때의 명신(名臣)이다. 자(字)는 약섬(若瞻)·백소(伯蘇)이고, 호(號)는 가정(可亭)이다.

이 하루라도 정처 없이 떠도는 것을 참아낼 수 없기 때문이다. 장례에 대해서 이미 정해진 기간을 넘겨서 치렀는데, 재차 우제를 뒤늦게 지내는 것은 예법의 알맞음을 잃은 것이며 또 예법자체도 어긴 것이다. 이곳 『예기』에서 언급한 내용은 아마도 장례를 치른 뒤 특별한 사정이 생겨서, 우제를 치르지 못한 경우이거나 먼저 모친에 대한 장례를 치르고, 모친에 대한 우제는 부친에 대한 상례를 치를 때까지 기다린 경우일 것이다.

集解 愚謂: 喪自既啓以後, 卒哭以前, 其服與未成服之前同. 然未成服時, 主人括髮, 齊衰以下免, 啓後則雖主人亦免. 士喪禮啓殯, "丈夫髽." 蓋雖丈夫亦不垂其髮而結爲紒如婦人矣. 是葬時之免, 卽婦人之布髽也. 既不垂其髮, 又以布而不以麻, 以葬時行於道路, 宜稍飾也. 曾子問: "如小斂, 則子免而從柩." 是行於道路, 雖初喪, 主人亦免也.

번역 내가 생각하기에, 상례에서 이미 계빈(啓殯)을 한 이후로부터 졸곡을 하기 이전까지, 그때 착용하는 상복은 아직 성복을 하기 이전의 복장과 동일하다. 그런데 아직 성복을 하지 않았을 때, 상주는 괄발을 하고, 자최복으로부터 그 이하의 상복을 착용한 자들은 면(免)을 하며, 계빈을 한 이후라면, 비록 상주라 하더라도 또한 면(免)을 한다. 『의례』「사상례(士喪禮)」편에서는 계빈을 설명하며, "남자는 좌(髽)의 머리모양을 튼다."[21]라고 했다. 비록 남자라 하더라도 또한 그 머리카락을 늘어트리지 않고, 묶어서 상투를 트니, 부인의 경우와 같다. 이것은 장례를 치를 때 하는 면(免)이 곧 부인들이 하는 포(布)로 한 좌(髽)의 머리모양에 해당한다는 사실을 나타낸다. 이미 머리카락을 늘어트리지 않는다고 했고, 또 포(布)를 이용해서 머리를 틀고, 마(麻)를 이용하지 않는다고 했는데, 장례를 치르는 시기는 도로에서 절차가 시행되어, 이전보다도 장식을 더 꾸며야만 하기 때문이다. 『예기』「증자문(曾子問)」편에서는 "소렴(小斂)인 경우라면, 제후의 아들은 면복(免服)을 하고 영구를 따라 들어온다."[22]라고 했으니, 이것은 도로에서

---

21) 『의례』「기석례(既夕禮)」: 二燭俟于殯門外. <u>丈夫髽</u>, 散帶垂, 卽位如初.
22) 『예기』「증자문(曾子問)」【239d】: 曾子問曰: 君出疆, 以三年之戒, 以椑從, 君

상례 절차를 치를 때에는 비록 초상 때라 하더라도, 상주 또한 면(免)을 한다는 사실을 나타낸다.

참고 『예기』「상복소기(喪服小記)」 기록

경문-422b 爲兄弟旣除喪已, 及其葬也反服其服, 報虞卒哭則免, 如不報虞則除之.

번역 형제의 상을 치르는데, 기간이 오래되어 이미 상복을 벗은 상태이나 그의 장례를 치르게 되면, 다시 본래의 상복을 착용하고, 신속히 우제와 졸곡을 치르면, 면(免)을 한다. 만약 신속히 우제를 치르지 못한다면, 면(免)을 하지 않고 상복을 제거한다.

鄭注 小功以下.

번역 소공복으로부터 그 이하의 상복을 입는 자들을 뜻한다.

集說 此言爲兄弟除服, 及當免之節.

번역 이 내용은 형제의 상을 치르며 상복을 제거하고, 면(免)을 해야 하는 규범을 설명하고 있다.

集解 爲兄弟, 旣除喪已, 謂久而不葬, 而以麻終月數者也. 及其葬也, 反服其服, 報虞, 卒哭則免, 言皆與常禮同, 不以已除喪而有異也. 不報虞則除之, 喪本已除故也. 如報虞, 則於卒哭而除之.

번역 "형제의 상을 치르며, 이미 상복을 제거한지 오래되었다."는 말은

薨, 其入, 如之何. 孔子曰: 共殯服, 則子麻弁絰, 疏衰, 菲杖, 入自闕, 升自西階, 如小斂, 則子免而從柩, 入自門, 升自阼階, 君·大夫·士, 一節也.

오래도록 장례를 치르지 못하고, 마(麻)로 된 것을 착용하고 정해진 개월 수를 끝마쳤다는 뜻이다. "그 장례에 이르러, 다시 본래의 상복을 착용하고, 신속히 우제를 치르며, 졸곡을 하면 면(免)한다."는 말은 모두 일상적인 예법과 동일하게 처리하니, 이미 상복을 벗었다고 하더라도 차이가 없다는 뜻이다. "신속히 우제를 치르지 않는다면 제거한다."는 말은 상례를 치르고 있지만 본래부터 상복을 이미 제거한 상태이기 때문이다. 만약 신속히 우제를 치르면, 졸곡 때에 상복을 제거한다.

참고 『예기』「상복소기(喪服小記)」 기록

경문-422b 遠葬者, 比反哭者皆冠, 及郊而後免反哭.

번역 장지가 멀리 떨어진 경우, 장례를 치를 때에는 반곡을 할 때까지 모두 관(冠)을 쓰고, 장례를 치르고 교외에 도달한 이후에는 면(免)을 하며, 집의 묘(廟)에 와서 반곡을 한다.

鄭注 墓在四郊之外.

번역 묘(墓)가 사방 교외 밖에 있는 경우이다.

孔疏 ●"比反哭者皆冠"者, 旣葬在遠處郊野之外, 不可無飾, 故至葬訖, 臨欲反哭之時, 乃皆著冠.

번역 ●經文: "比反哭者皆冠". ○이미 장지가 먼 장소인 교외 밖에 있으므로, 장식을 하지 않을 수 없다. 그렇기 때문에 장례 치르는 일을 끝내고, 반곡을 하고자 하는 때에는 모두 관(冠)을 착용한다.

孔疏 ●"及郊而后免, 反哭"者, 謂著冠至郊, 而后去冠著免, 反哭於廟.

번역 ●經文: "及郊而后免, 反哭". ○관(冠)을 착용하고 교외에 도달하면, 그 후에는 관(冠)을 제거하고 면(免)을 하며, 묘(廟)에서 반곡을 한다.

참고 『예기』「상복소기(喪服小記)」 기록

경문-422c 君弔雖不當免時也, 主人必免, 不散麻. 雖異國之君, 免也, 親者皆免.

번역 자기 나라의 군주가 조문을 오면, 비록 면(免)을 해야 할 시기가 아니더라도, 상주는 반드시 면(免)을 하며, 요질(要絰)의 끝을 늘어트리지 않는다. 비록 다른 나라의 군주가 조문을 온 경우라 하더라도, 상주는 면(免)을 하며, 대공복 이상의 친족들도 모두 면(免)을 한다.

鄭注 不散麻者, 自若絞垂, 爲人君變, 貶於大斂之前・既啓之後也. 親者, 大功以上也. 異國之君免, 或爲弔.

번역 '불산마(不散麻)'는 늘어진 것을 묶은 것처럼 하여, 군주를 위해서 변화를 주니, 대렴을 하기 이전과 이미 계빈을 한 이후보다 낮추기 때문이다. '친자(親者)'는 대공복으로부터 그 이상의 관계에 있는 자들이다. '이국지군면(異國之君免)'에 대해서 다른 판본에서는 '면(免)'자를 '조(弔)'자로도 기록한다.

孔疏 ●"君弔"至"皆免". ○凡大斂之前著免, 大功以上散麻, 大斂以後著冠, 不散麻, 糾其乖也. 至將葬啓殯之後・已葬之前, 亦免, 大功以上亦散麻. 若君弔, 雖不當免時, 必爲之著免, 不散麻帶, 貶於大斂之前及既啓之後.

번역 ●經文: "君弔"~"皆免". ○무릇 대렴을 하기 이전에 면(免)을 하는데, 대공복으로부터 그 이상의 친족들은 마(麻)를 늘어트리고, 대렴을 한 이후에는 관(冠)을 쓰며, 마(麻)를 늘어트리지 않으니, 흐트러진 것을 묶어서 가지런히 한다. 장례를 치르게 되어, 계빈을 한 이후로부터 장례를 끝내기 전까지지도 면(免)을 하고, 대공복으로부터 그 이상의 친족들 또한 마(麻)를 늘어트린다. 만약 군주가 조문을 오면, 비록 면(免)을 할 시기가 아니더라도, 반드시 군주를 위하여 면(免)을 하며, 마(麻)로 만든 대(帶)의 끝을 늘어트리지 않으니, 대렴을 하기 이전과 계빈(啓殯)을 한 이후보다 낮추기 때문이다.

孔疏 ●"雖異國之君, 免也, 親者皆免"者, 己君之來, 其免如此. 雖他國君來, 與己國君同, 主人爲之著免. 主人旣免, 大功以上親者皆從主人之免, 敬異國君也. 異國之君尙然, 己君來弔, 主人著免, 則親者亦免可知也.

번역 ●經文: "雖異國之君, 免也, 親者皆免". ○자신의 군주가 찾아와서 조문을 하면, 이처럼 면(免)을 하게 된다. 비록 다른 나라의 군주가 찾아온 경우라도, 자신의 군주를 대하는 것과 동일하게 하니, 상주는 그를 위해서 면(免)을 한다. 상주가 면(免)을 하면, 대공복으로부터 그 이상의 친족들은 상주를 따라서 모두 면(免)을 하니, 다른 나라의 군주를 공경하기 때문이다. 다른 나라의 군주에 대해서도 오히려 이처럼 하니, 자신의 군주가 찾아와서 조문을 할 때, 상주가 면(免)을 했다면, 친족들 또한 모두 면(免)을 했음을 알 수 있다.

孔疏 ◎注"不散"至"爲弔". ○正義曰: "不散麻者, 自若絞垂"者, 若, 如也. 大斂以前, 散麻帶垂, 大斂畢後, 絞其垂者, 今人君來弔, 自如尋常, 絞垂不散麻也. 所以然者, 爲人君變, 貶於大斂之前及旣啓之後也. 云"親者, 大功以上也"者, 以經云"不散麻", 謂大功以上, 今云親者皆免, 明據應合散麻之人, 故云"大功以上"也. 云"異國之君免, 或爲弔"者, 以經中旣"免"字非一, 恐皆或爲"弔", 故云異國之君免, 一字或爲"弔"也.

번역 ◎鄭注: "不散"~"爲弔". ○정현이 "'불산마(不散麻)'는 늘어진 것을 묶은 것처럼 한 것이다."라고 했는데, '약(若)'자는 "~와 같다[如]."는 뜻이다. 대렴을 하기 이전에는 마(麻)로 만든 대(帶)의 끝을 늘어트리고, 대렴을 끝낸 이후에는 그 끝을 묶는데, 현재 군주가 찾아와서 조문을 하여, 마치 일상적인 경우처럼 하니, 끝을 묶어서 마(麻)로 된 대(帶)를 늘어트리지 않는 것이다. 이처럼 하는 이유는 군주를 위해서 변화를 준 것이며, 대렴을 하기 이전과 계빈을 한 이후보다는 낮춘 것이다. 정현이 "'친자(親者)'는 대공복으로부터 그 이상의 관계에 있는 자들이다."라고 했는데, 경문에서 "마(麻)를 늘어트리지 않는다."라고 했고, 이것은 대공복으로부터 그 이상의 친족들에 대한 내용이며, 현재 "친족들이 모두 면(免)을 한다."라고 했는데, 이것은 마(麻)를 늘어트려야만 하는 사람들에 기준을 두었음을 나타낸다. 그렇기 때문에 "대공복 이상의 친족들이다."라고 말한 것이다. 정현이 "'이국지군면(異國之君免)'에 대해서 다른 판본에서는 '면(免)'자를 '조(弔)'자로도 기록한다."라고 했는데, 경문에 나온 '면(免)'자는 이미 동일하지 않으므로, 이 모두에 대해서 어떤 판본에서는 '조(弔)'자가 된다고 여겼다. 그렇기 때문에 '이국지군면(異國之君免)'에 대해서 다른 판본에서는 '면(免)'자를 '조(弔)'자로도 기록한다."라고 말한 것이다.

참고 『예기』「잡기하(雜記下)」 기록

경문-515a 非從柩與反哭, 無免於堩.

번역 장지가 가까울 때, 영구를 따라서 장례 행렬을 전송하거나 반곡(反哭)을 하는 경우가 아니라면, 도로에서 면(免)을 착용하는 경우가 없다.

鄭注 言喪服出入, 非此二事皆冠也. 免, 所以代冠, 人於道路, 不可以無飾. 堩, 道路.

번역 상복을 착용하고 출입할 때, 이러한 두 가지 사안이 아니라면 모두 관(冠)을 쓴다. '면(免)'이라는 것은 관(冠)을 대신하는 것이니, 사람이 도로에서 움직일 때에는 꾸미지 않을 수 없기 때문이다. '긍(堩)'자는 도로를 뜻한다.

孔疏 ●"非從"至"於堩". ○正義曰: "從柩", 謂孝子送葬從柩去時也. "與反哭", 謂葬竟孝子還時也. 堩, 道路也. 道路不可無飾, 故孝子唯送葬從柩去時及葬竟還反哭時, 於道得免而行. 自非此二條, 則不得免於道路也. 此謂葬近而反哭者. 若葬遠反哭, 在路則著冠, 至郊則乃反著免, 故小記云"遠葬者比反哭者, 皆冠, 及郊而后免", 是也.

번역 ●經文: "非從"~"於堩". ○'종구(從柩)'는 자식이 장례를 전송하여 영구를 뒤따라 장지로 떠나는 때를 뜻한다. '여반곡(與反哭)'은 장례를 마치고 자식이 되돌아오는 때를 뜻한다. '긍(堩)'자는 도로를 뜻한다. 도로에서 이동을 할 때에는 꾸미지 않을 수가 없다. 그렇기 때문에 자식은 오직 장례 행렬을 전송하여 영구를 뒤따라 장지로 떠나는 경우와 장례를 끝내고 되돌아와 반곡(反哭)을 할 때에만 도로에서 면(免)을 하고 움직일 수 있다. 이러한 두 가지 사안이 아니라면, 도로에서 면(免)을 할 수 없다. 이것은 장지가 가까워서 반곡을 하는 경우를 뜻한다. 만약 장지가 멀리 떨어진 상태에서 반곡을 한다면, 도로에서 관(冠)을 착용하고, 교외[郊]에 도착한 뒤에야 다시 면(免)을 착용한다. 그렇기 때문에 『예기』「상복소기(喪服小記)」편에서는 "장지가 멀리 떨어진 경우, 장례를 치를 때에는 반곡을 할 때까지 모두 관(冠)을 쓰고, 장례를 치르고 교외에 도달한 이후에는 면(免)을 한다."라고 말한 것이다.

그림 7-1 ▣ 소공복(小功服) 착용 모습

※ **출처:**『삼재도회(三才圖會)』「의복(衣服)」 3권

그림 7-2 ▣ 소공복(小功服) 각부 명칭

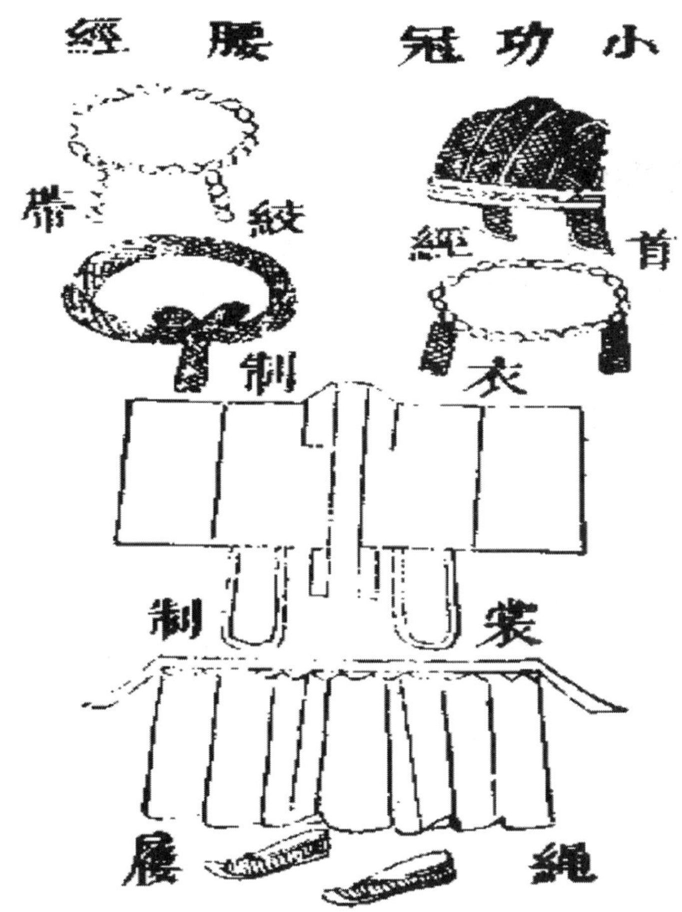

※ **출처:** 『삼재도회(三才圖會)』「의복(衣服)」 3권

• 제 8 절 •

지팡이를 잡는 이유

【659d~660a】

或問曰, "杖者何也?" 曰, "竹桐一也. 故爲父苴杖, 苴杖, 竹也. 爲母削杖, 削杖, 桐也." 或問曰, "杖者以何爲也?" 曰, "孝子喪親, 哭泣無數, 服勤三年, 身病體羸, 以杖扶病也. 則父在不敢杖矣, 尊者在故也. 堂上不杖, 辟尊者之處也. 堂上不趨, 示不遽也. 此孝子之志也, 人情之實也, 禮義之經也. 非從天降也, 非從地出也, 人情而已矣."

직역 或이 問하여 曰, "杖者는 何입니까?" 曰, "竹과 桐이 一이라. 故로 父를 爲해서는 苴杖하니, 苴杖은 竹이다. 母를 爲해서는 削杖하니, 削杖은 桐이다." 或이 問하여 曰, "杖者는 何로써 爲입니까?" 曰, "孝子가 親을 喪함에, 哭泣에 數가 無하고, 勤에 服하길 三年하니, 身이 病하고 體가 羸하여, 杖으로써 病을 扶한다. 父가 在라면 敢히 杖을 不하니, 尊者가 在한 故이다. 堂上에서는 不杖하니, 尊者의 處를 辟함이다. 堂上에서 不趨하니, 不遽를 示함이다. 此는 孝子의 志이고, 人情의 實이며, 禮義의 經이다. 天으로 從하여 降함이 非이고, 地로 從하여 出함이 非이니, 人情일 따름이다."

의역 어떤 이가 묻기를 "지팡이를 잡는 것은 어째서입니까?"라고 하자, 답하길 "대나무 지팡이나 오동나무 지팡이나 동일한 이치이다. 그러므로 부친의 상을 치를 때에는 저장(苴杖)을 잡으니, 저장은 대나무 지팡이이다. 모친의 상을 치를 때에는 삭장(削杖)을 잡으니, 삭장은 오동나무 지팡이이다."라고 했다. 어떤 이가 묻기를 "지팡이는 어떤 용도로 사용하는 것입니까?"라고 하자, 답하길 "자식이 부모의 상을 치를 때, 곡을 하며 눈물을 흘리는 것이 수도 없고, 삼년상을 치르니, 몸이 병약해지고 쇠약해져서 지팡이로 병약해진 몸을 지탱하는 것이다. 그러나 부친이 생존해 계실 때에는 감히 지팡이를 잡지 않으니, 존귀한 자가 생존해 계시기 때문이다. 또 당상(堂上)에서는 지팡이를 잡지 않으니, 존귀하신 부친이 머무는 곳에서 훼방을 놓지 않기 위해서이다. 또 당상에서는 빠른 걸음으로 걷지 않으니 다급하게 하지 않음을 드러내기 위해서이다. 이것은 자식의 뜻이고, 인간의 정감에 나타나는 실정이며, 예의에 따른 법도이다. 이것은 하늘로부터 내려온 것이 아니고 또 땅으로부터 솟아난 것도 아니며, 인간의 정감에 따른 것일 뿐이다."라고 했다.

集說 苴杖圓而象天, 削杖方以象地. 又以桐爲同之義, 言哀戚同於喪父也. 堂上不趨, 亦謂父在時也. 急遽則或動父之情, 故示以寬暇.

번역 저장(苴杖)은 둥글어서 하늘을 상징하고, 삭장(削杖)은 네모져서 땅을 상징한다. 또 오동나무[桐]는 "같다[同]."는 의미로 여기니, 애통함과 슬픔이 부친의 상을 치르는 경우와 동일하다는 뜻이다. 당상(堂上)에서 빠른 걸음으로 걷지 않는다는 말은 또한 부친이 생존해 계실 때를 뜻한다. 다급하게 한다면 부친의 정감을 뒤흔들기도 한다. 그렇기 때문에 이로써 천천히 한다는 뜻을 드러낸다.

大全 嚴陵方氏曰: 父在, 謂服母喪之時, 當父在之處也. 不杖則不敢以杖病之, 且感尊者之情故也. 堂上不趨, 見曲禮解. 堂上不遽, 非止喪禮示遽者, 特以喪爾. 夫事莫遽於喪, 而反以示不遽者, 以其近尊者之處, 不欲以喪容戚之, 故特示其間暇也.

번역 엄릉방씨가 말하길, 부친이 계신다는 말은 모친의 상을 치를 때 부친이 계신 장소에 있을 때를 뜻한다. 지팡이를 잡지 않는 것은 감히 지팡이로 병약한 모습을 드러낼 수 없고, 또 존귀한 부친의 정감에 감응하기 때문이다. 당상(堂上)에서 빠른 걸음으로 걷지 않는 것에 대해서는 『예기』「곡례(曲禮)」편에 자세한 설명이 나온다.[1] 당상에서 급작스럽게 하지 않는다는 말은 단지 상례에서만 다급히 하지 않는다는 뜻을 보이기 위해서가 아니며, 상례를 예시로 든 것일 뿐이다. 상례보다 다급한 사안이 없지만, 반대로 다급히 하지 않는다는 뜻을 보이는 것은 존귀한 자와 가까운 장소가 되어, 상을 치르는 모습을 보임으로써 존귀한 자가 슬픔을 느끼지 않게끔 하기 위해서이다. 그렇기 때문에 특별히 평온한 모습을 드러내는 것이다.

大全 山陰陸氏曰: 孝子喪親, 哭泣無數. 無時, 無朝夕也. 無數, 無三哭五哭也. 父在不敢杖, 尊者在故也. 顔回曰, 子在, 回何敢死, 近之矣. 此非故隆父殺母, 是人情之實, 禮義之經也.

번역 산음육씨가 말하길, 자식이 부모의 상을 치를 때에는 곡을 하며 눈물을 흘릴 때 정해진 수치가 없다고 했다. 정해진 때가 없다는 말은 아침과 저녁에만 곡을 하지 않는다는 뜻이다. 정해진 수치가 없다는 말은 세 번째 곡을 하거나 다섯 번째 곡을 하고 그치는 경우가 없다는 뜻이다. 부친이 생존해 계실 때 감히 지팡이를 잡지 않는 것은 존귀한 자가 생존해 계시기 때문이다. 안회가 "선생님이 살아계신데, 제가 어찌 감히 죽겠습니까?"[2)]라고 한 말이 그 의미에 가깝다. 이것은 일부러 부친에 대해서는 높이고 모친에 대해서 낮추고자 하는 것이 아니니, 인간의 정감에 나타나는 실정이며, 예의에 따른 법도이다.

大全 臨川吳氏曰: 按上章之結語曰, 孝子之志也, 人情之實也. 此章重以上章之二句結之, 而又增禮義之經也以下四句, 盡其義.

번역 임천오씨가 말하길, 앞장에서 결론을 맺은 말을 살펴보면, "자식의 뜻이며, 인간의 정감에 나타나는 실정이다."라고 했다. 이곳에서는 거듭 앞장에서 말한 두 구문으로 결론을 맺고, 또 "예의에 따른 법도이다."로부터

---

1) 『예기』「곡례상(曲禮上)」【19a】: 帷薄之外不趨, <u>堂上不趨</u>, 執玉不趨. 堂上接武, 堂下布武, 室中不翔.

2) 『논어』「선진(先進)」: 子畏於匡, 顔淵後. 子曰, "吾以女爲死矣." 曰, "<u>子在, 回何敢死</u>?"

그 이하의 네 구문을 더 말하여, 그 의미를 모두 드러내었다.

鄭注 怪其義各異. 言所以杖者義一也, 顧所用異耳. 怪所爲施. 言得杖乃能起也. 數, 或爲"時". 父在不杖, 謂爲母喪也. 尊者在不杖, 辟尊者之處不杖. 有事不趨, 皆爲其感動, 使之憂戚也.

번역 그 의미가 각각 차이를 보이는 것을 괴이하게 여긴 것이다. 지팡이를 잡는 의미는 동일한데, 사용되는 경우에서 차이가 있을 뿐이라는 뜻이다. 지팡이의 규정을 적용하는 것에 대해 괴이하게 여긴 것이다. 지팡이를 잡을 수 있다면 몸을 일으킬 수 있다는 뜻이다. '수(數)'자를 다른 판본에서는 '시(時)'자로 기록하기도 한다. 부친이 계신 곳에서 지팡이를 잡지 않는다는 말은 모친의 상을 치르는 경우를 뜻한다. 존귀한 자가 계신 곳에서 지팡이를 잡지 않는 것은 존귀한 자가 있는 곳에서 조심하기 위해 지팡이를 잡지 않는 것이다. 어떤 일을 처리할 때에도 빠른 걸음으로 걷지 않으니, 이 모두는 부친을 동요시켜 우울하고 슬프게 만들기 때문이다.

釋文 苴, 七餘反. 削, 悉若反. 羸, 力垂反, 劣也, 疲也. 辟音避. 處, 昌慮反, 下同. 遽, 其慮反.

번역 '苴'자는 '七(칠)'자와 '餘(여)'자의 반절음이다. '削'자는 '悉(실)'자와 '若(약)'자의 반절음이다. '羸'자는 '力(력)'자와 '垂(수)'자의 반절음이며, 약해졌다는 뜻이며, 지쳤다는 뜻이다. '辟'자의 음은 '避(피)'이다. '處'자는 '昌(창)'자와 '慮(려)'자의 반절음이며, 아래문장에 나오는 글자도 그 음이 이와 같다. '遽'자는 '其(기)'자와 '慮(려)'자의 반절음이다.

孔疏 ●"卒投"至"右鈞". ○正義曰: 此一經明投壺筭數之儀.

번역 ●經文: "卒投"~"右鈞". ○이곳 경문은 투호를 하며 산가지를 셈하는 의례 절차를 나타내고 있다.

孔疏 ●"或問曰: 杖者何也"者, 此明問居喪有杖, 爲父母乃異, 何意如此, 故問之.

번역 ●經文: "或問曰: 杖者何也". ○이 말은 상을 치르며 지팡이를 잡지만, 부친이나 모친의 상을 치를 때 차이가 나타나는데, 어떠한 뜻에서 이처럼 하느냐를 나타낸 것이다. 그렇기 때문에 질문을 한 것이다.

孔疏 ●"竹·桐一也", 言爲父竹, 爲母桐, 孝子之意, 其義一也. 言孝子奉親用心是一, 但取義有異, 故竹·桐而殊也.

번역 ●經文: "竹·桐一也". ○부친의 상을 치를 때에는 대나무 지팡이를 잡고, 모친의 상을 치를 때에는 오동나무 지팡이를 잡는데, 자식의 뜻에 있어서 그 의미는 동일하다는 뜻이다. 즉 자식이 부모를 봉양하며 마음을 쓰는 것은 동일하지만, 의(義)에 따라 차이가 생긴다. 그렇기 때문에 대나무 지팡이를 쓰고 오동나무 지팡이를 쓰는 차이점이 있다.

孔疏 ●"故爲父苴杖, 苴杖, 竹也"者, 父是尊極, 故爲之苴杖. 言苴惡之物以爲杖, 自然苴惡之色唯有竹也, 故云"苴杖, 竹也".

번역 ●經文: "故爲父苴杖, 苴杖, 竹也". ○부친은 지극히 존귀하기 때문에 그를 위해서 저장(苴杖)을 잡는다. 즉 거칠고 조악한 것으로 지팡이를 만들게 되는데, 자연적으로 거칠고 조악한 색감을 내는 것은 오직 대나무밖에 없다. 그렇기 때문에 "저장은 대나무 지팡이이다."라고 했다.

孔疏 ●"爲母削杖, 削杖, 桐也", 言爲母屈於父, 不同自然苴惡之色也, 故用削杖. 其杖雖削, 情同於父, 故云"削杖, 桐也". 桐, 爲是同父之義, 故不用餘木也. 或解云: 竹節在外, 外, 陽之象, 故爲父矣; 桐節在內, 內, 陰之類也, 故爲母也.

번역 ●經文: "爲母削杖, 削杖, 桐也". ○모친의 상을 치를 때에는 부친

보다 낮추니, 자연적으로 거칠고 조악한 색감을 내는 물건을 동일하게 쓸 수 없다. 그렇기 때문에 삭장(削杖)을 사용한다. 삭장은 비록 깎아서 만들지만, 그것을 사용하는 자식의 정감은 부친에 대한 경우와 동일하다. 그렇기 때문에 "삭장은 오동나무 지팡이이다."라고 했다. 오동나무[桐]는 부친과 동일[同]하게 한다는 뜻이 된다. 그렇기 때문에 다른 나무를 사용하지 않는다. 어떤 자는 "대나무의 마디는 밖에 있는데, 밖은 양(陽)의 형상이 된다. 그렇기 때문에 부친의 상을 치를 때 사용한다. 반면 오동나무의 마디는 안에 있는데, 안은 음(陰)의 부류가 된다. 그렇기 때문에 모친의 상을 치를 때 사용한다."라고 풀이하기도 한다.

孔疏 ●"或問曰: 杖者, 以何爲也"者, 此問孝子居喪, 何以須杖之意也.

번역 ●經文: "或問曰: 杖者, 以何爲也". ○이것은 자식이 상을 치를 때 어찌하여 반드시 지팡이를 잡게 되느냐는 뜻을 물어본 것이다.

孔疏 ●"父在不敢杖矣, 尊者在故也"者, 爲母親對父之時, 不敢據杖, 以尊者在, 故不敢也.

번역 ●經文: "父在不敢杖矣, 尊者在故也". ○모친의 상을 치를 때 부친을 대면한 순간에는 감히 지팡이를 잡을 수 없으니, 존귀한 자가 있기 때문에 감히 잡지 않는 것이다.

孔疏 ●"堂上不杖, 辟尊者之處也"者, 所以爲母堂上不敢杖者, 堂上是父之所在, 辟尊者之處, 所以爲母堂上故不杖也.

번역 ●經文: "堂上不杖, 辟尊者之處也". ○모친의 상을 치를 때 당상(堂上)에서 감히 지팡이를 잡지 않는 이유는 당상은 부친이 계신 곳이니, 존귀한 자가 있는 장소를 피하는 것으로, 이러한 이유로 모친의 상을 치를 때 당상에서는 지팡이를 잡지 않는 것이다.

孔疏 ●"堂上不趨, 示不遽也"者, 言孝子爲母, 所以堂上不爲喪趨者, 示父以閒暇不促遽也. 若堂上而趨, 則感動父情, 使父憂戚, 故不杖·不趨, 冀不悲哀於父也. 此孝子之志意, 人情之實事.

번역 ●經文: "堂上不趨, 示不遽也". ○자식이 모친의 상을 치를 때 당상에서 상의 절차를 재빨리 하지 않는 이유는 부친에게 안정되며 다급히 하지 않음을 보여주기 위해서이다. 만약 당상에서 빠른 걸음으로 걷는다면, 부친의 감정을 동요시켜 부친을 우울하고 슬프게 만든다. 그렇기 때문에 지팡이를 잡지 않고 빠른 걸음으로 걷지 않으니, 부친이 비통해 하거나 애통해하지 않고자 바라는 것이다. 이것은 자식의 뜻이며, 인간의 정감에 나타나는 실정이다.

集解 愚謂: 此怪爲父母之杖不同而問之也. 竹桐一也者, 言其皆所以輔病, 皆所以擔主, 其義一也. 苴杖用竹, 因其苴惡之色, 故施之於父喪之斬衰; 削杖用桐而削之, 則差皙而澤, 故施之於母喪之齊衰. 此桐竹之所以不同也.

번역 내가 생각하기에, 이 내용은 부친과 모친의 상을 치를 때 사용하는 지팡이가 다른 것을 괴이하게 여겨서 질문을 한 것이다. "대나무 지팡이와 오동나무 지팡이는 동일하다."라는 말은 그것들은 병약해진 몸을 지탱해주는 것이니, 모두 상주를 지탱하게 해준다는 의미에서 동일하다는 뜻이다. 저장(苴杖)은 대나무를 이용해서 만드는데, 거칠고 조악한 색감을 내기 때문에 참최복(斬衰服)[3]을 입는 부친의 상에서 사용한다. 삭장(削杖)은 오동나무를 사용하며 그것을 깎아서 만드니, 보다 깨끗하고 매끄럽다. 그렇기 때문에 자최복(齊衰服)[4]을 입는 모친의 상에서 사용한다. 이것이 오동나무

---

3) 참최복(斬衰服)은 상복(喪服) 중 하나로, 오복(五服)에 속한다. 상복 중에서도 가장 수위가 높은 상복이다. 거친 삼베를 사용해서 만들며, 자른 부위를 꿰매지 않기 때문에 참최(斬衰)라고 부른다. 이 복장을 입게 되는 기간은 일반적으로 3년에 해당하며, 죽은 부모를 위해 입거나, 처 또는 첩이 죽은 남편을 위해 입는다.

4) 자최복(齊衰服)은 상복(喪服) 중 하나로, 오복(五服)에 속한다. 거친 삼베를 사

지팡이와 대나무 지팡이를 사용하는 것이 다른 이유이다.

참고 『예기』「곡례상(曲禮上)」 기록

경문-19a 帷薄之外不趨, 堂上不趨, 執玉不趨. 堂上接武, 堂下布武, 室中不翔.

번역 장막과 주렴 밖에 사람이 없다면, 공경스러운 태도를 보이기 위해 굳이 종종걸음으로 걷지 않는다. 또한 당상(堂上)에서는 공간이 협소하므로 종종걸음으로 걷지 않고, 옥을 들고 있을 때에는 실수로 떨어트릴 수도 있으니, 종종걸음으로 걷지 않는다. 한편 당상에서는 보폭을 적게 하여 발자국이 이어지도록 걷고, 당하(堂下)에서는 보폭을 넓게 해서 성큼 성큼 걸으며, 방안에서는 공간이 협소하므로 양팔을 벌려서 걷지 않는다.

鄭注 不見尊者, 行自由, 不爲容也. 入則容. 行而張足曰趨. 爲其迫也. 堂下則趨. 志重玉也. 聘禮曰: "上介授賓玉於廟門外." 武, 迹也. 迹相接, 謂每移足半躡之, 中人之迹尺二寸. 布武謂每移足, 各自成迹, 不相躡. 又爲其迫也. 行而張拱曰翔.

번역 존귀한 자가 보이지 않는다면, 자연스럽게 걸으며 굳이 공손한 태도를 취하지 않는다. 존귀한 자가 있는 곳에 들어서게 되면 공손한 태도를 취한다. 걸을 때 발을 크게 떼는 것을 '추(趨)'라고 부른다. 당상에서 발걸음을 크게 떼지 않는 이유는 공간이 협소하기 때문이다. 그러나 당하에서 걷

용해서 만들며, 자른 부위를 꿰매어 가지런하게 정리하기 때문에, '자최복'이라고 부른다. 이 복장을 입게 되는 기간에도 여러 종류가 있는데, 3년 동안 입는 경우는 죽은 계모(繼母)나 자모(慈母)를 위한 경우이고, 1년 동안 입는 경우는 손자가 죽은 조부모를 위해 입는 경우와 남편이 죽은 아내를 입는 경우 등이다. 그리고 1년 동안 '자최복'을 입는 경우, 그 기간을 자최기(齊衰期)라고도 부른다. 또 5개월 동안 입는 경우는 죽은 증조부나 증조모를 위한 경우이며, 3개월 동안 입는 경우는 죽은 고조부나 고조모를 위한 경우 등이다.

는 경우라면, 공간이 충분하므로 발걸음을 크게 뗀다. 옥을 들고 있을 때 종종걸음으로 걷지 않는 이유는 옥이 귀중한 물건이라는 사실을 염두에 두고 있기 때문이다. 『의례』「빙례(聘禮)」편에서는 "상개(上介)[5]는 종묘의 문밖에서 빈객에게 옥을 건넨다."[6]라고 하였다. '무(武)'자는 발자취[迹]를 뜻한다. "발자취가 서로 연접한다[迹相接]."는 말은 매 걸음마다 반보씩 뗀다는 뜻으로, 일반 사람들의 한 걸음은 1척(尺) 2촌(寸)의 보폭이 된다. '포무(布武)'는 발걸음을 뗄 때마다 각각 본래의 발걸음대로 걷는다는 뜻으로, 발걸음이 겹치도록 반보씩 떼지 않는다는 뜻이다. 방안에서 양팔을 벌리지 않는 이유는 방안은 공간이 더욱 협소하기 때문이다. 걸으면서 두 팔을 길게 벌리는 것을 '상(翔)'이라고 부른다.

孔疏 ●"堂上不趨"者, 亦謂不疾趨, 堂上迫狹故也. 下階則趨, 故論語云: "沒階, 趨進, 翼如也." 然論語云是孔子見於君也.

번역 ●經文: "堂上不趨". ○이 구문 또한 종종걸음으로 빨리 걷지 않는다는 뜻으로, 당상의 공간은 매우 협소하기 때문이다. 당과 연결된 계단으로 내려가게 되면 종종걸음으로 걷는다. 그렇기 때문에 『논어』에서 "계단을 내려와서 종종걸음으로 걸어갈 때에는 새가 나래를 편 것처럼 우아하였다."[7]라고 했던 것이다. 다만 『논어』에서 말하고 있는 상황은 공자가 군주를 알현하는 경우이다.

孔疏 ●"執玉不趨"者, 執玉須愼, 不論堂之上下, 皆不疾趨也. 若張足疾趨, 則或蹉跌失玉, 故不趨. 注云"聘禮曰: '上介授賓玉於廟門外'"者, 引證賓有執玉於堂下時也. 賓當進聘, 故上介授賓玉於主人廟門外, 賓執玉進入門內,

---

5) 상개(上介)는 개(介) 중에서도 가장 직위가 높았던 자를 뜻한다. 빈객(賓客)이 방문했을 때, 빈객의 부관이 되어, 주인(主人)과의 사이에서 시행해야 할 일들을 도왔던 부관들을 '개'이라고 부른다.

6) 『의례』「빙례(聘禮)」: 賈人東面坐, 啓櫝, 取圭, 垂繅, 不起而授上介. 上介不襲, 執圭屈繅授賓. 賓襲執圭.

7) 『논어』「향당(鄕黨)」: 沒階, 趨進, 翼如也. 復其位, 踧踖如也.

不疾趨而爲徐趨. 徐趨者, 則玉藻云: "圈豚行, 不擧足, 齊如流." 注云: "孔子執圭則然也." 又云: "執龜玉, 擧前曳踵, 蹜蹜如也." 注云: "著徐趨之事." 疾趨者, 則玉藻云: "疾趨則欲發, 而手足毋移." 注云: "疾趨謂直行也. 疏數自若, 毋移欲其直且正也."

번역 ●經文: "執玉不趨". ○옥을 지니게 되면 신중해야 한다. 따라서 당상이나 당하에 상관없이 모든 경우 종종걸음으로 빨리 걸어서는 안 된다. 만약 발걸음을 크게 떼며 종종걸음으로 빨리 걷게 된다면, 간혹 넘어져서 옥을 떨어트릴 수도 있다. 그렇기 때문에 종종걸음으로 걷지 않는 것이다. 정현의 주에서 "『의례』「빙례(聘禮)」편에서는 '상개(上介)는 종묘의 문밖에서 빈객에게 옥을 건넨다.'"라고 하였는데, 정현은 이 문장을 인용하여, 빈객이 당하에 있을 때 옥을 지니고 있는 경우가 있다는 사실을 증명하고 있는 것이다. 「빙례」편에서 언급하는 상황은 빈객이 빙문을 하기 위해 찾아온 경우에 해당하므로, 상개가 주인의 종묘 문밖에서 빈객에게 옥을 건네게 되어, 빈객이 옥을 지니고 묘문의 안으로 들어가게 된 상황이니, 빠른 속도로 종종걸음으로 걷지 않고, '느린 속도로 문밖에서의 걸음걸이인 추(趨)로 걷게 되는 것[徐趨]'이다. '서추(徐趨)'에 대해서는 『예기』「옥조(玉藻)」편에서 "천천히 걸어갈 때에는 발을 들어 올리지 않으며, 하의의 재봉선이 지면 위에 붙어서 움직이므로, 마치 물이 흐르는 것처럼 보인다."[8]라고 했고, 이 문장에 대한 정현의 주에서는 "공자가 규(圭)를 들게 되면, 이처럼 하였다."라고 했다. 또 「옥조」편에서는 "거북 껍질이나 옥을 들었을 때에는 앞발을 뗄 때 뒤꿈치가 땅에 끌리도록 걸어서, 작은 보폭으로 느릿하게 걷는다."[9]라고 하였고, 이 문장에 대한 정현의 주에서는 "'서추(徐趨)'로 해야 하는 일들을 나타낸 것이다."라고 했다. 한편 '빠른 속도로 종종걸음을 걷는 것[疾趨]'에 대해서는 「옥조」편에서 "'질추(疾趨)'를 할 때에는 신발 바닥을 들어 올리도록 걷되, 팔과 다리를 휘젓지는 않는다."[10]라고

8) 『예기』「옥조(玉藻)」【393d】: <u>圈豚行, 不擧足, 齊如流.</u> 席上亦然. 端行, 頤霤如矢.

9) 『예기』「옥조(玉藻)」【394a】: 執龜玉, 擧前曳踵, 蹜蹜如也.

하였고, 이 문장에 대한 정현의 주에서는 "'질추'는 똑바로 걸어간다는 뜻이다. 걸음을 떼는 폭과 빈번한 정도는 평상시처럼 하되, 팔을 휘젓지 않는 것은 똑바로 걸어가기 위해서이다."라고 했다.

孔疏 ●"堂上接武"者, 武, 跡也. 既不欲疾趨, 故跡相接也. 鄭云: "每移足半躡之." 王云: "足相接也." 庾云: "謂接則足連, 非半也." 武跡相接, 謂每移足半躡之也. 中人跡一尺二寸, 半躡之, 是每進六寸也.

번역 ●經文: "堂上接武". ○'무(武)'자는 발자국[跡]을 뜻한다. 이미 빠른 걸음으로 걷고자 하지 않기 때문에, 발자국이 서로 이어지도록 보폭을 작게 하는 것이다. 정현은 "매 발걸음마다 반보씩 뗀다."라고 하였고, 왕숙[11]은 "발이 서로 붙는 것이다."라고 하였으며, 유울지는 "'접(接)이라고 한다면, 발이 연이어지게 보폭을 적게 한다는 뜻으로, 반보씩 떼는 것이 아니다."라고 했다. 그러나 발자국이 서로 붙는다는 말은 곧 매 걸음마다 반보씩 뗀다는 뜻이 된다. 일반 사람들의 보폭은 1척(尺) 2촌(寸)이 되니, 반보씩 떼게 되면, 매 걸음마다 6촌씩 앞으로 나아가게 된다.

孔疏 ●"堂下布武"者, 鄭謂每移足各自成跡, 不半相躡, 王云: "謂跡間容足." 若間容足, 則中武, 王說非也.

번역 ●經文: "堂下布武". ○정현은 이 구문에 대해서, 매 걸음을 뗄 때에는 각자 본래의 걸음걸이로 걷는다는 뜻으로, 발자국이 겹치도록 반보씩 떼지 않는다고 하였다. 왕숙은 "발자국 사이마다 발 하나가 들어갈 만큼 떼는 것이다."라고 하였다. 만약 발자국 사이마다 발 하나가 들어갈 만큼

10) 『예기』「옥조(玉藻)」【393c~d】: 徐趨皆用是, 疾趨則欲發, 而手足毋移.

11) 왕숙(王肅, A.D.195~A.D.256) : =왕자옹(王子雍). 위진남북조(魏晉南北朝) 때의 위(魏)나라 경학자이다. 자(字)는 자옹(子雍)이다. 출신지는 동해(東海)이다. 부친 왕랑(王朗)으로부터 금문학(今文學)을 공부했으나, 고문학(古文學)의 고증적인 해석을 따랐다. 『상서(尙書)』, 『시경(詩經)』, 『좌전(左傳)』, 『논어(論語)』 및 삼례(三禮)에 대한 주석을 남겼다.

떼는 것이라면, 일반 사람들이 평상시에 걷는 보폭이 되니, 왕숙의 설명은 잘못되었다.

集解 愚謂: 玉藻趨有疾趨·徐趨二法. 疾趨, 起屨離地, 徐趨, 擧前曳踵. 帷薄之外不趨, 此以不爲容而不趨, 非惟不疾趨, 並不必徐趨矣. 堂上地迫, 不能趨也; 執玉重愼, 不敢趨也. 此二者但不疾趨耳, 當徐趨也. 故聘禮記"將授志趨", 是執玉徐趨也. 堂上接武, 卽徐趨; 堂下布武, 卽疾趨也. 疾趨張足, 則布武矣. 此云"堂上接武, 堂下布武"者, 常法也. 玉藻"君與尸行接武, 大夫繼武, 士中武", 以疏數爲尊卑之差, 乃君與臣相與行禮之法, 所謂"君行一, 臣行二"也.

번역 내가 생각하기에, 『예기』「옥조(玉藻)」편에서는 종종걸음[趨]에 질추(疾趨)와 서추(徐趨)라는 두 가지 방법이 있다고 했다.12) '질추'라는 것은 신발을 지면에서 높게 떼어서 걷는 빠른 걸음이고, '서추'라는 것은 앞발을 뗄 때 뒤꿈치가 땅에 끌리도록 느리게 걷는 걸음이다. 장막과 주렴 밖에서 종종걸음으로 걷지 않는 이유는 이러한 장소에서는 애써 공손한 태도를 갖추지 않게 되어, 종종걸음으로 걷지 않는 것이니, '질추'를 하지 않을 뿐만 아니라, '서추'를 할 필요도 없는 것이다. 당상의 공간은 협소하므로, 종종걸음으로 걸을 수가 없고, 옥을 가지고 있을 때에는 더욱 신중하게 되므로, 감히 종종걸음으로 걸을 수가 없는 것이다. 이러한 두 가지 경우에서는 단지 '질추'를 하지 않을 따름이니, '서추'를 해야 하는 상황에 해당한다. 그렇기 때문에 『의례』「빙례(聘禮)」편의 기문(記文)에서는 "장차 주려고 한다면, 추(趨)하게 걸을 것을 염두에 둔다."13)라고 하였는데, 이것이 바로 옥을 가지고서 서추한다는 사실을 가리킨다. "당상에서는 발자국이 붙게 걷는다."라고 하였는데, 이 말은 곧 서추를 해야 한다는 뜻이고, "당하에서는 발자국이 넓게 떨어지도록 걷는다."라고 하였는데, 이 말은 곧 질추를 해야 한다는 뜻이다. 질추를 할 때에는 보폭을 길게 떼므로, "발자국을 넓게 펴다[布武]."에 해당한다. 이곳 경문에서 "당상에서는 발자국이 붙도록 걷

---

12) 『예기』「옥조(玉藻)」【393c~d】: 徐趨皆用是, 疾趨則欲發, 而手足毋移.
13) 『의례』「빙례(聘禮)」: 賓入門皇, 升堂讓, 將授志趨.

고, 당하에서는 발자국이 떨어지도록 성큼성큼 걷는다."라고 하였는데, 이것은 일상적인 예법에 해당한다. 「옥조」편에서는 "군주와 시동이 걸을 때에는 '접무(接武)'를 하고, 대부는 '계무(繼武)'를 하며, 사는 '중무(中武)'를 한다."[14]라고 했는데, 이것은 곧 발걸음을 떼는 폭과 빈번한 정도를 신분의 차등으로 삼은 것이다. 따라서 군주와 신하가 함께 참여하여, 의례를 시행할 때의 법도는 이른바 "군주가 한 걸음을 떼면, 신하는 두 걸음을 뗀다."라는 것에 해당한다.

참고 『예기』「옥조(玉藻)」 기록

경문-393d 圈豚行不擧足, 齊如流. 席上亦然.

번역 천천히 걸어갈 때에는 발을 들어 올리지 않으며, 하의의 재봉선이 지면 위에 붙어서 움직이므로, 마치 물이 흐르는 것처럼 보인다. 자리 위로 나아갈 때에도 또한 이처럼 걷는다.

鄭注 圈, 轉也. 豚之言若有所循. 不擧足曳踵, 則衣之齊如水之流矣. 孔子執圭則然, 此徐趨也. 尊處亦尙徐也.

번역 '권(圈)'자는 "구르다[轉]."는 뜻이다. '돈(豚)'자는 마치 따르는 바가 있다는 뜻이다. 다리를 들어 올리지 않고, 뒤꿈치를 끈다면, 옷의 재봉선은 마치 물이 흐르는 것처럼 너울거리게 된다. 공자는 규를 들고 있을 때 이처럼 했으니, 이것은 천천히 걷는다는 뜻이다. 존귀한 장소에서는 또한 천천히 걷는 것을 숭상한다.

孔疏 ●"圈豚行"者, 此釋言徐趨之形也. 圈, 轉也. 豚, 循也. 言徐趨法曳轉足循地而行也.

---

14) 『예기』「옥조(玉藻)」【393c】: 君與尸行, 接武, 大夫繼武, 士中武.

번역 ●經文: “圈豚行”. ○이것은 천천히 걸어갈 때의 모습을 풀이한 말이다. ‘권(圈)’자는 “구르다[轉].”는 뜻이다. ‘돈(豚)’자는 “좇다[循].”는 뜻이다. 즉 천천히 걸어갈 때의 예법에서는 뒤꿈치를 끌어서 땅에 닿도록 하여 걸어간다는 의미이다.

孔疏 ●“不擧足”者, 謂足不離地.

번역 ●經文: “不擧足”. ○발을 지면에서 이격시키지 않는다는 뜻이다.

孔疏 ●“齊如流”者, 齊, 裳下緝也. 足旣不擧, 身又俯折, 則裳下委地, 曳足如水流狀也.

번역 ●經文: “齊如流”. ○‘제(齊)’는 하의의 밑에 있는 재봉선을 뜻한다. 발을 들어 올리지 않고, 신체 또한 앞으로 숙여져 있다면, 하의의 밑부분은 땅에 끌리듯이 있고, 발을 끌게 되어, 마치 물이 흐르는 모습처럼 된다는 뜻이다.

참고 『예기』「옥조(玉藻)」 기록

경문-394a 執龜玉, 擧前曳踵, 蹜蹜如也.

번역 거북껍질이나 옥을 들게 된다면, 걸어갈 때 천천히 걷게 되니, 앞꿈치는 들어 올리지만 뒤꿈치는 끌게 되어, 보폭을 작게 해서 걷는다.

鄭注 著徐趨之事.

번역 느리게 걷는 사안을 나타낸 것이다.

孔疏 ●“執龜玉, 擧前曳踵, 蹜蹜如也”者, 此一經論“徐趨”之事. 言執龜·

玉之時, 有此徐趨也.

번역 ●經文: "執龜玉, 擧前曳踵, 蹜蹜如也". ○이곳 경문은 '서추(徐趨)'에 해당하는 사안을 논의하고 있다. 즉 거북껍질이나 옥을 들었을 때에는 이처럼 느리게 걷는다는 의미이다.

孔疏 ●"擧前曳踵"者, 踵, 謂足後跟也. 謂將行之時, 初擧足前, 後曳足跟, 行不離地.

번역 ●經文: "擧前曳踵". ○'종(踵)'은 발의 뒤꿈치를 뜻한다. 즉 걸어가려고 할 때, 최초 발의 앞꿈치를 들어올리고, 이후에 발의 뒤꿈치를 끌게 되니, 걸어갈 때 발이 지면에서 이격되지 않는다는 의미이다.

孔疏 ●"蹜蹜如也". 言擧足狹數, 蹜蹜如也.

번역 ●經文: "蹜蹜如也". ○발을 들어 올리는 폭이 좁다는 뜻이니, 매우 협소한 모습처럼 된다는 의미이다.

참고 『예기』「옥조(玉藻)」 기록

경문-393c 君與尸行接武, 大夫繼武, 士中武. 徐趨皆用是.

번역 군주가 시동과 함께 걸어갈 때에는 보폭을 반으로 줄여서 천천히 걷고, 대부가 시동과 함께 걸어갈 때에는 보폭을 넓혀서 발자국이 서로 이어지도록 걸으며, 사가 시동과 함께 걸어갈 때에는 발자국 사이마다 하나의 발자국이 들어갈 만큼 보폭을 넓혀서 신속하게 걷는다. 각 계층이 천천히 걷거나 빠르게 걸을 때에는 모두 이러한 예법에 따른다.

鄭注 尊者尙徐. 蹈半迹. 迹相及也. 迹間容迹. 君·大夫·士之徐行也, 皆如"與尸行"之節也.

번역 존귀한 자는 천천히 가는 것을 숭상한다. 보폭을 발자국의 반만큼 떼는 것이다. 대부는 발자국이 서로 이어지도록 걷는다. 사는 발자국 사이마다 발자국이 들어갈 만큼 걷는다. 군주・대부・사가 천천히 걸어갈 때에는 모두 "시동과 같이 걷다."라고 했을 때의 예절처럼 한다.

孔疏 ●"君與尸行接武"者, 明貴賤與尸, 行步廣狹不同也. 君, 天子・諸侯也. 武, 迹也. 接武者, 二足相躡每蹈於半, 未得各自成迹, 故云"接武"也. 尊者舒遲, 故君及尸並步遲狹.

번역 ●經文: "君與尸行接武". ○신분의 등급에 따라 시동과 함께 걸어갈 때 보폭이 다르다는 사실을 나타낸다. '군(君)'자는 천자와 제후를 뜻한다. '무(武)'자는 발자국[迹]을 뜻한다. '접무(接武)'는 두 발자국이 서로 이어지며, 매번 그 반만큼을 밟게 되는 것으로, 각자 자신의 발자국의 길이만큼 보폭을 뗄 수 없다. 그렇기 때문에 "발자국을 밟는다."라고 말한 것이다. 존귀한 자는 천천히 걷는다. 그렇기 때문에 군주 및 시동은 모두 천천히 걸으며 보폭을 줄인다.

孔疏 ●"大夫繼武"者, 謂大夫與其尸行時. 繼武者, 謂兩足迹相接繼也. 大夫漸卑, 故與尸行步稍廣速也.

번역 ●經文: "大夫繼武". ○대부가 시동과 함께 걸어가는 경우를 뜻한다. '계무(繼武)'는 두 발의 발자국이 서로 연속해서 찍힌다는 뜻이다. 대부는 신분이 군주보다 낮기 때문에, 시동과 함께 걸어갈 때에도 보폭을 조금 넓혀서 신속히 걷는다.

孔疏 ●"士中武"者, 謂士與其尸行也. 中, 猶間也. 每徙足, 間容一足地, 乃躡之也. 士極卑, 故及尸行步極廣也.

번역 ●經文: "士中武". ○사(士)가 시동과 함께 걸어가는 경우를 뜻한다. '중(中)'자는 "사이를 두다[間]."는 뜻이다. 매 걸음마다 그 사이에 발자국 1개가 들어갈 만큼 벌리며 연속해서 걸어간다. 사(士)는 신분이 매우 낮기 때문에, 시동과 걸어갈 때에도 보폭을 크게 넓힌다.

孔疏 ●"徐趨皆用是"者, 徐趨皆遲行也. 皆, 皆於君・大夫・士也. 是, 此也. 言皆用此與尸行步之節.

번역 ●經文: "徐趨皆用是". ○'서(徐)'와 '추(趨)'는 모두 천천히 걷는다는 뜻이다. '개(皆)'는 군주・대부・사에 대한 경우를 모두 포함한다는 뜻이다. '시(是)'자는 이것[此]이라는 뜻이다. 즉 모든 계층이 여기에서 말한 시동과 함께 걸어가는 예법에 따른다는 의미이다.

集解 愚謂: 此謂在君宗廟之中, 尊卑行步之法也. 君與尸尊, 故其行接武, 大夫稍卑, 故繼武, 士又卑, 故中武, 尊者行徐, 卑者行疾也.

번역 내가 생각하기에, 이 내용은 군주의 종묘에 위치했을 때, 신분에 따라 걸어가는 예법을 뜻한다. 군주와 시동은 존귀한 존재이므로, 그들이 걸어갈 때에는 발자국 반만큼 발을 떼는 것이고, 대부는 조금 더 신분이 낮기 때문에, 발자국이 이어지도록 걷는 것이며, 사는 더욱 낮기 때문에, 발자국이 하나 들어갈 만큼 발을 떼는 것이니, 존귀한 자는 천천히 걷는 것이고, 신분이 낮은 자는 신속히 걷는 것이다.

참고 『예기』「상복사제(喪服四制)」 기록

경문-721d 杖者, 何也? 爵也. 三日授子杖, 五日授大夫杖, 七日授士杖. 或曰擔主, 或曰輔病. 婦人・童子不杖, 不能病也. 百官備, 百物具, 不言而事行者, 扶而起. 言而后事行者, 杖而起. 身自執事而后行者, 面垢而已. 禿者不

髽, 傴者不袒, 跛者不踊, 老病不止酒肉. 凡此八者, 以權制者也.

번역 지팡이를 두는 것은 어째서인가? 작위를 가진 자들을 위해서이다. 상이 발생하면 3일 째에 자식에게 지팡이를 주고, 5일 째에 대부에게 지팡이를 주며, 7일 째에 사에게 지팡이를 준다. 어떤 경우는 상주에게 지팡이를 빌려준다고 말하고, 또 어떤 경우는 병약해진 몸을 부축하기 위해서라고 말한다. 아직 성인(成人)이 되지 못한 여자와 남자들은 지팡이를 잡지 않으니, 병약해질 수 없기 때문이다. 백관(百官)이 갖춰져 있고 백물(百物)이 갖춰져서, 말을 하지 않아도 일이 시행될 수 있는 경우에는 지팡이가 있지만, 몸이 몹시 수척해지는 것이 허용되므로, 남의 부축을 받아서 일어나게 된다. 이러한 것들이 갖춰지지 않아서, 직접 말을 해야만 일이 시행되는 경우에는 몸을 몹시 수척하게 할 수 없으니, 자신이 직접 지팡이를 잡고 일어나게 된다. 또한 일을 맡아볼 수 있는 자가 전혀 없어서, 제 자신이 직접 상사의 일을 처리해야만 시행되는 경우에는 몸이 수척해지는 것을 허용하지 않으니, 얼굴에 때만 묻히고 직접 일처리를 할 따름이다. 대머리는 북상투를 틀지 않고, 곱사등이는 단(袒)을 하지 않으며, 절름발이는 용(踊)을 하지 않고, 노약하고 병든 자들은 술과 고기를 끊지 않는다. 무릇 이러한 여덟 가지 경우는 권도[權]로써 제정한 것들이다.

孔疏 ●"杖者何也? 爵也"者, 權制之中, 所以先明杖者, 以下有不應杖而杖, 又有應杖而不杖, 皆是權宜, 故先擧正杖於上. 言"爵也"者, 杖之所設, 本爲扶病, 而以爵者有德, 其恩必深, 其病必重, 故杖爲爵者而設, 故云"爵也".

번역 ●經文: "杖者何也? 爵也". ○권제(權制) 중에서도 지팡이에 대해서 우선적으로 나타낸 것은 그 이하의 구문에는 마땅히 지팡이를 잡지 말아야 하는데도 지팡이를 잡는 경우가 있고, 또 지팡이를 잡아야 하는데도 잡지 않는 경우가 있는데, 이것들은 모두 권도에 따라 시의에 맞춘 것이다. 그렇기 때문에 가장 먼저 정상적으로 지팡이를 잡는 규정을 그 앞에 제시를 한 것이다. '작야(爵也)'라고 했는데, 지팡이를 두는 것은 본래 병약해진 몸을 부축하기 위해서인데, 작위를 가지고 있는 자는 덕을 가지고 있고, 그들의 은정은 반드시 깊으므로, 그들의 병약해진 정도도 분명 심하게 된다. 그렇기 때문에 지팡이는 작위를 가지고 있는 자를 위해서 설치하는 것이다. 그래서 "작위를 가지고 있는 자를 위해서이다."라고 말한 것이다.

孔疏 ●"三日授子杖, 五日授大夫杖, 七日授士杖"者, 上云杖者爵也, 遂歷敍其有爵之人, 故云"三日授子杖, 五日授大夫杖, 七日授士杖".

번역 ●經文: "三日授子杖, 五日授大夫杖, 七日授士杖". ○앞 문장에서는 지팡이를 두는 것은 작위를 가진 자를 위해서라고 했으므로, 결국 작위를 가지고 있는 자들에 대해서 차례대로 서술하였다. 그렇기 때문에 "3일 째에 자식에게 지팡이를 주고, 5일 째에 대부에게 지팡이를 주며, 7일 째에 사에게 지팡이를 준다."라고 말한 것이다.

孔疏 ●"或曰擔主"者, 解無爵而亦杖, 故記者稱"或曰擔主". 喪服傳云: "杖者何? 爵也. 無爵而杖者何? 擔主也." 鄭注云"擔, 假也", "尊其爲主", "假之以杖".

번역 ●經文: "或曰擔主". ○작위가 없는 자인데도 또한 지팡이를 잡는 이유에 대해서 풀이한 말이다. 그렇기 때문에 『예기』를 기록한 자는 "혹은 상주에게 빌려준다고도 말한다."라고 한 것인데, 『의례』「상복(喪服)」편의 전문(傳文)에서는 "지팡이를 잡는 것은 누구인가? 작위를 가지고 있는 자이다. 작위가 없는데도 지팡이를 잡는 것은 어째서인가? 상주에게 빌려주는 것이다."라고 했고, 이 문장에 대한 정현의 주에서는 "담(擔)자는 빌려준다는 뜻이다."라고 했고, 또 "그 자가 상주가 되었으므로 존귀하게 높이는 것이다."라고 했으며, 또 "지팡이를 빌려주는 것이다."라고 한 것이다.

孔疏 ●"或曰輔病"者, 喪服傳云: "非主而杖者何? 輔病也." 謂庶子以下, 雖非適子皆杖, 爲其"輔病", 故也.

번역 ●經文: “或曰輔病”. ○『의례』「상복(喪服)」편의 전문(傳文)에서는 “상주가 아닌데도 지팡이를 잡는 것은 어째서인가? 병약해진 몸을 지탱하기 위해서이다.”라고 했다. 이 말은 곧 서자 이하의 신분을 가진 자들이 비록 적자의 신분이 아님에도 모두들 지팡이를 잡는 것은 “병약해진 몸을 지탱한다.”라는 이유가 되기 때문임을 뜻한다.

孔疏 ●“婦人童子不杖, 不能病也”者, 杖旣扶病, 何婦人童子所以不杖? 爲其不能病也. 婦人, 謂未成人之婦人. 童子, 謂幼少之男子.

번역 ●經文: “婦人童子不杖, 不能病也”. ○지팡이의 기능 자체가 병약해진 몸을 지탱해주는 것인데, 어찌하여 부인과 어린아이들은 지팡이를 잡지 않는 것인가? 그 이유는 그들은 몸이 병약해질 수 없기 때문이다. 여기에서 말하는 ‘부인(婦人)’은 아직 성인이 되지 못한 여자를 뜻한다. ‘동자(童子)’는 나이가 어린 남자를 뜻한다.

孔疏 ●“百官備, 百物具, 不言而事行者, 杖而起”者, 此謂王侯也. 喪具觸事, 委任百官, 不假自言而事得行, 故許子病深, 雖有扶病之杖, 亦不能起, 故又須人扶乃起也.

번역 ●經文: “百官備, 百物具, 不言而事行者, 杖而起”. ○이 내용은 천자와 제후에 대한 것이다. 상에서 관련된 일들을 갖춰서, 백관(百官)들에게 위임하므로, 직접 말을 하지 않더라도 일을 시행할 수 있다. 그렇기 때문에 그의 자식에게는 몸이 매우 허약해지는 것을 허용하니, 비록 병약해진 몸을 지탱해줄 지팡이가 있게 되지만, 또한 제 스스로 일어날 수가 없다. 그렇기 때문에 또한 다른 사람의 부축이 있어야만 곧 일어나게 되는 것이다.

孔疏 ●“言而后事行者, 杖而起”者, 此謂大夫・士, 旣無百官・百物, 須己言而後喪事乃行, 故不許極病, 所以“杖而起”, 不用扶也.

번역 ●經文: "言而后事行者, 杖而起". ○이 내용은 대부와 사에 대한 경우이니, 이미 백관(百官)과 백물(百物)을 갖출 수 없으므로, 자신이 직접 말을 해야만 그 이후에야 상사에 대한 일들이 시행된다. 그렇기 때문에 몸이 극도로 허약해지는 것을 허용하지 않는 것이니, "지팡이를 잡고서 일어난다."라는 것은 곧 부축해주는 것을 이용하지 않는다는 뜻이다.

참고 『예기』「상복소기(喪服小記)」 기록

경문-407d 苴杖, 竹也. 削杖, 桐也.

번역 저장(苴杖)은 대나무로 만든다. 삭장(削杖)은 오동나무로 만든다.

孔疏 ●"苴杖"至"桐也". ○正義曰: 此一經解喪服苴杖削杖也. 然杖有苴·削異者. 苴者, 黯也. 夫至痛內結, 必形色外章, 心如斬斫, 故貌必蒼苴, 所以衰裳絰杖, 俱備苴色也. 必用竹者, 以其體圓性貞, 履四時不改, 明子爲父禮中痛極, 自然圓足, 有終身之痛故也. 故斷而用之, 無所厭殺也.

번역 ●經文: "苴杖"~"桐也". ○이곳 경문은 상복을 착용하며 잡게 되는 저장(苴杖)과 삭장(削杖)을 풀이하였다. 그런데 경우에 따라서 사용되는 지팡이에는 저장과 삭장이라는 차이점이 있다. '저(苴)'자는 "검다[黯]."는 뜻이다. 지극한 아픔이 내적으로 뭉쳐지면, 반드시 형색을 통해 겉으로 나타나며, 마음은 베인 것과 같기 때문에, 모습은 반드시 검푸르게 변하니, 상복·질(絰)·지팡이를 모두 검푸른 색으로 갖추는 이유이다. 반드시 대나무를 이용하는 이유는 대나무의 몸체는 원형으로 되어 있고, 성질이 곧으며, 사계절을 거치더라도 변하지 않으니, 자식이 부친을 위해 상례를 치르는 도중에는 애통함을 극심히 표현하여, 자연스럽게 충족이 되지만, 종신토록 간직하는 아픔이 있기 때문이다. 그래서 대나무를 잘라서 지팡이로 사용하며, 깎아내는 공정이 없다.

孔疏 ●"削杖"者, 削, 殺也, 削奪其貌, 不使苴也. 必用桐者, 明其外雖被削, 而心本同也, 且桐隨時凋落. 此謂母喪, 示外被削殺, 服從時除, 而終身之心當與父同也.

번역 ●經文: "削杖". ○'삭(削)'자는 "깎다[殺]."는 뜻이니, 그 외형을 깎고 줄여서, 검푸른 색을 내지 않도록 한다. 반드시 오동나무를 사용하는 이유는 외적으로 비록 줄어드는 점이 있지만, 마음만은 본래 동일하다는 뜻을 나타내며, 또 오동나무는 계절에 따라서 잎이 시들어 떨어짐을 나타낸다. 이 말은 모친의 상에서, 외적으로 줄어드는 점이 있어서, 상복에 있어서도 계절에 따라 제거되는 점이 있지만, 종신토록 품게 되는 마음은 부친에 대한 경우와 같음을 나타낸다는 뜻이다.

集說 竹杖圓以象天, 削杖方以象地, 父母之別也.

번역 대나무 지팡이는 원형으로 만들어서, 하늘을 형상하고, 나무를 깎아서 만든 지팡이는 네모지게 만들어서, 땅을 형상하니, 돌아가신 부친과 모친에 대한 구별로 삼는다.

訓纂 賈氏喪服傳疏: 父者子之天, 竹圓亦象天. 又外內有節, 象子爲父有外內之痛. 桐之言同, 內心同於父. 外無節, 象家無二尊, 屈於父, 經時而有變. 削之使方者, 取母象於地故也.

번역 『의례』「상복(喪服)」편의 전문(傳文)에 대한 가공언의 소(疏)에서 말하길,[15] 부친은 자식에게는 하늘과 같은 존재이고, 원형으로 된 대나무 또한 하늘을 상징한다. 또 겉과 내면에 마디가 있으니, 자식이 부친을 위해서 내외적으로 아픔을 간직한다는 사실을 상징한다. 오동나무는 "같다[同]."는 뜻이니, 내적인 마음은 부친에 대한 경우와 같다는 뜻이다. 오동나

15) 이 문장은 『의례』「상복(喪服)」편의 "傳曰, 斬者何? 不緝也. ……… 居倚廬, 寢苫枕塊, 哭晝夜無時."라는 기록에 대한 가공언(賈公彦)의 소(疏)이다.

무는 겉에 마디가 없으니, 가정에 두 명의 존귀한 자가 없음을 상징하며, 부친에 대한 경우보다 굽혀서, 계절에 따라 변화가 생긴다. 그 나무를 깎아서 네모지게 만드는 것은 모친이 땅을 상징한다는 뜻에 따랐기 때문이다.

集解 杜氏預曰: 削杖, 圓削之象竹.

번역 두예[16]가 말하길, '삭장(削杖)'은 둥글게 깎아서 대나무처럼 만든 지팡이이다.

集解 愚謂: 此明齊·斬之杖之所用也. 苴, 麻之有蕡者, 其色黧黑, 斬衰之喪用爲衰裳及絰. 苴杖, 斬衰之杖也. 斬衰用竹爲杖, 以配苴衰, 而其色亦相似, 故謂爲苴杖. 削杖, 齊衰之杖也, 用桐而削治之, 故謂之削杖. 杖大如絰, 絰圓則杖亦圓. 竹小而體本圓, 故斬而用之; 桐木大, 又不必皆圓, 故必削治之也. 苴杖黧黑, 削杖稍澤而皙, 故以爲齊·斬輕重之別.

번역 내가 생각하기에, 이 내용은 자최복(齊衰服)과 참최복(斬衰服)에 사용되는 지팡이의 재질을 나타낸다. '저(苴)'는 마(麻) 중에서도 씨가 있는 것으로, 그 색깔은 검은데, 참최복을 입고 치르는 상에서는 이것을 이용해서 상복과 질(絰)을 만든다. '저장(苴杖)'은 참최복에 사용하는 지팡이이다. 참최복에는 대나무를 이용해서 지팡이를 만들어, 저(苴)로 만든 상복과 짝을 이루도록 하니, 그 색깔 또한 서로 유사하기 때문에, '저장(苴杖)'이라고 부른 것이다. '삭장(削杖)'은 자최복에 사용하는 지팡이이며, 오동나무를 사용하되 그것을 깎아서 다듬기 때문에, '삭장(削杖)'이라고 부른다. 지팡이의 크기는 질(絰)과 같으니, 질(絰)이 원형으로 되어 있다면, 지팡이 또한 원형으로 만든다. 대나무는 크기가 작고, 몸체가 본래부터 원형이기 때문에, 그

---

16) 두예(杜預, A.D.222~A.D.284) : =두원개(杜元凱). 서진(西晉) 때의 유학자이다. 경조(京兆) 두릉(杜陵) 출신이다. 자(字)는 원개(元凱)이다. 『춘추경전집해(春秋經典集解)』를 저술하였는데, 이 책은 현존하는 『춘추(春秋)』의 주석서 중 가장 오래된 것이며, 『십삼경주소(十三經注疏)』의 『춘추좌씨전정의(春秋左氏傳正義)』에도 채택되어 수록되었다.

것을 잘라서 지팡이로 사용한다. 오동나무는 크고, 또 모두 둥글게만 되어 있지 않기 때문에, 반드시 깎아서 다듬어야 한다. 저장은 검은색으로 되어 있고, 삭장은 좀 더 윤택이 나기 때문에, 이 둘의 차이점을 이용해서 자최복과 참최복에 따른 상복 수위의 구별로 삼았다.

참고 『예기』「상복소기(喪服小記)」 기록

경문-413d 虞, 杖不入於室; 祔, 杖不升於堂.

번역 우제를 치른 뒤에는 지팡이를 짚고 실(室)로 들어가지 않는다. 부제를 치른 뒤에는 지팡이를 짚고 당(堂)에 올라가지 않는다.

鄭注 哀益衰, 敬彌多也. 虞於寢, 祔於祖廟.

번역 애통함이 더욱 줄어들고, 공경함이 더욱 많아졌기 때문이다. 침(寢)에서 우제를 치르고, 조묘(祖廟)에서 부제를 치른다.

孔疏 ◎注"虞於寢, 祔於祖廟". ○正義曰: 按士虞禮: "虞於寢." 又按檀弓云: "明日祔於祖." 是祔於祖廟也.

번역 ◎鄭注: "虞於寢, 祔於祖廟". ○『의례』「사우례(士虞禮)」편을 살펴보면, "침(寢)에서 우제를 치른다."[17]라고 했고, 또 『예기』「단궁(檀弓)」편을 살펴보면, "그 다음날 조부에서 합사한다."[18]라고 했으니, 이것은 조묘에서 부제를 치른다는 사실을 나타낸다.

---

17) 『의례』「사우례(士虞禮)」: 記. 虞, 沐浴, 不櫛. 陳牲于廟門外, 北首, 西上, 寢右. 日中而行事.

18) 『예기』「단궁하(檀弓下)」【116b】: 是日也, 以吉祭易喪祭, 明日祔于祖父.

참고 『예기』「상복소기(喪服小記)」 기록

경문-421d 婦人不爲主而杖者, 姑在爲夫杖. 母爲長子削杖. 女子子在室爲父母, 其主喪者不杖, 則子一人杖.

번역 부인이 상주가 아닌데도 지팡이를 잡는 경우가 있으니, 시어미가 생존해 계실 때, 죽은 남편을 위해서 지팡이를 잡는다. 모친이 장자의 상을 치르게 되면 삭장(削杖)을 잡는다. 딸 중 아직 시집을 가지 않은 여자는 부모의 상을 치를 때, 남자 형제가 없어서 같은 성씨의 남자를 섭주로 삼아, 그 자가 지팡이를 잡지 않으면, 딸 중 한 명이 지팡이를 잡는다.

鄭注 姑不厭婦. 嫌服男子當杖竹也. 母爲長子服, 不可以重於子爲己也. 女子子在室, 亦童子也. 無男昆弟, 使同姓爲攝主, 不杖, 則子一人杖, 謂長女也. 許嫁及二十而笄, 笄爲成人, 成人正杖也.

번역 시어미는 며느리에 대해서 수위를 낮추지 않는다. 모친이 장자를 위해서 삭장(削杖)을 잡는다고 한 것은 남자는 마땅히 대나무로 만든 지팡이를 잡아야 하므로, 동일한 지팡이를 잡는다고 오해하게 될까봐 명시한 것이다. 모친이 장자를 위해서 상복을 착용하지만, 자식이 자신을 위해서 상을 치르는 것보다 중시 여길 수 없다. 딸자식 중 아직 시집을 가지 않은 여자는 또한 어린아이와 같다. 남자 형제들이 없어서, 동성인 남자 친족을 섭주로 삼았는데, 그가 지팡이를 잡지 않는다면, 딸 중 1명이 지팡이를 잡으니, 장녀를 가리킨다. 혼인이 약속되거나 20세가 되어 계례(笄禮)를 치렀다면, 비녀를 꼽은 것은 성인이 된 것이니, 성인은 곧 지팡이를 잡아야 한다.

孔疏 ●"姑在爲夫杖"者, 鄭義唯謂出嫁婦人禮也. 若成人婦人在家爲父母, 雖不爲主亦杖. 若在夫家, 唯爲主乃杖, 故爲夫與長子雖不爲主亦杖, 若餘非爲主, 則不爲杖. 但夫是移天之重, 婦雖不爲主而杖, 而云"姑在"者, 舅主適婦喪, 則厭適子, 使不杖; 今有姑在, 姑主子喪, 恐姑旣爲主則亦厭婦, 明今姑雖爲主, 不厭婦也. 所以知鄭意然者, 注下經"一人杖"云: "女子子在室, 亦童子也. 成人則正杖." 又喪大記云: "士之喪二日, 婦人皆杖." 注云: "婦人皆杖, 謂主婦·容妾爲君·女子子在室者也." 故喪服傳云: "婦人何以不杖? 亦不能病也." 是爲鄭學者, 則謂爲童子婦人, 不能爲父母杖也. 而難鄭者, 云鄭以婦人不杖, 唯謂童子婦人, 然童女未嫁, 何以得稱婦人? 又喪服傳云"童子何以不杖? 不能病", 乃云"婦人何以不杖, 亦不能病", 明知婦人非童子也. 故賀循等以爲, 婦人不杖, 謂出嫁之婦人不爲主, 則不杖, 其不爲主而杖者, 唯姑在爲夫杖, 故此記特明之. 鄭必以爲童子婦人乃不杖者, 鄭以此下經云"女子子在室爲父母, 其主喪者不杖, 則子一人杖", 旣云"女子子在室", 是童女可知. 云"主喪者不杖", 若主喪者杖, 則此童女不杖, 今由主喪者不杖, 則此童女一人杖. 鄭據此文, 故知婦人謂童子之婦人也. 若其成人出嫁, 婦人爲主皆杖, 故喪大記云: "三日, 子·夫人杖, 五日授大夫世婦杖." 喪服傳: "妻爲夫杖." 小記云: "母爲長子杖." 是成人婦人皆杖也. 童女得稱婦人者, 喪服小功章云: "爲姪·庶孫丈夫婦人之長殤." 是殤之童得稱婦人, 未嫁而稱婦人者, 以其將有適人之端, 故得稱婦人也.

번역 ●經文: "姑在爲夫杖". ○정현의 주장이 뜻하는 것은 오직 출가를 한 부인에 대한 예법에 해당한다. 만약 성인이 된 여자가 아직 시집을 가지 않았을 때, 부모를 위해 상을 치르게 된다면, 비록 그녀가 상주가 되지 않더라도, 또한 지팡이를 잡게 된다. 만약 시집을 가서 남편의 집에 소속되어 있다면, 오직 상주가 되었을 때에만 지팡이를 잡는다. 그렇기 때문에 남편과 장자의 상을 치를 때에는 비록 상주가 되지 않더라도, 또한 지팡이를 잡고, 만약 나머지 상주가 되지 않은 경우라면, 지팡이를 잡지 않는다. 다만 남편은 시집간 여자에게는 매우 중요한 대상이니, 며느리는 비록 상주가 되지 않더라도 지팡이를 잡는다. 그런데 "시어미가 생존해 계시다."라고 말한 이유는 시아비가 적부의 상을 주관하게 된다면, 적자에 대해서는 수위를 낮춰서 지팡이를 잡지 않도록 한다. 그런데 현재 시어미가 생존해 계신 경우이고, 시어미가 자식의 상을 주관하니, 아마도 시어미가 이미 상주가 되었으므로, 또한 며느리에 대해 수위를 낮추게 될까 염려를 했기 때문에,

이곳 문장에서는 시어미가 비록 상주가 되었더라도, 며느리에 대해서 수위를 낮추지 않는다고 명시한 것이다. 정현의 의도가 이와 같다는 사실을 알 수 있는 이유는 아래 경문 중 "한 사람이 지팡이를 잡는다."라고 한 기록에 대해, 정현의 주에서는 "딸자식 중 아직 시집을 가지 않은 여자는 또한 어린 아이와 같다. 성인이 되었다면 지팡이를 잡는다."라고 했고, 또 『예기』「상대기(喪大記)」편에서는 "사의 상에서는 2일째에 부인들이 모두 지팡이를 잡는다."[19]라고 했고, 정현의 주에서는 "부인들이 모두 지팡이를 잡는다고 한 말은 주부와 용첩이 부군의 상을 치르는 경우 및 딸자식 중 아직 시집을 가지 않은 여자가 상을 치르는 경우를 뜻한다."라고 했다. 그렇기 때문에 『의례』「상복(喪服)」편의 전문(傳文)에서는 "부인들은 어찌하여 지팡이를 잡지 않는가? 이 또한 상주만큼 병약해질 수 없기 때문이다."[20]라고 했다. 이것은 정현의 학문에서 주장하는 내용이니, 어린아이에 해당하는 여자들은 부모를 위해서 지팡이를 잡을 수 없다는 뜻이다. 그러나 정현의 주장을 비판하는 자들은 정현은 부인이 지팡이를 잡지 않는 것을 어린아이에 해당하는 여자들만을 뜻한다고 했다. 그런데 어찌 아직 시집을 가지 않은 여자 아이들에 대해서 '부인(婦人)'이라고 부를 수 있는가? 또 「상복」편의 전문에서 "어린아이는 어찌하여 지팡이를 잡지 않는가? 병약해질 수 없기 때문이다."라고 했고, 이어서 "부인은 어찌하여 지팡이를 잡지 않는가? 또한 병약해질 수 없기 때문이다."라고 했으니, 부인이 어린아이가 아니라는 사실을 명확히 알 수 있다. 그렇기 때문에 하순 등은 다음과 같이 여겼다. 부인이 지팡이를 잡지 않는 것은 출가한 부인들 중 상주가 되지 않은 경우라면, 지팡이를 잡지 않는다는 뜻이고, 상주가 아닌데도 지팡이를 잡는 것은 오직 시어미가 생존해 계실 때, 남편의 상을 치르며 지팡이를 잡는 경우이다. 그렇기 때문에 이곳 『예기』의 기록에서 특별히 명시한 것이다. 정현이 기어코 어린아이인 여자여야만 지팡이를 잡지 않는다고 한 이유는 이곳 아래 경문에서 "딸자식 중 아직 시집을 가지 않은 여자가 부모의 상을 치르

19) 『예기』「상대기(喪大記)」【531d~532a】: 士之喪, 二日而殯, 三日之朝主人杖, 婦人皆杖. 於君命夫人之命, 如大夫, 於大夫世婦之命, 如大夫.

20) 『의례』「상복(喪服)」: 童子何以不杖? 不能病也. 婦人何以不杖? 亦不能病也.

게 되었는데, 상을 주관하는 자가 지팡이를 잡지 않으면, 딸 중 한 명이 지팡이를 잡는다."라고 했는데, 이미 "딸자식 중 아직 시집을 가지 않은 여자이다."라고 했으니, 이것을 통해 어린아이에 해당하는 여자임을 알 수 있다. 그리고 "상을 주관하는 자가 지팡이를 잡지 않는다."라고 했는데, 만약 상을 주관하는 자가 지팡이를 잡는다면, 여기에서 말한 어린 여자아이는 지팡이를 잡지 않고, 현재 상을 주관하는 자가 지팡이를 잡지 않는 것에 따른다면, 어린 여자아이 한 명이 지팡이를 잡는 것이다. 정현은 이러한 기록에 근거를 했기 때문에, '부인(婦人)'이 어린아이에 해당하는 여자를 뜻한다는 사실을 알았던 것이다. 만약 성인이 되어 출가를 했다면, 부인이 상주가 된 모든 경우에 지팡이를 잡는다. 그렇기 때문에 「상대기」편에서는 "3일째가 되면, 자식・부인이 지팡이를 잡고, 5일째가 되면 대부와 세부에게 지팡이를 지급한다."[21]라고 말한 것이다. 그리고 「상복」편의 전문에서는 "처는 남편을 위해서 지팡이를 잡는다."라고 했고, 「상복소기」편에서는 "모친은 장자를 위해서 지팡이를 잡는다."라고 했는데, 이것은 성인인 여자가 모두 지팡이를 잡는다는 사실을 나타낸다. 어린 여자아이에 대해 '부인(婦人)'이라고 부를 수 있는 것은 「상복」편의 '소공장(小功章)'에서 "조카와 서손 중 장상을 한 남자와 부인 중 장상한 여자에 대해 착용한다."라고 했는데, 이것은 요절한 여자아이에 대해서도 '부인(婦人)'이라고 부를 수 있다는 사실을 나타내는데, 아직 시집을 가지 않았는데도, '부인(婦人)'이라고 부르는 이유는 그녀에게는 장자 다른 남자에게 시집가는 단서가 포함되어 있기 때문에, '부인(婦人)'이라고 부를 수 있는 것이다.

孔疏 ◎注"許嫁"至"杖也". ○正義曰: 知"許嫁及二十而笄, 爲成人正杖"者, 以其許嫁, 則已有出適人之理, 非復在室, 其雖未許嫁已在二十而笄, 猶男子之冠, 非復童子, 故知"成人則正杖"也.

---

21) 『예기』「상대기(喪大記)」【531b】: 君之喪, 三日, 子夫人杖, 五日旣殯, 授大夫世婦杖. 子大夫寢門之外杖, 寢門之內輯之. 夫人世婦在其次則杖, 卽位則使人執之. 子有王命則去杖, 國君之命則輯杖, 聽卜有事於尸則去杖. 大夫於君所則輯杖, 於大夫所則杖.

번역 ◎鄭注: "許嫁"~"杖也". ○정현이 "혼인이 약속되거나 20세가 되어 계례(笄禮)를 치렀다면, 성인이 되어 지팡이를 잡는다."라고 했는데, 이미 혼인이 약속되었다면, 이미 출가하여 남에게 시집가는 이치를 포함하고 있으니, 재차 시집을 가지 않았을 때처럼 여길 수 없고, 비록 아직 혼인이 허락되지 않았지만, 이미 20세가 되어 계례(笄禮)를 치렀다면, 남자가 관례(冠禮)를 치른 것처럼 여기니, 재차 어린아이로 대할 수 없다. 그렇기 때문에 "성인이 되었다면 지팡이를 잡는다."는 말이 사실임을 알 수 있다.

集解 父主適婦之喪, 子不杖. 母主適子之喪, 婦猶杖者, 斬衰無不杖也. 然母旣爲主, 則爲夫雖杖, 其禮當有所降矣. 其房中則杖, 卽位於阼階之上則輯杖與.

번역 부친이 적부의 상을 주관하면, 자식은 지팡이를 잡지 않는다. 모친이 적자의 상을 주관하면, 며느리는 오히려 지팡이를 잡는다. 그 이유는 참최복을 착용할 때에는 지팡이를 잡지 않는 경우가 없기 때문이다. 그런데 모친이 이미 상주가 되었다면, 남편을 위해서는 비록 지팡이를 잡지만, 그 예법에는 마땅히 낮추는 점이 있어야만 한다. 그녀가 방에 있다면 지팡이를 잡지만, 동쪽 계단 위에 자리를 잡게 되면, 지팡이를 모아두었을 것이다.

集解 愚謂: 苴杖, 斬衰之杖也. 削杖, 齊衰之杖也. 父爲長子斬衰則苴杖, 母爲長子齊衰則削杖, 各如其爲己之服以服之也.

번역 내가 생각하기에, '저장(苴杖)'은 참최복에 잡는 지팡이이다. '삭장(削杖)'은 자최복에 잡는 지팡이이다. 부친이 장자를 위해서 참최복을 착용하면, 저장을 잡고, 모친이 장자를 위해서 자최복을 착용하면, 삭장을 잡으니, 각각 자신을 위해서 상복을 착용할 때처럼 그에 대한 상복을 착용하는 것이다.

참고 『예기』「상대기(喪大記)」 기록

경문-531b 君之喪三日, 子夫人杖; 五日既殯, 授大夫世婦杖. 子大夫寢門之外杖, 寢門之內輯之; 夫人世婦在其次則杖, 卽位則使人執之. 子有王命則去杖, 國君之命則輯杖. 聽卜有事於尸則去杖. 大夫於君所則輯杖, 於大夫所則杖.

번역 군주의 상에서는 3일째가 되면 자식과 부인(夫人)이 지팡이를 짚는다. 또 5일째가 되어 빈소를 차린 뒤에는 대부와 세부(世婦)에게 지팡이를 지급한다. 자식과 부인은 침문(寢門) 밖에서 지팡이를 짚는데, 침문 안쪽으로 들어오면 지팡이를 손에 모아 쥐어서 땅을 짚지 않는다. 부인과 세부는 임시숙소에 있을 때 지팡이를 짚지만, 자신의 자리로 나아가게 되면 다른 사람을 시켜서 그것을 들게 한다. 세자가 천자의 명령을 받들고 온 사신을 맞이하게 되면 지팡이를 제거하고, 이웃 나라의 제후가 보낸 사신을 대하게 되면 지팡이를 모아 쥐어서 땅을 짚지 않는다. 거북점을 치거나 시동에 대한 일을 처리하게 되면 지팡이를 제거한다. 대부는 군주가 계신 장소에서 지팡이를 모아 쥐어서 땅을 짚지 않고, 대부들끼리 있는 장소라면 지팡이를 짚는다.

鄭注 三日者, 死之後三日也. 爲君杖不同日, 人君禮大, 可以見親疏也. 輯, 斂也. 斂者, 謂舉之不以柱地也. 夫人・世婦次於房中, 卽位堂上. 堂上近尸殯, 使人執杖, 不敢自持也. 子於國君之命輯杖, 下成君, 不敢敵之也. 卜, 卜葬, 卜日也. 凡喪祭, 虞而有尸. 大夫於君所輯杖, 謂與之俱卽寢門外位也. 獨焉則杖. 君, 謂子也. 於大夫所杖, 俱爲君杖, 不相下也.

번역 '삼일(三日)'은 죽은 이후 3일째를 뜻한다. 군주를 위해서 지팡이를 잡을 때, 그 날짜가 동일하지 않은 것은 군주의 예법은 성대하여, 차등적 절차를 통해 친소관계를 드러낼 수 있기 때문이다. '집(輯)'자는 "모으다[斂]."는 뜻이다. 모은다는 것은 손에 들지만 그것으로 땅을 짚지 않는다는 뜻이다. 부인(夫人)과 세부(世婦)는 방에 임시숙소를 마련하고, 자신의 자리로 나아가게 되면 당상(堂上)에 있게 된다. 당상은 시신이 안치된 빈소와 가까운 장소이므로, 다른 사람을 시켜서 지팡이를 들게 하며, 감히 스스로 그것을 지니고 있지 않는다. 세자가 이웃 제후의 명령을 받들고 온 사신에 대해서 지팡이를 모아 쥐고 땅을 짚지 않는 것은 정식 군주보다 낮추는 것이니, 감히 대등하게 여길 수 없기 때문이다. '복(卜)'자는 장례 장소에 대해 거북점을 치고, 장례 날짜에 대해 거북점을 친다는 뜻이다. 무릇 상제(喪祭)[22]에 있어서는 우제(虞祭)를 치르면 시동을 세우게 된다. 대부는 군주가 계신 장소에서 지팡이를 모아 쥔다고 했는데, 군주와 함께 모두 침문(寢門) 밖의 자리에 있을 때를 뜻한다. 홀로 있을 때라면 지팡이를 짚는다. '군(君)'자는 세자를 뜻한다. 대부가 있는 장소에서 지팡이를 짚는다고 했는데, 모두들 군주를 위해 상을 치르며 지팡이를 짚는다. 그러므로 지팡이를 짚는 것에 있어서는 서로에 대해서 낮추지 않는다.

孔疏 ●"子·大夫寢門之外杖"者, 子, 謂兼適·庶及世子也. 寢門, 殯宮門也. 子·大夫廬在寢門外, 得持杖柱地行以至寢門也.

번역 ●經文: "子·大夫寢門之外杖". ○'자(子)'자는 적자와 서자 및 세자를 모두 포함하는 뜻이다. '침문(寢門)'은 빈소의 문을 뜻한다. 자식과 대부가 머무는 여(廬)는 침문 밖에 있으며, 지팡이를 잡고 땅을 짚으며 이동하여 침문까지 갈 수 있다.

孔疏 ●"寢門之內輯之"者, 斂之不柱地, 殯柩在門內, 神明所在, 故入門斂之, 不敢柱地也. 若庶子至寢門則去杖, 不得持入也. 此大夫與子同者, 謂大夫特來, 不與子相隨也. 若與子相隨, 子杖則大夫輯, 子輯則大夫去杖, 故下文云"大夫於君所則輯杖", 是也.

번역 ●經文: "寢門之內輯之". ○지팡이를 모아 쥐고 땅을 짚지 않는데,

---

22) 상제(喪祭)는 장례(葬禮)를 치른 이후에 지내는 제사들을 지칭하는 말이다.

빈소의 영구는 문 안쪽에 있고 신명이 있는 곳이기 때문에, 문으로 들어가면 지팡이를 모아 쥐고 감히 땅을 짚지 않는 것이다. 만약 서자가 침문까지 당도하게 된다면, 지팡이를 제거하니 손에 쥘 수 없기 때문이다. 이곳에서 대부가 세자와 동일하게 따른다고 한 것은 대부 홀로 찾아와서 세자와 함께 뒤따르지 않는 경우를 뜻한다. 만약 세자와 함께 뒤따를 때 세자가 지팡이를 짚으면 대부는 지팡이를 모아 쥐고, 세자가 지팡이를 모아 쥐면 대부는 지팡이를 제거한다. 그렇기 때문에 아래문장에서 "대부는 군주가 계신 장소에서 지팡이를 모아 쥔다."라고 말한 것이다.

孔疏 ●"夫人世婦在其次則杖"者, 次, 謂婦人居喪之地, 在房內則得持杖柱地也.

번역 ●經文: "夫人世婦在其次則杖". ○'차(次)'자는 부인들이 상중에 머무는 곳을 뜻하니, 방안에 있게 되면 지팡이를 쥐고서 땅을 짚을 수 있다.

孔疏 ●"卽位則使人執之"者, 婦人之位在堂, 堂上有殯. 若出房卽位, 則不復自執, 但使人代執之自隨, 不柱地也.

번역 ●經文: "卽位則使人執之". ○부인의 자리는 당(堂)에 있게 되는데, 당상(堂上)에는 빈소가 있게 된다. 만약 방밖으로 나와서 자신의 자리로 가게 되면, 재차 지팡이를 짚을 수 없고, 단지 남을 대신 시켜서 지팡이를 들고 뒤따르게 하며, 땅을 짚게 하지 않는다.

孔疏 ●"子有王命則去杖"者, 子亦謂世子也. 世子若有天子之命則對之, 則不敢杖, 故去之, 以尊王命也.

번역 ●經文: "子有王命則去杖". ○'자(子)' 또한 세자를 뜻한다. 세자가 만약 천자의 명령을 받들고 온 사신을 맞이하게 된다면, 그를 응대하게 되니, 감히 지팡이를 짚지 않는다. 그렇기 때문에 제거를 하니, 천자의 명령을 존귀하게 여기기 때문이다.

孔疏 ●"國君之命則輯杖"者, 國君, 若鄰國之君, 使人來弔, 雖爲敵國, 而世子自卑, 未敢比成君, 故自歛杖以敬彼君命也.

번역 ●經文: "國君之命則輯杖". ○'국군(國君)'은 이웃 나라의 군주이니, 만약 그가 사람을 시켜서 조문을 하게 되면, 비록 대등한 나라라 하더라도 세자는 스스로를 낮추니, 감히 정식 군주와 비견되게 할 수 없기 때문이다. 그래서 스스로 지팡이를 모아 쥐고 상대방 군주의 명령에 대해서 공경의 뜻을 나타내는 것이다.

孔疏 ●"聽卜·有事於尸則去杖"者, 聽卜, 謂卜葬·卜日也. 有事於尸, 謂虞及卒哭·祔祭事尸時也. 敬卜及尸, 故去杖也.

번역 ●經文: "聽卜·有事於尸則去杖". ○'청복(聽卜)'은 장례 장소와 장례 날짜에 대해서 거북점을 친다는 뜻이다. 시동에 대해 해야 할 일이 있다는 말은 우제(虞祭)와 졸곡(卒哭) 및 부제(祔祭)를 치르며, 시동을 섬기는 때를 뜻한다. 거북점과 시동에 대해서 공경을 나타내기 때문에 지팡이를 제거한다.

孔疏 ●"大夫於君所則輯杖"者, 君, 謂世子也. 若大夫與世子俱來在門外位, 大夫則輯杖, 敬嗣君也.

번역 ●經文: "大夫於君所則輯杖". ○'군(君)'자는 세자를 뜻한다. 만약 대부와 세자가 모두 찾아와서 문밖의 자리에 있을 때라면, 대부는 지팡이를 모아 쥐니, 세자를 공경스럽게 대하기 때문이다.

孔疏 ●"於大夫所則杖"者, 大夫若不與世子俱來, 而與諸大夫俱在門外位, 既同是爲君杖, 無相敬下, 故並得執杖柱地也.

번역 ●經文: "於大夫所則杖". ○대부가 만약 세자와 함께 찾아온 경우가 아니며, 대부들과 함께 문밖의 자리에 있게 된 경우, 이미 그들 모두가 군주를 위해서 지팡이를 짚은 상태이고, 서로에 대해서 공경의 뜻을 표하며 자신을 낮추는 일이 없기 때문에, 모두가 지팡이를 쥐고서 땅을 짚을 수 있다.

孔疏 ◎注"三日"至"下也". ○正義曰: 知死後三日者, 下文云"士之喪二日而殯, 三日之朝, 主人杖", 則知君・大夫三日者, 與士同, 故知死後三日也. 云"爲君杖不同日, 人君禮大, 可以見親疏也"者, 以下云大夫之喪旣殯, "主人・主婦・室老皆杖". 今君喪, 親疏杖不同日, 是人君禮大, 可以見親疏也. 熊氏云: "經云子杖, 通女子在室者, 若嫁爲他國夫人則不杖, 嫁爲卿夫夫之妻, 與大夫同五日杖也." 喪服四制"七日授士杖", 君之女及內宗外宗之屬, 嫁爲士妻, 及君之女御, 皆十日杖. 云"夫人・世婦次於房中"者, 謂西房也, 故上文云"婦人髽・帶麻于房中", 是也. 云"卽位堂上"者, 前文云"夫人亦拜寄公夫人於堂上", 是卽位堂上也. 云"卜, 卜葬, 卜日也"者, 以經文卜在有事於尸之前, 虞而立尸, 虞祭之前, 卜者唯卜葬日耳. 故知卜, 謂卜葬日也. 云"凡喪祭, 虞而有尸"者, 檀弓云"虞而立尸", 又士虞禮有尸, 是虞有尸也. 云"大夫於君所輯杖, 謂與之俱卽寢門外位也"者, 以經云"子・大夫寢門之外杖", 故知是寢門外位. 若寢門內位, 則君亦輯之, 大夫當去杖也. 云"君, 謂子也"者, 以經前云子, 後云君, 嫌是別人, 故云"君, 謂子也"者.

번역 ◎鄭注: "三日"~"下也". ○죽은 이후 3일이 지난 시점임을 알 수 있는 이유는 아래문장에서 "사의 상에서는 2일이 지나고서 빈소를 차리고, 3일이 지난 아침에 상주가 지팡이를 짚는다."라고 했으니, 군주와 대부가 3일이 지난 뒤에 하는 것이 사의 경우와 동일하다는 사실을 알 수 있다. 그렇기 때문에 죽은 이후 3일이 지난 시점임을 안 것이다. 정현이 "군주를 위해서 지팡이를 잡을 때, 그 날짜가 동일하지 않은 것은 군주의 예법은 성대하여, 차등적 절차를 통해 친소관계를 드러낼 수 있기 때문이다."라고 했는데, 아래문장에서 대부의 상에서 이미 빈소를 마련한 뒤에, "상주와 주부 및 실로(室老)[23]가 모두 지팡이를 짚는다."라고 했기 때문이다. 현재 군주의 상에서 친소관계에 따라 지팡이를 짚는 날짜가 다른 것은 군주에 대한 예법이 성대하므로, 이를 통해 친소관계의 차이를 드러낼 수 있기 때문이다. 웅안생은 "경문에서는 자식이 지팡이를 짚는다고 했는데, 이것은 아직 시집을 가지 않은 딸자식까지도 포함하는 것이며, 만약 시집을 가서 다른 제후국의 부인(夫人)이 되었다면 지팡이를 짚지 않고, 시집을 가서 경이나 대부의 처가 되었다면 대부와 함께 5일째에 지팡이를 짚는다."라고 했다. 『예기』「상복사제(喪服四制)」편에서는 "7일째에 사에게 지팡이를 지급한다."[24]라고 했는데, 군주의 딸자식 및 내종(內宗)과 외종(外宗)에 속한 여자들 중 시집을 가서 사의 처가 된 자, 또는 군주의 여어(女御)들은 모두 10일째에 지팡이를 짚는다. 정현이 "부인(夫人)과 세부(世婦)는 방에 임시 숙소를 마련한다."라고 했는데, 서쪽 방을 뜻한다. 그렇기 때문에 앞의 문장에서 "부인들은 방안에서 좌(髽)의 방식으로 머리를 틀고 마(麻)로 된 허리띠를 찬다."[25]라고 한 것이다. 정현이 "자신의 자리로 나아가게 되면 당상(堂上)에 있게 된다."라고 했는데, 앞의 문장에서는 "부인(夫人)은 또한 당상에서 기공의 부인에게 절을 한다."[26]라고 했으니, 이것은 자신의 자리로 나아가면 당상에 있게 됨을 나타낸다. 정현이 "'복(卜)'자는 장례 장소에 대해 거북점을 치고, 장례 날짜에 대해 거북점을 친다는 뜻이다."라고 했는데, 경문에서 거북점을 친다는 기록을 시동에게 해당 일을 처리한다는 문장 앞에 기록했고, 우제(虞祭)를 치르면서 시동을 세우니, 우제를 치르기 이전에 거북점을 치는 것은 장지와 그 날짜에 대해서 거북점을 치는 것일

---

23) 실로(室老)는 가신(家臣) 중의 우두머리를 뜻한다.

24) 『예기』「상복사제(喪服四制)」【721d】: 杖者, 何也? 爵也. 三日授子杖, 五日授大夫杖, <u>七日授士杖</u>. 或曰擔主, 或曰輔病. 婦人·童子不杖, 不能病也. 百官備, 百物具, 不言而事行者, 扶而起. 言而后事行者, 杖而起. 身自執事而后行者, 面垢而已. 禿者不髽, 傴者不袒, 跛者不踊, 老病不止酒肉. 凡此八者, 以權制者也.

25) 『예기』「상대기」【529b】: 小斂, 主人卽位于戶內, 主婦東面乃斂. 卒斂, 主人馮之踊, 主婦亦如之. 主人袒, 說髦, 括髮以麻. <u>婦人髽, 帶麻于房中</u>. 徹帷, 男女奉尸夷于堂, 降拜.

26) 『예기』「상대기」【529c】: 君拜寄公國賓, 大夫士, 拜卿大夫於位, 於士旁三拜. <u>夫人亦拜寄公夫人於堂上</u>, 大夫內子士妻, 特拜命婦, 氾拜衆賓於堂上.

뿐이다. 그러므로 이곳에서 말한 '복(卜)'자가 장지와 날짜에 대해서 거북점을 친다는 뜻임을 알 수 있다. 정현이 "무릇 상제(喪祭)에 있어서는 우제를 치르면 시동을 세우게 된다."라고 했는데, 『예기』「단궁(檀弓)」편에서는 "우제를 지내게 되면, 비로소 시동을 세워서 신령(神靈)을 형상화한다."[27] 라고 했고, 또 『의례』「사우례(士虞禮)」편에서도 시동이 나타나는데,[28] 이것은 우제를 치를 때 시동을 세우게 됨을 나타낸다. 정현이 "대부는 군주가 계신 장소에서 지팡이를 모아 쥔다고 했는데, 군주와 함께 모두 침문(寢門) 밖의 자리에 있을 때를 뜻한다."라고 했는데, 경문에서 "자식과 대부가 침문 밖에서 지팡이를 짚는다."라고 했기 때문에, 침문 밖의 자리가 됨을 알 수 있다. 만약 침문 안의 자리로 나아가게 되면 군주는 또한 지팡이를 모아 쥐게 되므로, 대부는 마땅히 지팡이를 제거해야 한다. 정현이 "'군(君)'자는 세자를 뜻한다."라고 했는데, 경문에서는 앞서 '자(子)'라고 했고, 뒤에서는 '군(君)'이라고 했는데, 별개의 사람이라고 오해할 수도 있기 때문에, "'군(君)'자는 세자를 뜻한다."라고 말한 것이다.

孔疏 ●"於大夫所杖, 俱爲君杖, 不相下也"者, 謂大夫於大夫所, 是兩大夫相對, 故云"俱爲君", 不相降下也.

번역 ●經文: "於大夫所杖, 俱爲君杖, 不相下也". ○대부는 대부들이 있는 장소에서, 두 대부가 서로 대등하게 되므로, "모두 군주를 위해서 상을 치른다."라고 말한 것이니, 서로에 대해서 낮추지 않기 때문이다.

集解 愚謂: 世婦, 謂諸侯之次婦也. 士及諸妻, 爲君皆杖, 不言者, 諸侯五日而殯, 殯而成服, 則無不杖者矣. 言"五日, 大夫·世婦杖", 則其餘可知也. 大夫寢門之外杖, 謂自在其次也. 大夫寢門之內輯杖, 謂與君俱卽位時也. 庶

---

27) 『예기』「단궁하(檀弓下)」【132a】: 虞而立尸, 有几筵.

28) 『의례』「사우례(士虞禮)」: 祝迎尸, 一人衰絰奉篚, 哭從尸. 尸入門, 丈夫踊, 婦人踊. 淳尸盥, 宗人授巾. 尸及階, 祝延尸. 尸升, 宗人詔踊如初. 尸入戶, 踊如初, 哭止. 婦人入于房. 主人及祝拜妥尸. 尸拜, 遂坐.

子不以杖卽位, 所以正適·庶之分, 大夫於君不嫌也. 喪服傳大夫之喪, "衆臣杖不以卽位", 則大夫之貴臣以杖卽位也. 大夫之貴臣以杖卽位, 則諸侯之卿大夫以杖卽位可知矣. 故檀弓曰, "公之喪, 諸達官之長杖." 大夫寢門之內輯杖, 則士之杖不以入寢門也. 諸妻之杖, 蓋不以出於房與.

번역 내가 생각하기에, '세부(世婦)'는 제후의 첩들 중 정처 다음 서열의 여자들이다. 사 및 여러 처들은 군주의 상을 치르며 모두 지팡이를 짚는데, 언급을 하지 않은 이유는 제후의 경우 5일이 지나서 빈소를 차리고, 빈소를 차리게 되면 성복(成服)을 하니, 지팡이를 짚지 않는 자가 없기 때문이다. "5일째에 대부와 세부가 지팡이를 짚는다."라고 말했다면, 나머지 경우도 모두 지팡이를 짚게 됨을 알 수 있다. 대부는 침문(寢門) 밖에서 지팡이를 짚는다고 했는데, 이것은 대부 스스로 임시 숙소에 있을 때를 뜻한다. 대부는 침문 안에서 지팡이를 모아 쥔다고 했는데, 이것은 군주와 함께 그 자리로 나아갔을 때를 뜻한다. 서자들은 지팡이를 가지고 자신의 자리로 나아가지 않으니, 적자와 서자를 구분하기 위한 것인데, 대부가 군주의 상을 치르며 지팡이를 짚는 것은 혐의를 받지 않는다. 『의례』「상복(喪服)」편의 전문(傳文)에서는 대부의 상에 대해서, "뭇 신하들은 지팡이를 짚지만, 그것을 가지고 자신의 자리로 나아가지 않는다."[29]라고 했으니, 대부의 귀신(貴臣)[30]은 지팡이를 짚고서 자신의 자리로 나아간다. 대부의 귀신이 지팡이를 짚고서 자신의 자리로 나아간다면, 제후의 경·대부는 지팡이를 짚고서 자신의 자리로 나아가게 됨을 알 수 있다. 그렇기 때문에 『예기』「단궁(檀弓)」편에서는 "군주의 상에서는 여러 달관(達官)[31]들 중에서도 수장만이 지팡이를 잡게 된다."[32]라고 했다. 대부가 침문 안에서 지팡이를 모아

29) 『의례』「상복(喪服)」: 衆臣杖, 不以卽位. 近臣, 君服斯服矣. 繩屨者, 繩菲也.
30) 귀신(貴臣)은 본래 공(公)·경(卿)·대부(大夫)들의 가신(家臣)들 중 가장 높은 자를 지칭하던 용어로, 중신(衆臣)과 상대되는 용어였다. 후대에는 대신(大臣)들을 가리키는 용어로 사용되었다.
31) 달관(達官)은 지위가 높고 군주로부터 직접 명령을 받는 대신(大臣)들을 뜻한다.
32) 『예기』「단궁하(檀弓下)」【108b】: 公之喪, 諸達官之長杖.

쥔다면, 사 중에 지팡이를 짚는 자는 침문 안으로 들어갈 수 없다. 여러 처들 중 지팡이를 짚는 여자는 아마도 이것을 가지고 방밖으로 나갈 수 없었을 것이다.

참고 『예기』「상대기(喪大記)」 기록

경문-531d 大夫之喪, 三日之朝旣殯, 主人主婦室老皆杖. 大夫有君命則去杖, 大夫之命則輯杖. 內子爲夫人之命去杖, 爲世婦之命授人杖.

번역 대부의 상에서 3일째 아침에 빈소를 차리고 나면, 상주・주부・실로(室老)는 모두 지팡이를 짚는다. 상주에게 군주의 명령을 받들고 온 사신이 조문을 한다면 지팡이를 제거하고, 대부의 명령을 받들고 온 사신에 대해서는 지팡이를 모아 쥐고 땅을 짚지 않는다. 내자(內子)는 군주 부인(夫人)의 명령을 받들고 온 조문객을 위해 지팡이를 제거하고, 군주 세부(世婦)의 명령을 받들고 온 조문객을 위해서는 남에게 지팡이를 건넨다.

孔疏 ●"三日之朝旣殯"者, 謂死後三日, 旣殯之後乃杖也.

번역 ●經文: "三日之朝旣殯". ○죽은 이후 3일이 되어, 빈소를 차린 뒤라면 곧 지팡이를 짚는다는 뜻이다.

孔疏 ●"主人・主婦・室老皆杖"者, 應杖者, 三日悉杖也.

번역 ●經文: "主人・主婦・室老皆杖". ○지팡이를 짚어야 하는 자들은 3일이 지나면 모두 지팡이를 짚는다.

孔疏 ●"大夫有君命則去杖"者, 大夫, 卽大夫嗣子也. 嗣子而云大夫者, 鄭云"通實大夫有父母之喪也", 對君命亦然也, 大夫及嗣子有君命則去杖以敬之也.

번역 ●經文: "大夫有君命則去杖". ○'대부(大夫)'는 대부의 지위를 계승하는 적장자이다. 적장자에 대해서 '대부(大夫)'라고 부른 것에 대해, 정현은 "대부에게 부모의 상이 발생한 경우까지도 통괄해서 말했기 때문이다."라고 말했는데, 군주의 명령을 받들고 온 사신을 응대할 때에도 또한 이처럼 하게 되니, 대부 및 그의 적장자가 군주의 명령을 받들고 온 사신을 대하게 되면, 지팡이를 제거하여 그에게 공경의 뜻을 나타낸다.

孔疏 ●"大夫之命則輯人"者, 若嗣子對彼大夫之使, 則斂杖, 以自卑下之也. 若兩大夫自相對, 則不去杖, 敵, 無所下也.

번역 ●經文: "大夫之命則輯人". ○만약 적장자가 상대방 대부의 사신을 응대하게 된다면 지팡이를 모아 쥐니, 스스로 정식 대부에 비해서 낮추기 때문이다. 만약 양측의 대부가 서로를 대하게 되는 경우라면 지팡이를 제거하지 않으니, 신분이 대등하여 낮추는 점이 없기 때문이다.

孔疏 ●"內子爲夫人之命去杖"者, 內子, 卿妻. 若卿大夫妻, 有夫及長子喪, 君夫人有命弔已者, 皆爲夫人之命去杖也.

번역 ●經文: "內子爲夫人之命去杖". ○'내자(內子)'는 경의 처를 뜻한다. 만약 경과 대부의 처라면, 남편 및 장자의 상이 발생했을 때, 군주의 부인이 명령을 내려서 자신을 조문하는 자가 있게 되면, 모든 경우 부인의 명령을 받들고 온 사신을 위해 지팡이를 제거한다.

孔疏 ●"爲世婦之命授人杖"者, 若有君之世婦命弔, 內子敬之, 則使人執杖以自隨也. 世婦卑於夫人, 隨而不去也. 經云"大夫之喪", 不擧命婦, 而擧內子·卿妻者, 擧內子則命婦可知也, 文相互也. 欲見卿喪與大夫同.

번역 ●經文: "爲世婦之命授人杖". ○만약 군주의 세부(世婦)로부터 명령을 받들고 온 사신이 조문을 하게 된다면, 내자(內子)는 사신을 공경스럽게 대하여, 다른 사람으로 하여금 지팡이를 잡도록 하고 자신을 따라오게 한다. 세부는 제후의 부인(夫人)보다 낮으니, 지팡이를 들고 따라오게 하며 치우지 않는다. 경문에서는 '대부의 상'이라고 말했는데, 명부(命婦)를 거론하지 않고 내자(內子)와 경의 처를 언급한 것은 내자를 제시하면 명부도 포함된다는 사실을 알 수 있기 때문이니, 문맥이 상호 보완되도록 기록한 것이다. 또 이를 통해 경의 상과 대부의 상이 동일함을 드러내고자 한 것이다.

孔疏 ◎注"通實"至"喪也". ○正義曰: 經云"大夫之喪", 則其子非大夫也. 今云大夫有君命, 是謂子爲大夫. 經雖以子爲主, 兼通身實爲大夫有父母喪也.

번역 ◎鄭注: "通實"~"喪也". ○경문에서는 '대부의 상'이라고 말했으니, 그의 자식은 본래 대부가 아니다. 그런데도 현재 "대부에게 군주의 명령을 받들고 온 사신이 조문을 한다."라고 했는데, 이것은 자식을 대부(大夫)라고 불렀다는 뜻이다. 경문에서는 자식에 대한 경우를 위주로 언급했지만, 실제로 상을 치르는 본인이 대부의 신분이며, 그에게 부모의 상이 발생한 경우까지도 함께 포함한 것이다.

集解 愚謂: 大夫之臣, 爲大夫皆杖, 而獨言"室老"者, 以衆臣賤而略之, 亦猶君之喪不言"授士杖"之義也. 世婦, 謂大夫之世婦. 若於君之世婦之命, 其禮亦然.

번역 내가 생각하기에, 대부의 신하는 대부의 상을 치르며 모두 지팡이를 짚는다. 그런데도 유독 '실로(室老)'라고만 언급한 것은 뭇 신하들은 신분이 미천하므로 생략한 것이니, 이것은 또한 군주의 상에서 "사에게 지팡이를 지급한다."라고 말하지 않은 뜻과 같다. '세부(世婦)'는 대부의 아내인 세부를 뜻한다. 만약 군주의 세부로부터 명령을 받들고 온 사신을 대하게 된다면, 그 예법 또한 이와 같다.

참고 『예기』「상대기(喪大記)」 기록

경문-531d~532a 士之喪, 二日而殯, 三日之朝主人杖, 婦人皆杖. 於君命夫人之命如大夫, 於大夫世婦之命如大夫.

번역 사의 상에서는 2일이 지난 뒤에 빈소를 마련하며, 3일째 아침에 상주는 지팡이를 짚고, 주부 및 첩과 시집을 가지 않은 딸자식은 모두 지팡이를 짚는다. 군주의 명령을 받들고 온 사신이나 군주 부인(夫人)의 명령을 받들고 온 사신을 대하는 경우에는 대부의 예법처럼 하고, 대부나 세부(世婦)의 명령을 받들고 온 사신을 대하는 경우에는 대부의 예법처럼 한다.

鄭注 士二日而殯者, 下大夫也. 士之禮, 死與往日, 生與來日, 此二日於死者, 亦得三日也. 婦人皆杖, 謂主婦, 容妾爲君·女子子在室者.

번역 "사는 2일을 넘기고 빈소를 마련한다."라고 했는데, 이것은 대부에 비해 낮추기 때문이다. 사의 예법에서는 죽은 자에 대해서 그 시점부터 날짜를 계산하고, 산 자에 대해서는 그 다음날부터 날짜를 계산하니, 이 내용은 죽은 날에 비해 2일이 지났다고 한 것으로, 또한 3일이 지난 것이다. "부인들은 모두 지팡이를 짚는다."고 했는데, 주부에 대한 경우를 뜻하지만, 또한 첩이 주군을 위해 상을 치르고, 딸자식 중 아직 시집을 가지 않은 자의 경우까지도 포함한다.

孔疏 ●"二日而殯"者, 除死日爲二日也.

번역 ●經文: "二日而殯". ○죽은 날을 제외하고 2일이 지났다는 뜻이다.

孔疏 ●"三日之朝"者, 謂殯之明日是也.

번역 ●經文: "三日之朝". ○빈소를 마련한 다음날에 해당한다.

孔疏 ●"於君命・夫人之命, 如大夫"者, 謂士之子於君命, 其妻於夫人之命, 如大夫之禮, 君命・夫人之命皆去杖.

번역 ●經文: "於君命・夫人之命, 如大夫". ○사의 자식이 군주의 명령을 받들고 온 사신을 대하고, 그의 처가 군주 부인의 명령을 받들고 온 사신을 대할 때에는 대부의 예법처럼 한다는 뜻으로, 군주의 명령을 받들고 온 사신과 부인의 명령을 받들고 온 사신을 대하게 되면, 모두 지팡이를 제거한다는 의미이다.

孔疏 ●"於大夫・世婦之命, 如大夫"者, 謂士之子於大夫之命, 其妻於世婦之命, 如大夫, 於大夫之禮, 大夫之命則輯杖, 世婦之命則授人杖也. "於大夫・世婦之命, 如大夫", 定本"如大夫"作"如夫人", 二字異義, 亦通.

번역 ●經文: "於大夫・世婦之命, 如大夫". ○사의 자식이 대부의 명령을 받들고 온 사신을 대하고, 그의 처가 세부(世婦)의 명령을 받들고 온 사신을 대할 때에는 대부의 예법처럼 한다는 뜻인데, 대부의 예법에서는 대부의 명령을 받들고 온 사신을 대하게 되면 지팡이를 모아 쥐고, 세부의 명령을 받들고 온 사신을 대하게 되면 남에게 지팡이를 건넨다. 경문의 "於大夫・世婦之命, 如大夫"에 대하여. 이 구문에 대해 『정본(定本)』에서는 '여대부(如大夫)'를 '여부인(如夫人)'이라고 기록했는데, 두 글자의 뜻이 다르지만, 글자를 바꿔도 그 의미가 또한 통한다.

孔疏 ◎注"士二日"至"室者". ○正義曰: 按前文大夫三日殯, 此士二日殯, 是降下大夫也. 云"士之禮, 死與往日, 生與來日"者, 殯是爲死者, 故數來日爲三日. 杖是爲生者, 故數來日爲三日. 云"主婦, 容妾爲君・女子子在室"者, 前經"大夫之喪"云"主人・主婦", 此士之喪直云"婦人皆杖", 婦人是衆群婦, 故知容妾爲君及妻子子在室者也, 以其皆杖故也.

번역 ◎鄭注: "士二日"~"室者". ○앞의 문장을 살펴보면 대부는 3일이 지난 뒤에 빈소를 차린다고 했고, 이곳에서 사는 2일이 지난 뒤에 빈소를 차린다고 했으니, 이것은 대부보다 낮춘 것이다. 정현이 "사의 예법에서는 죽은 자에 대해서 그 시점부터 날짜를 계산하고, 산 자에 대해서는 그 다음날부터 날짜를 계산한다."라고 했는데, 빈소를 마련하는 것은 죽은 자를 위해서 시행하는 일이다. 그렇기 때문에 지나간 날짜까지 계산하면 죽은 날로부터 3일째가 된다. 지팡이를 짚는 것은 산 자를 위해서 시행하는 일이다. 그렇기 때문에 그 다음날부터 계산하여 3일이 된다. 정현이 "주부에 대한 경우를 뜻하지만, 또한 첩이 주군을 위해서 상을 치르고, 딸자식 중 아직 시집을 가지 않은 자의 경우까지도 포함한다."라고 했는데, 앞의 경문에서는 '대부의 상'에 대해서 '주인과 주부'를 언급했고, 이곳에서는 사의 상을 언급하며 단지 "부인들이 모두 지팡이를 짚는다."라고 했으니, 여기에서 말한 '부인(婦人)'은 여러 부인들을 뜻한다. 그렇기 때문에 첩이 주군을 위해 상을 치르고, 처의 딸자식 중 아직 시집을 가지 않은 여자의 경우까지도 포함됨을 알 수 있으니, 이들은 모두 지팡이를 짚기 때문이다.

集解 愚謂: 上言"主人・主婦", 此言"婦人皆杖", 亦所以互見也.

번역 내가 생각하기에, 앞의 문장에서는 '주인과 주부'를 언급했고, 이곳에서는 "부인들은 모두 지팡이를 짚는다."라고 했는데, 이 또한 상호 그 뜻을 나타내도록 기록한 것이다.

참고 『예기』「상대기(喪大記)」 기록

경문-532a 子皆杖, 不以卽位. 大夫士哭殯則杖, 哭柩則輯杖. 棄杖者, 斷而棄之於隱者.

번역 적장자를 제외한 나머지 아들들은 모두 지팡이를 짚지만, 그것을 짚고서 자신의 자리로 나아가지 않는다. 대부와 사는 빈소에서 곡을 하게 되면 지팡이를 짚지만, 계빈(啓殯)을 한 이후 영구에 대해 곡을 하게 되면 지팡이를 모아 쥐고 땅을 짚지 않는다. 대상(大祥)을 치른 이후 지팡이를 버리게 되면, 분질러서 은밀한 곳에 버린다.

鄭注 子, 謂凡庶子也. 不以卽位, 與去杖同. 哭殯, 謂旣塗也. 哭柩, 謂啓後也. 大夫・士之子於父, 父也, 尊近, 哭殯可以杖. 天子・諸侯之子於父, 父也, 君也, 尊遠, 杖不入廟門. 以喪至尊, 爲人得而褻之也.

번역 '자(子)'자는 적장자를 제외한 나머지 아들들을 뜻한다. 지팡이를 짚고서 자신의 자리로 나아가지 않는 것은 지팡이를 제거한다는 뜻과 같다. 빈소에서 곡을 한다는 것은 이미 영구에 흙칠을 한 상태를 뜻한다. 영구에게 곡을 한다는 것은 계빈(啓殯)을 한 이후를 뜻한다. 대부와 사의 자식은 그의 부친에 대해서, 부친으로 여기고 존귀하며 친근한 존재이므로, 빈소에서 곡을 할 때 지팡이를 짚을 수 있다. 천자와 제후의 자식은 그의 부친에 대해서, 부친으로 여기지만 군주로도 여겨서, 존귀하며 멀리 대하는 존재이므로, 지팡이를 짚고서 묘문(廟門)으로 들어갈 수 없다. 지팡이는 상복의 복장 중에서도 지극히 존귀한 물건이니, 그것을 분질러 버리는 것은 남이 그것을 습득하여 아무렇게나 쓸 수 있기 때문이다.

孔疏 ●"子皆杖, 不以卽位". ○正義曰: 皇氏云: "子謂大夫・士之庶子也. 不以杖卽位, 辟適子也. 所以知此是大夫・士庶子者, 見下有大夫・士適子哭殯哭柩, 推此大夫・士適子, 故知此是大夫・士之庶子也." 然按鄭注此云"子, 謂凡庶子也", 凡於貴賤則庶子是也. 容人君適子入門輯杖, 猶得卽位, 庶子宜在門外之位去之, 故無卽門內之位理也. 大夫・士之適子則得哭殯哭柩, 如下所說, 其庶子則宜與人君之庶子同, 故並不得以杖卽位也. 熊氏云: "此文承上君・大夫・士之喪下, 則此謂君・大夫・士之庶子, 故注云: 子謂凡庶子." 義亦通也.

번역 ●經文: "子皆杖, 不以卽位". ○황간은 "'자(子)'자는 대부와 사의 서자들을 뜻한다. 그들이 지팡이를 짚고서 자신의 자리로 나아가지 않는 것은 적장자의 예법을 피하기 위해서이다. 이들이 대부와 사의 서자들임을 알 수 있는 이유는 아래문장에 대부와 사의 적장자는 빈소에서 곡을 하고 영구에게 곡을 한다는 기록이 있는데, 대부와 사의 적장자에 대한 내용을 추론해보면, 이들이 대부와 사의 서자들임을 알 수 있다."라고 했다. 그런데 이곳 문장에 대한 정현의 주를 살펴보면, "'자(子)'자는 적장자를 제외한 나머지 아들들을 뜻한다."라고 했으니, 무릇 신분의 차이와 상관없이 모든 서자들에 해당한다. 군주의 적장자는 문으로 들어갈 때, 지팡이를 손에 모아 쥐는 것이 허용되니, 곧 그것을 들고서 자신의 자리로 나아갈 수 있는데, 서자의 경우에는 마땅히 문밖의 자리에서 그것을 제거해야 한다. 그렇기 때문에 이것을 가지고 문의 안쪽 자리로 나아가는 이치 자체가 없다. 대부와 사의 적장자라면 빈소에서 곡을 하고 영구에게 곡을 할 수 있는데, 아래에서 설명한 내용에 따른다면, 대부와 사의 서자들은 마땅히 군주의 서자들과 동일하게 따른다. 그렇기 때문에 모두 지팡이를 짚고서 자신의 자리로 나아갈 수 없다. 웅안생은 "이곳 문장은 앞의 군주·대부·사의 상에 대한 내용 뒤에 기록되어 있으니, 이곳 내용은 군주·대부·사의 서자들에 대한 내용이다. 그렇기 때문에 정현의 주에서는 '자(子)'자는 뭇 서자들을 뜻한다고 했다."라고 했는데, 그 의미가 또한 통한다.

孔疏 ◎注"不以"至"杖同". ○正義曰: 不以杖卽位, 鄭恐人疑庶子雖不得以杖卽位, 猶得輯之入門, 故明之也. 言與去杖同, 凡去杖者不復輯也.

번역 ◎鄭注: "不以"~"杖同". ○"지팡이를 짚고서 자리로 나아가지 않는다."고 했는데, 정현은 아마도 서자들은 비록 지팡이를 짚고서 자신의 자리로 나아갈 수는 없지만, 그것을 손에 모아 쥐고서 문으로 들어갈 수 있다고 오해할 것을 염려했다. 그렇기 때문에 그 사실을 명시했다. 지팡이를 제거한다는 뜻과 같다고 했으니, 무릇 지팡이를 제거하는 경우에는 재차 손에 모아 쥐지 않는 것이다.

孔疏 ●"夫夫・士哭殯則杖, 哭柩則輯杖". ○正義曰: 大夫・士, 謂大夫・士之適子.

번역 ●經文: "夫夫・士哭殯則杖, 哭柩則輯杖". ○대부와 사는 대부와 사의 적장자를 뜻한다.

孔疏 ●"哭殯則杖"者, 旣攢塗之後, 於父, 父也, 其尊偪近, 故哭殯可以杖也.

번역 ●經文: "哭殯則杖". ○빈소에 관을 가매장하여 흙칠을 한 이후에, 부친에 대해서는 부친으로 여기고 그는 존귀하지만 가까운 존재이다. 그렇기 때문에 빈소에서 곡을 할 때에는 지팡이를 짚을 수 있다.

孔疏 ●"哭柩則輯杖"者, 謂將葬, 旣啓之後, 對柩爲尊, 則斂去其杖.

번역 ●經文: "哭柩則輯杖". ○장례를 치르기 위해 계빈(啓殯)을 한 이후를 의미하는데, 영구를 대하는 일은 보다 존귀하므로, 지팡이를 모아 쥐는 것이다.

孔疏 ◎注"哭殯"至"廟門". ○正義曰: "哭柩, 謂啓後也"者, 啓謂將葬啓殯而出柩也, 知非未殯之前而哭柩者, 大夫・士之喪未殯之前則未杖也. 云"天子諸侯之子於父, 父也, 君也, 尊遠, 杖不入廟門"者, 天子・諸侯, 其尊廣遠, 廟門之內則去杖. 廟門, 謂殯宮之門, 柩之所在, 故云廟也.

번역 ◎鄭注: "哭殯"~"廟門". ○정현이 "영구에게 곡(哭)을 한다는 것은 계빈(啓殯)을 한 이후를 뜻한다."라고 했는데, '계(啓)'자는 장례를 치르기 위해 계빈을 해서 가매장했던 영구를 꺼냈다는 뜻인데, 아직 빈소를 마련하기 이전에 영구에 대해 곡을 한다는 뜻이 아님을 알 수 있는 이유는 대부와 사의 상례에서 아직 빈소를 마련하기 이전이라면, 아직 지팡이를 짚지 않기 때문이다. 정현이 "천자와 제후의 자식은 그의 부친에 대해서,

부친으로 여기지만 군주로도 여겨서, 존귀하며 멀리 대하는 존재이므로, 지팡이를 짚고서 묘문(廟門)으로 들어갈 수 없다."라고 했는데, 천자와 제후는 존귀하면서도 멀리 대하는 존재이니, 묘문의 안쪽이라면 지팡이를 제거한다. '묘문(廟門)'은 빈소의 문을 뜻하는데, 영구가 모셔진 곳이기 때문에 '묘(廟)'라고 부르는 것이다.

孔疏 ●"棄杖者, 斷而棄之於隱"者, 杖是喪至尊之服, 雖大祥棄之, 猶恐人褻慢, 斷之不堪他用, 棄於幽隱之處, 使不穢汚.

번역 ●經文: "棄杖者, 斷而棄之於隱". ○지팡이는 상을 치르며 사용하는 지극히 존귀한 복식이니, 비록 대상(大祥)을 치러서 그것을 버리게 되더라도, 사람들이 함부로 대할 것을 염려하기 때문에, 그것을 분질러서 다른 용도로 사용하지 못하도록 하고, 은밀한 곳에 버려서 사람들이 함부로 대하지 못하도록 한다.

集解 愚謂: 大夫士哭殯則杖, 人君輯之; 大夫士哭柩輯杖, 則人君去杖矣.

번역 내가 생각하기에, 대부와 사는 빈소에서 곡(哭)을 하게 되면 지팡이를 짚는데, 군주의 경우에는 손에 모아 쥔다. 대부와 사가 영구에게 곡을 할 때 지팡이를 모아 쥔다면, 군주는 지팡이를 제거한다.

그림 8-1 ▣ 저장(苴杖: =竹杖)과 삭장(削杖: =桐杖)

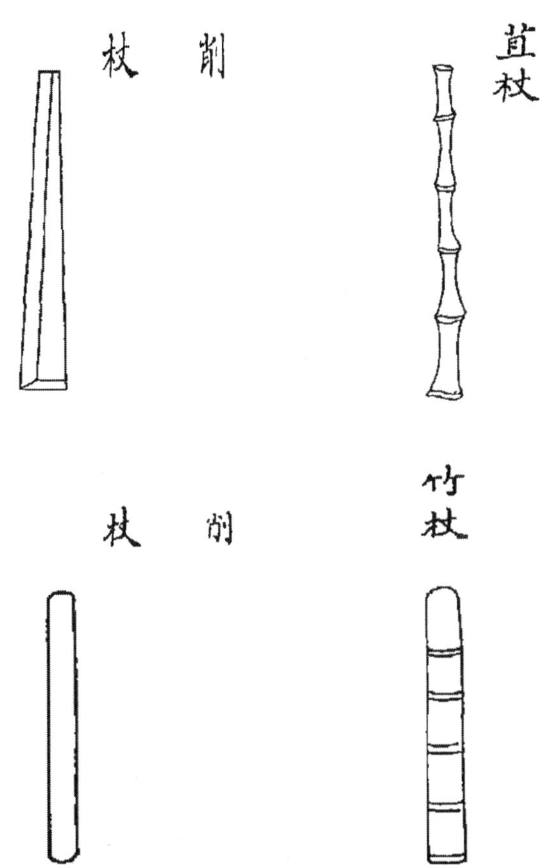

※ **출처:** 상단-『삼례도집주(三禮圖集注)』 15권
하단-『삼례도(三禮圖)』 3권

그림 8-2 ▣ 참최복(斬衰服) 착용 모습

※ **출처:** 『삼재도회(三才圖會)』「의복(衣服)」 3권

그림 8-3 ■ 참최복(斬衰服) 각부 명칭

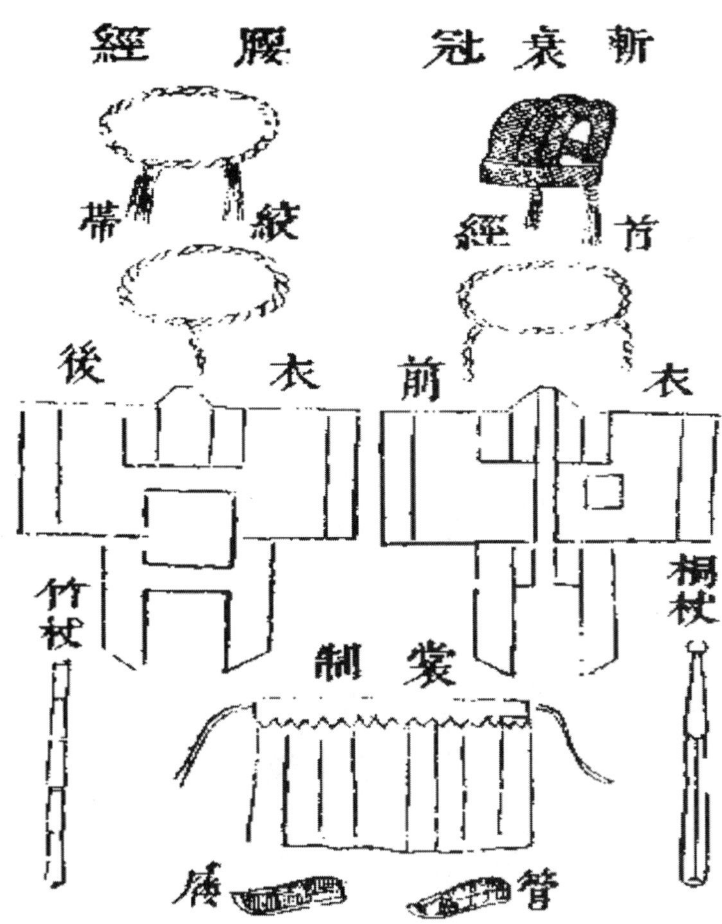

※ 출처: 『삼재도회(三才圖會)』「의복(衣服)」 3권

그림 8-4 ▣ 자최복(齊衰服) 착용 모습

※ **출처:** 『삼재도회(三才圖會)』「의복(衣服)」 3권

그림 8-5 ▣ 자최복(齊衰服) 각부 명칭

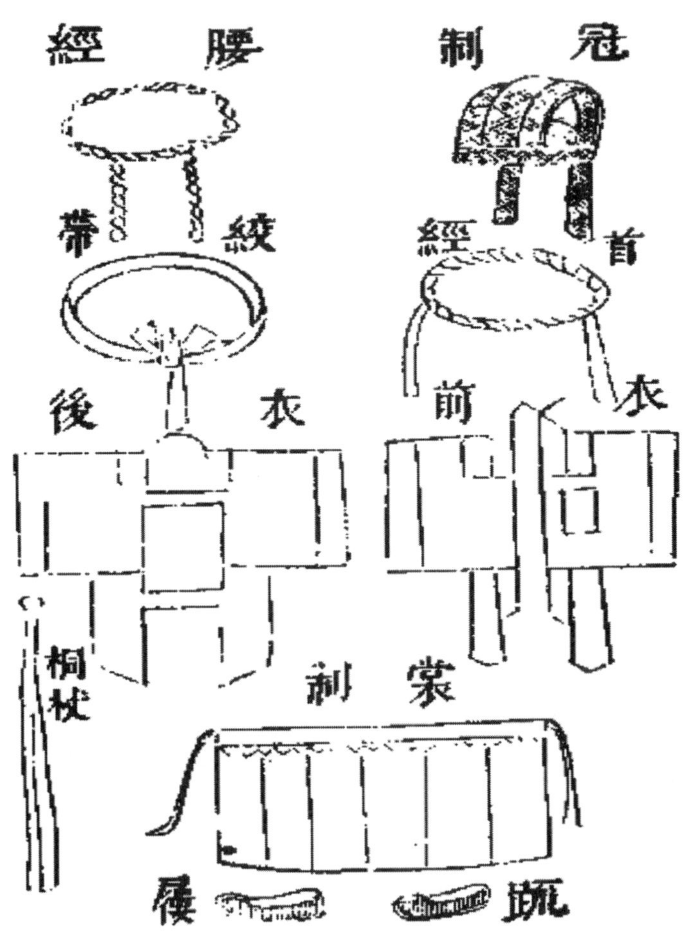

※ 출처: 『삼재도회(三才圖會)』「의복(衣服)」 3권

問喪 人名 및 用語 辭典

ㄱ

◎ **가공언(賈公彦, ?~?)** : 당(唐)나라 때의 유학자이다. 정현(鄭玄)을 존숭하였다. 예학(禮學)에 조예가 깊었다. 『주례소(周禮疏)』, 『의례소(儀禮疏)』 등의 저서를 남겼으며, 이 저서들은 『십삼경주소(十三經注疏)』에 포함되었다.

◎ **가정본(嘉靖本)** : 『가정본(嘉靖本)』에는 간행한 자의 정보가 기록되어 있지 않다. 『십삼경주소(十三經注疏)』의 판본이다. 20권으로 구성되어 있으며, 각 권의 뒤편에는 경문(經文)과 그에 따른 주(注)를 간략히 기록하고 있다. 단옥재(段玉裁)는 이 판본이 가정(嘉靖) 연간에 송본(宋本)을 모방하여 간행된 것이라고 여겼다.

◎ **감본(監本)** : 『감본(監本)』은 명(明)나라 국자감(國子監)에서 간행한 『십삼경주소(十三經注疏)』의 판본이다.

◎ **강영(江永, A.D.1681~A.D.1762)** : 청(淸)나라 때의 경학자이다. 자(字)는 신수(愼修)이다. 『십삼경주소(十三經注疏)』에 대한 연구를 했으며, 특히 삼례(三禮)에 대해 해박했다.

◎ **개성석경(開成石經)** : 『개성석경(開成石經)』은 당(唐)나라 만들어진 석경(石經)을 뜻한다. 돌에 경문(經文)을 새겼기 때문에, '석경'이라고 부른다. 당나라 때 만들어진 '석경'은 대화(大和) 7년(A.D.833)에 만들기 시작하여, 개성(開成) 2년(A.D.837)에 완성되었기 때문에, '개성석경'이

라고도 부르는 것이다.

◎ 계빈(啓殯) : '계빈'은 장례(葬禮) 절차 중 하나이다. 장례를 치르기 위하여, 빈소에 임시로 가매장했던 영구를 꺼내는 절차를 뜻한다.

◎ 고문송판(考文宋板) : 『고문송판(考文宋板)』은 일본 학자 산정정(山井鼎) 등이 출간한 『칠경맹자고문보유(七經孟子考文補遺)』에 수록된 『예기정의(禮記正義)』를 뜻한다. 산정정은 『예기정의』를 수록할 때, 송(宋)나라 때의 판본을 저본으로 삼았다.

◎ 골계(骨笄) : '골계'는 짐승의 뼈로 만든 비녀이다.

◎ 공씨(孔氏) : =공영달(孔穎達)

◎ 공영달(孔穎達, A.D.574~A.D.648) : =공씨(孔氏). 당대(唐代)의 경학자이다. 자(字)는 중달(仲達)이고, 시호(諡號)는 헌공(憲公)이다. 『오경정의(五經正義)』를 찬정(撰定)하는데 중심적인 역할을 했다.

◎ 공유사(公有司) : '공유사'는 사(士)가 맡았던 직책으로, 군주에게 특명을 받은 유사(有司)이다. '유사'는 실무 담당자를 뜻한다.

◎ 관사(官師) : '관사'는 하급 관리들을 부르는 말이다. 『서』「하서(夏書)·윤정(胤征)」편에는 "每歲孟春, 遒人以木鐸徇于路, 官師相規, 工執藝事以諫."이라는 기록이 있는데, 이에 대한 공안국(孔安國)의 전(傳)에서는 "官師, 衆官."이라고 풀이했다. 또한 『예기』「제법(祭法)」편에는 "官師一廟, 曰考廟. 王考無廟而祭之. 去王考爲鬼."라는 기록이 있는데, 이에 대한 정현의 주에서는 "官師, 中士下士庶士府史之屬."이라고 풀이하여, '관사'의 대상을 구체적으로 중사(中士), 하사(下士), 서사(庶士), 부사(府史)의 부류라고 설명한다.

◎ 괄발(括髮) : '괄발'은 상(喪)을 치를 때, 관(冠)을 벗고 머리를 마(麻)로 된 천으로 싸매는 것을 뜻한다.

◎ 교감기(校勘記) : 『교감기(校勘記)』는 완원(阮元)이 학자들을 모아서 편차했던 『십삼경주소교감기(十三經註疏校勘記)』를 뜻한다.

◎ 교기(校記) : 『교기(校記)』는 손이양(孫詒讓)이 지은 『십삼경주소교기(十三經注疏校記)』를 뜻한다.

◎ 구산양씨(龜山楊氏) : =양시(楊時)

◎ 궤식(饋食) : '궤식'은 음식을 바친다는 뜻이다. 고대에는 천자 및 제후들이 매월 초하루마다 종묘(宗廟)에서 음식을 바치는 의식을 치렀는데, 이것을 '궤식'이라고도 부른다. 『주례』「춘관(春官)·대종백(大宗

伯)」편에는 "以饋食享先王."이라는 기록이 있다. 한편 조사(朝事)를 시행할 때, 조천(朝踐)을 끝낸 뒤, 생고기를 삶아서 재차 바치는 의식을 가리키기도 한다.

◎ 귀신(貴臣) : '귀신'은 본래 공(公)·경(卿)·대부(大夫)들의 가신(家臣)들 중 가장 높은 자를 지칭하던 용어로, 중신(衆臣)과 상대되는 용어였다. 후대에는 대신(大臣)들을 가리키는 용어로 사용되었다.

◎ 기공(寄公) : '기공'은 자신의 나라를 잃고, 다른 나라에 위탁해서 지내는 제후를 뜻한다. 후대에는 지위를 잃고 떠돌아다니게 된 사람들을 지칭하는 용어로도 사용했다.

◎ 기년복(期年服) : '기년복'은 1년 동안 상복(喪服)을 입는다는 뜻이다. 또는 그 기간 동안 입게 되는 상복을 뜻하기도 하는데, 일반적으로 자최복(齊衰服)을 가리키는 용어로 사용된다. '기년복'이라고 할 때의 '기년(期年)'은 1년을 뜻하는데, '자최복'은 일반적으로 1년 동안 입게 되는 상복이 되기 때문이다.

◎ 기년상(期年喪) : '기년상'은 1년 동안 치르는 상을 뜻한다. 일반적으로 자최복(齊衰服)을 입고 치르는 상을 뜻한다. '기년(期年)'은 1년을 뜻하는데, '자최복'은 일반적으로 1년 동안 입게 되는 상복이기 때문이다.

◎ 길관(吉冠) : '길관'은 길복(吉服)을 착용할 때 쓰는 관(冠)이다. '길복'은 제례(祭禮)나 의례(儀禮)를 시행할 때 착용하는 제복(祭服)과 예복(禮服)을 가리킨다. 신분의 등급 및 제사의 종류의 따라서 '길복'이 변화되는데, '길관' 또한 각 길복에 따라 변화된다. 한편 일상적으로 쓰는 '관' 또한 '길관'이라고 부른다. 길흉(吉凶)에 의해 각 시기를 구분하게 되면, 상사(喪事)나 재앙 등을 당했을 때에는 흉(凶)에 해당하고, 그 나머지 시기는 길(吉)한 시기에 해당하기 때문이다.

◎ 길복(吉服) : '길복'에는 세 가지 뜻이 있다. 첫 번째는 제사 때 입는 복장인 제복(祭服)을 뜻한다. 제사(祭祀)는 길례(吉禮)에 해당하므로, 그 때 착용하는 복장을 '길복'이라고 부르는 것이다. 두 번째는 예의를 갖출 때 입는 예복(禮服)을 범칭하는 말이다. 세 번째는 흉사나 상사가 없이 일상적인 때 착용하는 복장을 가리키기도 한다.

ㄴ

◎ 남송석경(南宋石經) : 『남송석경(南宋石經)』은 송(宋)나라 고종(高宗) 때 돌에 새긴 『십삼경주소(十三經注疏)』의 판본이다. 그러나 『예기(禮記)』에 대해서는 「중용(中庸)」 1편만을 기록하고 있다.

◎ 남전여씨(藍田呂氏, A.D.1040~A.D.1092) : =여대림(呂大臨)·여씨(呂氏)·여여숙(呂與叔). 북송(北宋) 때의 학자이다. 이름은 대림(大臨)이고, 자(字)는 여숙(與叔)이며, 호(號)는 남전(藍田)이다. 장재(張載) 및 이정(二程)형제에게서 수학하였다. 저서로는 『남전문집(藍田文集)』 등이 있다.

◎ 내상(內喪) : '내상'은 대문(大門) 안에서 발생한 상(喪)을 뜻한다. 즉 집 안에서 발생한 상(喪)을 뜻하며, 외상(外喪)과 반대가 된다.

◎ 노계(露紒) : '노계'는 좌(髽)를 트는 방식 중 하나이다. 좌(髽)를 틀 때 마(麻)를 이용하는 경우도 있고 포(布)를 이용하는 경우도 있는데, '노계'는 이 두 방식을 총칭하는 명칭이다. 또한 '노계'는 마(麻)나 포(布)를 사용하는 좌(髽)의 방식과 구별되어, 별도로 좌(髽)를 트는 방식 중 하나라고도 주장한다.

◎ 노식(盧植, A.D.159?~A.D.192) : =노씨(盧氏). 후한(後漢) 때의 유학자이다. 자(字)는 자간(子幹)이다. 어려서 마융(馬融)을 스승으로 섬겼다. 영제(靈帝)의 건녕(建寧) 연간(A.D.168~A.D.172)에 박사(博士)가 되었다. 채옹(蔡邕) 등과 함께 동관(東觀)에서 오경(五經)을 교정했다. 후에 동탁(董卓)이 소제(少帝)를 폐위시키자, 은거하며 『상서장구(尙書章句)』, 『삼례해고(三禮解詁)』를 저술했지만, 남아 있지 않다.

◎ 노씨(盧氏) : =노식(盧植)

ㄷ

◎ 단(袒) : '단'은 상중(喪中)에 남자들이 취하는 복장 방식이다. 상의 중 좌측 어깨 쪽을 드러내는 방법이다. 한편 일반적인 의례절차에서도 단(袒)의 복장 방식을 취하는 경우가 있다.

◎ 단면(袒免) : '단면'은 상의의 한쪽을 벗어 좌측 어깨를 드러내고, 관(冠)을 벗고 머리끈으로 머리를 묶는다는 뜻이다. 먼 친척이 죽었을 때, 해

당하는 상복(喪服)이 없다면, 이처럼 '단면'을 해서 애도하는 마음을 표현하게 된다.

◎ **달관(達官)** : '달관'은 지위가 높고 군주로부터 직접 명령을 받는 대신(大臣)들을 뜻한다.

◎ **당실(當室)** : '당실'은 부친을 대신하여, 가사(家事)일을 돌본다는 뜻이다. 고대에는 대부분 장자(長子)가 이 일을 담당해서, 적장자(嫡長子)를 가리키기는 용어로도 사용하였다.

◎ **대덕(戴德, ?~?)** : 전한(前漢) 때의 학자이다. 자(字)는 연군(延君)이다. 금문예학(今文禮學)인 대대학(大戴學)의 창시자로 일컬어진다. 조카 대성(戴聖), 경보(慶普) 등과 후창(后蒼)에게서 수학하여, 예(禮)를 익혔다. 선제(宣帝) 때에는 박사(博士)에 임명되기도 하였다. 그의 학문은 서량(徐良)과 유경(斿卿) 등에게 전수되었다. 『대대례기(大戴禮記)』를 편찬하였지만, 『소대례기(小戴禮記)』에 비해 성행되지 못하였으며, 현재는 많은 부분이 없어지고, 단지 삼십여 편만이 남아 있다.

◎ **대렴(大斂)** : '대렴'은 상례(喪禮) 절차 중 하나이다. 소렴(小斂)을 끝낸 뒤에, 시신을 관에 안치하는 절차이다.

◎ **대재(大宰)** : '대재'는 태재(太宰) 또는 총재(冢宰)라고도 부른다. 은대(殷代) 때 설치된 관직이라고 전해지며, 주대(周代)에서는 '총재'라고도 불렀다. 『주례』의 체제상으로는 천관(天官)의 수장이며, 경(卿) 1명이 담당했다. '대재'가 담당했던 일은 여러 가지이며, 국정(國政)의 전반적인 것들을 관리하였다. 또한 『주례』「천관(天官)・대재(大宰)」편에는 "祀五帝, 則掌百官之誓戒與其具脩."라고 하여, 오제(五帝)에게 제사를 지내게 되면, 뭇 관리들에게 근신하라고 권고하는 일 및 제물이 갖추어진 것을 확인하고, 그 청결상태 등을 감독했다고 기록하고 있다.

◎ **두예(杜預, A.D.222~A.D.284)** : =두원개(杜元凱). 서진(西晉) 때의 유학자이다. 경조(京兆) 두릉(杜陵) 출신이다. 자(字)는 원개(元凱)이다. 『춘추경전집해(春秋經典集解)』를 저술하였는데, 이 책은 현존하는 『춘추(春秋)』의 주석서 중 가장 오래된 것이며, 『십삼경주소(十三經注疏)』의 『춘추좌씨전정의(春秋左氏傳正義)』에도 채택되어 수록되었다.

◎ **두원개(杜元凱)** : =두예(杜預)

◎ 맥두(貊頭) : '맥두'는 고대에 남자들이 머리를 묶을 때 사용하던 두건이다.

◎ 면(免) : '면'은 면포(免布)나 면복(免服)과 같은 뜻이다.

◎ 면복(免服) : '면복'은 상복(喪服)의 한 종류이다. 면(免)과 최질(衰絰)을 하는 것이며, 친상(親喪)을 처음 당했을 때 착용하는 복장이다.

◎ 면복(冕服) : '면복'은 대부(大夫) 이상의 계층이 착용하는 예관(禮冠)과 복식을 뜻한다. 무릇 길례(吉禮)를 시행할 때에는 모두 면류관[冕]을 착용하는데, 복장의 경우에는 시행하는 사안에 따라서 달라진다.

◎ 면포(免布) : '면포'는 상(喪)을 당한 사람이 관(冠)을 벗고 흰 천 등으로 '머리를 묶는 것[括髮]'을 뜻한다.

◎ 명당(明堂) : '명당'은 일반적으로 고대 제왕이 정교(政教)를 베풀던 장소를 지칭하는 용어로 사용되었다. 이곳에서는 조회(朝會), 제사(祭祀), 경상(慶賞), 선사(選士), 양로(養老), 교학(教學) 등의 국가 주요 업무가 시행되었다. 『맹자』「양혜왕하(梁惠王下)」편에는 "夫明堂者, 王者之堂也."라는 용례가 있고, 『옥태신영(玉台新詠)』「목난사(木蘭辭)」편에도 "歸來見天子, 天子坐明堂."이라는 용례가 있다. '명당'의 규모나 제도는 시대마다 다르다. 또한 '명당'이라는 건물군 중에서 남쪽의 실(室)을 가리키는 용어로도 사용되었다.

◎ 명의(明衣) : '명의'는 가장 안쪽에 입는 내의를 뜻한다. 재계를 할 때 목욕을 한 이후에 명의를 착용하며, 시신에 대한 염습(殮襲)을 할 때에도 시신을 닦은 이후 명의를 입혔다.

◎ 모본(毛本) : 『모본(毛本)』은 명(明)나라 말기 급고각(汲古閣)에서 간행된 『십삼경주소(十三經注疏)』의 판본이다. 급고각은 모진(毛晋)이 지은 장서각이었으므로, 이러한 명칭이 생겼다.

◎ 목록(目錄) : 『목록(目錄)』은 정현이 찬술했다고 전해지는 『삼례목록(三禮目錄)』을 가리킨다. 『십삼경주소(十三經注疏)』에서 인용되고 있지만, 이 책은 『수서(隋書)』가 편찬될 당시에 이미 일실되어 존재하지 않았다. 『수서』「경적지(經籍志)」편에는 "三禮目錄一卷, 鄭玄撰, 梁有陶弘景注一卷, 亡."이라는 기록이 있다.

◎ 민본(閩本) : 『민본(閩本)』은 명(明)나라 가정(嘉靖) 연간 때 이원양(李元陽)이 간행한 『십삼경주소(十三經注疏)』 판본이다. 한편 『칠경맹자

고문보유(七經孟子考文補遺)』에서는 이 판본을 『가정본(嘉靖本)』으로 지칭하고 있다.

ㅂ

◎ **반(飯)** : '반'은 반함(飯含)이라고도 부른다. 상례를 치를 때 시신의 입에 옥·구슬·쌀·화폐 등을 넣는 것이다.

◎ **반곡(反哭)** : '반곡'은 장례(葬禮) 절차 중 하나이다. 장지(葬地)에 시신을 안치한 이후, 상주(喪主)는 신주(神主)를 받들고 되돌아와서 곡(哭)을 하는데, 이것을 '반곡'이라고 부른다.

◎ **방각(方慤)** : =엄릉방씨(嚴陵方氏)

◎ **방성부(方性夫)** : =엄릉방씨(嚴陵方氏)

◎ **방씨(方氏)** : =엄릉방씨(嚴陵方氏)

◎ **변질(弁絰)** : '변질'은 흰 색으로 된 작변(爵弁)에 환질(環絰)을 두른 것이다.

◎ **별록(別錄)** : 『별록(別錄)』은 후한(後漢) 때 유향(劉向)이 찬(撰)했다고 전해지는 책이다. 현재는 일실되어 존재하지 않으며, 『한서(漢書)』「예문지(藝文志)」편을 통해서 대략적인 내용만을 추측해볼 수 있다.

◎ **부제(祔祭)** : '부제'는 '부(祔)'라고도 한다. 새로이 죽은 자가 있으면, 선조(先祖)에게 '부제'를 올리면서, 신주(神主)를 합사(合祀)하는 것을 말한다. 『주례』「춘관(春官)·대축(大祝)」편에는 "付練祥, 掌國事."라는 기록이 있고, 이에 대한 정현의 주에서는 "付當爲祔. 祭於先王以祔後死者."라고 풀이하였다.

◎ **빙문(聘問)** : '빙문'은 국가 간이나 개인 간에 사람을 보내서 상대방을 찾아가 안부를 묻는 의식 절차를 통칭하는 말이다. 또한 제후가 신하를 시켜서 천자에게 보내, 안부를 묻는 예법을 뜻하기도 한다.

ㅅ

◎ **사건(邪巾)** : '사건'은 부모가 이제 막 돌아가셨을 때 자식이 머리에 쓰게 되는 천을 뜻한다.

◎ **산음육씨(山陰陸氏, A.D.1042~A.D.1102)** : =육농사(陸農師)·육전(陸佃).

북송(北宋) 때의 유학자이다. 자(字)는 농사(農師)이며, 호(號)는 도산(陶山)이다. 어려서 집안이 매우 가난했다고 전해지며, 왕안석(王安石)에게 수학하였으나 왕안석의 신법에 대해서는 반대하였다. 저서로는 『비아(埤雅)』, 『춘추후전(春秋後傳)』, 『도산집(陶山集)』 등이 있다.

◎ 산의(散衣) : '산의'는 평상시 착용하는 의복이다.

◎ 상개(上介) : '상개'는 개(介) 중에서도 가장 직위가 높았던 자를 뜻한다. 빈객(賓客)이 방문했을 때, 빈객의 부관이 되어, 주인(主人)과의 사이에서 시행해야 할 일들을 도왔던 부관들을 '개'이라고 부른다.

◎ 상제(喪祭) : '상제'는 장례(葬禮)를 치른 이후에 지내는 제사들을 지칭하는 말이다.

◎ 상축(商祝) : '상축'은 상(商)나라 즉 은(殷)나라 때의 예법을 익혀서, 제사를 돕는 자를 뜻한다. 『예기』「악기(樂記)」편에는 "商祝辨乎喪禮, 故後主人."이라는 기록이 있는데, 이에 대한 공영달(孔穎達)의 소(疏)에서는 "商祝, 謂習商禮而爲祝者."라고 풀이했다.

◎ 석(裼) : '석'은 고대에 의례를 시행할 때 하는 복장 방식 중 하나이다. 좌측 소매를 걷어 올려서, 안에 입고 있는 석의(裼衣)를 드러내는 것이다. 한편 '석'은 비교적 성대하지 않은 의식 때 시행하는 복장 방식으로도 사용되어, 좌측 소매를 걷어 올려서 공경의 뜻을 표하기도 했다.

◎ 석경(石經) : 『석경(石經)』은 당(唐)나라 개성(開成) 2년(A.D.714)에 돌에 새긴 『십삼경주소(十三經注疏)』의 판본이다. 당나라 국자학(國子學)의 비석에 새겨졌다는 판본이 바로 이것을 가리킨다.

◎ 석의(裼衣) : '석의'는 고대에 의례를 시행할 때 입는 옷이다. 가죽옷이나 갈옷 위에 걸쳤던 외투 중 하나이다. '석의' 위에는 습의(襲衣)를 걸쳤기 때문에, 중간에 입는 옷이라는 뜻에서 '중의(中衣)'라고도 부른다.

◎ 석최(錫衰) : '석최'는 가는 베로 만든 옷으로, 일종의 상복(喪服)에 해당한다. 천자의 경우, 삼공(三公)이나 육경(六卿)의 상(喪)에 착용했던 복장이다.

◎ 성복(成服) : '성복'은 상례(喪禮)에서 대렴(大斂) 이후, 죽은 자와의 관계에 따라, 각각 규정에 맞는 상복(喪服)을 갖춰 입는다는 뜻이다.

◎ 소공복(小功服) : '소공복'은 상복(喪服) 중 하나로, 오복(五服)에 속한다.

조밀한 삼베를 사용해서 만들며, 대공복(大功服)에 비해서 삼베의 재질이 조밀하기 때문에, '소공복'이라고 부른다. 이 복장을 입게 되는 기간은 상황에 따라 차이가 생기지만, 일반적으로 5개월이 된다. 백숙(伯叔)의 조부모나 당백숙(堂伯叔)의 조부모, 혼인하지 않은 당(堂)의 자매(姊妹), 형제(兄弟)의 처 등을 위해서 입는다.

◎ **소관(素冠)** : '소관'은 상사(喪事)나 흉사(凶事)의 일을 접했을 때 쓰게 되는 흰색 관(冠)이다.

◎ **소렴(小斂)** : '소렴'은 상례(喪禮) 절차 중 하나이다. 죽은 자의 시신을 목욕시키고, 의복을 착용시키며, 그 위에 이불 등으로 감싸는 절차를 뜻한다.

◎ **소최(疏衰)** : '소최'는 자최복(齊衰服)이다.

◎ **습(襲)** : '습'은 시신에 옷을 입히는 의식 절차이다. 한편 시신에 입히는 옷 자체도 '습'이라고 불렀다.

◎ **습(襲)** : '습'은 고대에 의례를 시행할 때 하는 복장 방식 중 하나이다. 겉옷으로 안에 입고 있던 옷들을 완전히 가리는 방식이다. 한편 '습'은 비교적 성대한 의식 때 시행하는 복장 방식으로도 사용되어, 안에 입고 있는 옷을 드러내지 않음으로써, 공경의 뜻을 표하기도 했다.

◎ **습(褶)** : '습'은 안감과 겉감이 있지만 솜 등을 덧대는 것이 없는 옷을 뜻한다.

◎ **시마복(緦麻服)** : '시마복'은 상복(喪服) 중 하나로, 오복(五服)에 속한다. 가장 조밀한 삼베를 사용해서 만든다. 이 복장을 입게 되는 기간은 상황에 따라서 차이가 있지만, 일반적으로 3개월이 된다. 친족의 백숙부모(伯叔父母)나 친족의 형제(兄弟)들 및 혼인하지 않은 친족의 자매(姊妹) 등을 위해서 입는다.

◎ **실로(室老)** : '실로'는 가신(家臣) 중의 우두머리를 뜻한다.

◎ **심의(深衣)** : '심의'는 일반적으로 상의와 하의가 서로 연결된 옷을 뜻한다. 제후, 대부(大夫), 사(士)들이 평상시 집안에 거처할 때 착용하던 복장이기도 하며, 서인(庶人)에게는 길복(吉服)에 해당하기도 한다. 순색에 채색을 가미하기도 했다.

ㅇ

◎ **악본(岳本)** : 『악본(岳本)』은 송(頌)나라 악가(岳珂)가 간행한 『십삼경주소(十三經注疏)』의 판본이다.

◎ **양시(楊時, A.D.1053~A.D.1135)** : =구산양씨(龜山楊氏)·양씨(楊氏)·양중립(楊中立). 북송(北宋) 때의 학자이다. 자(字)는 중립(中立)이고, 호(號)는 구산(龜山)이다. 저서로는 『구산집(龜山集)』·『구산어록(龜山語錄)』·『이정수언(二程粹言)』 등이 있다.

◎ **양씨(楊氏)** : =양시(楊時)

◎ **양중립(楊中立)** : =양시(楊時)

◎ **양헌풍씨(亮軒馮氏, ?~?)** : =풍씨(馮氏). 자세한 행적이 남아 있지 않다.

◎ **엄릉방씨(嚴陵方氏, ?~?)** : =방각(方慤)·방씨(方氏)·방성부(方性夫). 송대(宋代)의 유학자이다. 이름은 각(慤)이다. 자(字)는 성부(性夫)이다. 『예기집해(禮記集解)』를 지었고, 『예기집설대전(禮記集說大全)』에는 그의 주장이 많이 인용되고 있다.

◎ **여대림(呂大臨)** : =남전여씨(藍田呂氏)

◎ **여씨(呂氏)** : =남전여씨(藍田呂氏)

◎ **여여숙(呂與叔)** : =남전여씨(藍田呂氏)

◎ **연관(練冠)** : '연관'은 상(喪) 중에 착용하는 관(冠)이다. 부모의 상 중에서 1주기에 지내는 제사 때 착용을 하였다.

◎ **연의(練衣)** : '연의'는 누이는 공정을 기마한 포(布)로 제작한 옷을 뜻한다. 고대에는 부모의 상을 치를 때 소상(小祥)을 치른 뒤에 착용했다.

◎ **연평주씨(延平周氏, ?~?)** : =주서(周諝)·주희성(周希聖). 송(宋)나라 때의 유학자이다. 이름은 서(諝)이다. 자(字)는 희성(希聖)이다. 『예기설(禮記說)』 등의 저서가 있다.

◎ **염(斂)** : '염'은 시신에 옷을 입혀서 관에 안치하는 것을 뜻한다.

◎ **오경이의(五經異義)** : 『오경이의(五經異義)』는 후한(後漢) 때의 학자인 허신(許愼)이 지은 책이다. 유실되었는데, 송대(宋代) 때 학자들이 다시 모아서 엮었다. 오경(五經)에 관한 고금(古今)의 유설(遺說)과 이의(異義)를 싣고, 그에 대한 시비(是非)를 판별한 내용들이다.

◎ **오복(五服)** : '오복'은 죽은 자와 친하고 소원한 관계에 따라 입게 되는 다섯 가지 상복(喪服)을 뜻한다. 참최복(斬衰服), 자최복(齊衰服), 대공

복(大功服), 소공복(小功服), 시마복(緦麻服)을 가리킨다. 『예기』「학기(學記)」편에는 "師無當於五服, 五服弗得不親."이라는 기록이 있는데, 이에 대한 공영달(孔穎達)의 소(疏)에서는 "五服, 斬衰也, 齊衰也, 大功也, 小功也, 緦麻也."라고 풀이했다. 또한 '오복'에 있어서는 죽은 자와 가까운 관계일수록 중대한 상복을 입고, 복상(服喪) 기간도 늘어난다. 위의 '오복' 중 참최복이 가장 중대한 상복에 속하며, 그 다음은 자최복이고, 대공복, 소공복, 시마복 순으로 내려간다.

◎ 오유청(吳幼淸) : =오징(吳澄)

◎ 오징(吳澄, A.D.1249~A.D.1333) : =임천오씨(臨川吳氏)·오유청(吳幼淸)·초려오씨(草廬吳氏). 송원대(宋元代)의 유학자이다. 이름은 징(澄)이다. 자(字)는 유청(幼淸)이다. 저서로 『예기해(禮記解)』가 있다.

◎ 왕숙(王肅, A.D.195~A.D.256) : =왕자옹(王子雍). 위진남북조(魏晉南北朝) 때의 위(魏)나라 경학자이다. 자(字)는 자옹(子雍)이다. 출신지는 동해(東海)이다. 부친 왕랑(王朗)으로부터 금문학(今文學)을 공부했으나, 고문학(古文學)의 고증적인 해석을 따랐다. 『상서(尙書)』, 『시경(詩經)』, 『좌전(左傳)』, 『논어(論語)』 및 삼례(三禮)에 대한 주석을 남겼다.

◎ 왕자옹(王子雍) : =왕숙(王肅)

◎ 용(踊) : '용'은 상중(喪中)에 취하는 행동으로, 곡(哭)에 맞춰서 발을 구르는 행위이다.

◎ 우제(虞祭) : '우제'는 장례(葬禮)를 치르고 난 뒤에 지내는 제사를 뜻한다.

◎ 웅씨(熊氏) : =웅안생(熊安生)

◎ 웅안생(熊安生, ?~A.D.578) : =웅씨(熊氏). 북조(北朝) 때의 경학자이다. 자(字)는 식지(植之)이다. 『주례(周禮)』, 『예기(禮記)』, 『효경(孝經)』 등 많은 전적에 의소(義疏)를 남겼지만, 모두 산일되어 남아 있지 않다. 현재 마국한(馬國翰)의 『옥함산방집일서(玉函山房輯佚書)』에 『예기웅씨의소(禮記熊氏義疏)』 4권이 남아 있다.

◎ 위모(委貌) : '위모'는 검은색의 명주로 짠 관(冠)이다. '위(委)'자는 안정시킨다는 뜻으로, 이 관을 착용하여 용모를 안정시키기 때문에 '위모'라고 부른다.

◎ 유사(有司) : '유사'는 관리를 뜻하는 용어이다. '사(司)'자는 담당한다는

뜻이다. 관리들은 각자 담당하고 있는 업무가 있었으므로, 관리를 '유사'라고 불렀던 것이다. 일반적으로 하위관료들을 지칭하여, 실무자를 뜻하는 용어로 많이 사용된다. 그러나 때로는 고위관료까지도 지칭하는 용어로 사용되기도 한다.

◎ 유씨(劉氏) : =장락유씨(長樂劉氏)

◎ 유씨(庾氏) : =유울지(庾蔚之)

◎ 유울지(庾蔚之, ?~?) : =유씨(庾氏). 남조(南朝) 때 송(宋)나라 학자이다. 저서로는 『예기약해(禮記略解)』, 『예론초(禮論鈔)』, 『상복(喪服)』, 『상복세요(喪服世要)』, 『상복요기주(喪服要記注)』 등을 남겼다.

◎ 유이(劉彝) : =장락유씨(長樂劉氏)

◎ 유집중(劉執中) : =장락유씨(長樂劉氏)

◎ 유태공(劉台拱, A.D.1751~A.D.1805) : 청(淸)나라 때의 경학자이다. 천문학(天文學), 율려학(律呂學), 문자학(文字學) 등에 조예가 깊었다.

◎ 육농사(陸農師) : =산음육씨(山陰陸氏)

◎ 육덕명(陸德明, A.D.550~A.D.630) : =육원랑(陸元朗). 당대(唐代)의 경학자이다. 이름은 원랑(元朗)이고, 자(字)는 덕명(德明)이다. 훈고학에 뛰어났으며, 『경전석문(經典釋文)』 등을 남겼다.

◎ 육원랑(陸元朗) : =육덕명(陸德明)

◎ 육전(陸佃) : =산음육씨(山陰陸氏)

◎ 의려(倚廬) : '의려'는 상중(喪中)에 머물게 되는 임시 거처지이다. '의려'는 또한 '의(倚)', '여(廬)', '堊室(악실)', '사려(舍廬)' 등으로 부르기도 하지만, '악실'과 대비해서 보다 수위가 높은 임시숙소를 뜻하기도 한다. 중문(中門) 밖 동쪽 담장 아래에 나무를 기대어 만든다.

◎ 의최(疑衰) : '의최'는 길복(吉服)에 가까운 복장으로, 일종의 상복(喪服)에 해당한다. 천자의 경우, 대부(大夫)나 사(士)의 상(喪)에 착용했던 복장이다.

◎ 임천오씨(臨川吳氏) : =오징(吳澄)

◎ 자림(字林) : 『자림(字林)』은 고대의 자서(字書)이다. 진(晉)나라 때 학자인 여침(呂忱)이 지었다. 원본은 일실되어 전해지지 않고, 다른 문헌

들 속에 일부 기록들만 남아 있다.

◎ **자최복(齊衰服)** : '자최복'은 상복(喪服) 중 하나로, 오복(五服)에 속한다. 거친 삼베를 사용해서 만들며, 자른 부위를 꿰매어 가지런하게 정리하기 때문에, '자최복'이라고 부른다. 이 복장을 입게 되는 기간에도 여러 종류가 있는데, 3년 동안 입는 경우는 죽은 계모(繼母)나 자모(慈母)를 위한 경우이고, 1년 동안 입는 경우는 손자가 죽은 조부모를 위해 입는 경우와 남편이 죽은 아내를 입는 경우 등이다. 그리고 1년 동안 '자최복'을 입는 경우, 그 기간을 자최기(齊衰期)라고도 부른다. 또 5개월 동안 입는 경우는 죽은 증조부나 증조모를 위한 경우이며, 3개월 동안 입는 경우는 죽은 고조부나 고조모를 위한 경우 등이다.

◎ **작변(爵弁)** : '작변'은 고대의 예관(禮冠) 중 하나로, 면류관[冕] 다음 등급에 해당한다. '작(爵)'자는 관의 모습이 참새의 머리처럼 생겼기 때문에 붙여진 명칭이다. 적색과 은미한 흑색이 나는 30승(升)의 포(布)로 만든다. 또한 '작변'은 작변복(爵弁服)을 지칭하기도 한다. 예복(禮服)의 경우 착용하는 관(冠)에 따라서 그 복장의 명칭을 붙이기도 하기 때문이다. '작변복'은 작변의 관, 분홍색의 하의, 명주로 만든 상의, 검은색의 대(帶), 매겹(韎韐)이라는 슬갑을 착용한다.

◎ **장락유씨(長樂劉氏, A.D.1017~A.D.1086)** : =유씨(劉氏)・유이(劉彝)・유집중(劉執中). 북송(北宋) 때의 성리학자이다. 자(字)는 집중(執中)이다. 복주(福州) 출신이며, 어려서 호원(胡瑗)에게서 학문을 배웠다. 『정속방(正俗方)』, 『주역주(周易注)』를 지었으나 현존하지 않는다. 『칠경중의(七經中議)』, 『명선집(明善集)』, 『거이집(居易集)』 등이 남아 있다.

◎ **장락진씨(長樂陳氏)** : =진상도(陳祥道)

◎ **적사(適士)** : '적사'는 상사(上士)를 가리킨다. 사(士)라는 계급은 3단계로 세분되는데, 상사, 중사(中士), 하사(下士)가 그것이다. 『예기』「제법(祭法)」편의 경문에는 "適士二廟, 一壇, 曰考廟, 曰王考廟, 享嘗乃止."라는 기록이 있다. 이에 대한 정현의 주에서는 "適士, 上士也."라고 풀이했다.

◎ **전관(縓冠)** : '전관'은 옅은 홍색으로 된 관(冠)을 뜻한다.

◎ **정강성(鄭康成)** : =정현(鄭玄)

◎ **정색(正色)** : '정색'은 간색(間色)과 대비되는 말로, 청색(靑色)・적색(赤

色)·황색(黃色)·백색(白色)·흑색(黑色) 등 순일한 다섯 종류의 색깔을 뜻한다.

◎ **정씨(鄭氏)** : =정현(鄭玄)

◎ **정의(正義)** : 『정의(正義)』는 『예기정의(禮記正義)』 또는 『예기주소(禮記注疏)』를 뜻한다. 당(唐)나라 때에는 태종(太宗)이 공영달(孔穎達) 등을 시켜서 『오경정의(五經正義)』를 편찬하였는데, 이때 『예기정의』에는 정현(鄭玄)의 주(注)와 공영달의 소(疏)가 수록되었다. 송대(宋代)에는 『오경정의』와 다른 경전(經典)에 대한 주석서를 포함한 『십삼경주소(十三經注疏)』가 편찬되어, 『예기주소』라는 명칭이 되었다.

◎ **정현(鄭玄, A.D.127~A.D.200)** : =정강성(鄭康成)·정씨(鄭氏). 한대(漢代)의 유학자이다. 자(字)는 강성(康成)이다. 『주역(周易)』, 『상서(尙書)』, 『모시(毛詩)』, 『주례(周禮)』, 『의례(儀禮)』, 『예기(禮記)』, 『논어(論語)』, 『효경(孝經)』 등에 주석을 하였다.

◎ **조묘(朝廟)** : '조묘'는 종묘(宗廟)에 전제(奠祭)를 지낸다는 뜻이다. 또 『춘추』「문공(文公) 6년」 경문(經文)에는 "閏月不告月, 猶朝于廟."라는 기록이 있고, 이에 대한 두예(杜預)의 주에서는 "諸侯每月必告朔聽政, 因朝宗廟."라고 풀이했다. 즉 제후들은 매월 반드시 고삭(告朔)을 하며 정사(政事)를 돌보게 되는데, 이것에 연유하여 종묘에서 전제사를 지낸다. 또한 '조묘'는 상례(喪禮)를 치르며 영구를 조묘로 이동시켜서, 장차 장지로 떠나게 됨을 아뢰는 의식이기도 하다.

◎ **조복(朝服)** : '조복'은 군주와 신하가 조회를 열 때 착용하는 복장을 뜻한다. 중요한 의식을 치를 때 착용하는 예복(禮服)을 가리키기도 한다.

◎ **조제(祖祭)** : '조제'는 도로의 신(神)에게 지내는 제사의 명칭이자, 그 제사를 지낸다는 뜻이기도 하다.

◎ **조천(朝踐)** : '조천'은 제례(祭禮) 의식 중 하나이다. 희생물의 피와 기름 등을 바치고, 단술을 따르게 되면, 비로소 제사를 본격적으로 시행하게 된다. 제주(祭主)의 부인이 되는 주부(主婦)는 이때 제사 때 진설해 두는 제기(祭器)인 두변(豆籩) 등을 바치게 된다. '조천'은 바로 이러한 의식 절차를 가리킨다. 『주례』「춘관(春官)·사존이(司尊彝)」에는 "其朝踐用兩獻尊."이라는 기록이 있고, 이 기록에 대한 정현의 주에서는 "朝踐, 謂薦血腥, 酌醴, 始行祭事, 后於是薦朝事之豆籩."이라고 풀이하

였다.

◎ 졸곡(卒哭) : '졸곡'은 우제(虞祭)를 지낸 뒤에 지내는 제사이다. 이 제사를 지내게 되면, 수시로 곡(哭)하던 것을 멈추고, 아침과 저녁때에만 한 번씩 곡을 하게 된다. 그렇기 때문에 '졸곡'이라고 부르게 된 것이다.

◎ 주서(周諝) : =연평주씨(延平周氏)

◎ 주식(朱軾, A.D.1665~A.D.1735) : 청(淸)나라 때의 명신(名臣)이다. 자(字)는 약섬(若瞻)·백소(伯蘇)이고, 호(號)는 가정(可亭)이다.

◎ 주희성(周希聖) : =연평주씨(延平周氏)

◎ 중문(中門) : '중문'은 내(內)와 외(外) 사이에 있는 문을 뜻한다. 궁(宮)에 있어서는 혼문(閽門)을 뜻하기도 한다. 또 천자(天子)의 궁성(宮城)에는 다섯 개의 문이 있었다고 전해지는데, 가장 밖에 있는 문부터 순차적으로 나열해보면, 고문(皐門), 치문(雉門), 고문(庫門), 응문(應門), 노문(路門)이다. 이러한 다섯 개의 문들 중 노문(路門)은 가장 안쪽에 있으므로, 내문(內門)로 여기고, 고문(皐門)은 가장 밖에 있으므로, 외문(外門)으로 여긴다. 따라서 나머지 치문(雉門), 고문(庫門), 응문(應門)은 내외(內外)의 사이에 있으므로, 이 세 개의 문을 '중문'으로 여기기도 한다. 『주례』「천관(天官)·혼인(閽人)」편에는 "掌守王宮之中門之禁."이라는 기록이 있는데, 이에 대한 손이양(孫詒讓)의 『정의(正義)』에서는 "此中門實不專屬雉門. 當兼庫·雉·應三門言之. 蓋五門以路門爲內門, 皐門爲外門, 餘三門處內外之間, 故通謂之中門."이라고 풀이했다. 한편 정중앙에 있는 문을 '중문'이라고도 부른다.

◎ 증상(烝嘗) : '증상'은 종묘(宗廟)에서 지내는 가을 제사와 겨울 제사를 가리킨다. 또한 '증상'은 종묘에 대한 제사를 총칭하는 용어로도 사용된다. 사계절마다 큰 제사를 지내게 되는데, 계절별 제사 명칭이 다르며, 문헌마다 조금씩 차이를 보인다. 예를 들어 『춘추번로(春秋繁露)』「사제(四祭)」편에는 "四祭者, 因四時之所生孰而祭其先祖父母也. 故春曰祠, 夏曰礿, 秋曰嘗, 冬曰蒸."이라고 하여, 봄 제사를 사(祠), 여름 제사를 약(礿), 가을 제사를 상(嘗), 겨울 제사를 증(蒸)이라고 설명했다. 한편 『예기』「왕제(王制)」편에는 "天子諸侯宗廟之祭, 春曰礿, 夏曰禘, 秋曰嘗, 冬曰烝."이라고 하여, 봄 제사를 약(礿), 여름 제사를 체(禘), 가을 제사를 상(嘗), 겨울 제사를 증(烝)이라고 설명했다.

◎ 진상도(陳祥道, A.D.1159~A.D.1223) : =장락진씨(長樂陳氏)·진씨(陳氏)·진용지(陳用之). 북송대(北宋代)의 유학자이다. 자(字)는 용지(用之)이다. 장락(長樂) 지역 출신으로, 1067년에 과거에 급제하여 태상박사(太常博士) 등을 지냈다. 왕안석(王安石)의 제자로, 그의 학문을 전파하는데 공헌하였다. 저서에는 『예서(禮書)』, 『논어전해(論語全解)』 등이 있다.

◎ 진씨(陳氏) : =진상도(陳祥道)

◎ 진용지(陳用之) : =진상도(陳祥道)

◎ 참최복(斬衰服) : '참최복'은 상복(喪服) 중 하나로, 오복(五服)에 속한다. 상복 중에서도 가장 수위가 높은 상복이다. 거친 삼베를 사용해서 만들며, 자른 부위를 꿰매지 않기 때문에 참최(斬衰)라고 부른다. 이 복장을 입게 되는 기간은 일반적으로 3년에 해당하며, 죽은 부모를 위해 입거나, 처 또는 첩이 죽은 남편을 위해 입는다.

◎ 초려오씨(草廬吳氏) : =오징(吳澄)

◎ 최씨(崔氏) : =최영은(崔靈恩)

◎ 최영은(崔靈恩, ?~?) : =최씨(崔氏). 남북조(南北朝) 때의 학자이다. 오경(五經)에 능통하였고, 다른 경전에도 두루 해박하였다고 전해진다. 『모시(毛詩)』, 『주례(周禮)』 등에 주석을 달았고, 『삼례의종(三禮義宗)』, 『좌씨경전의(左氏經傳義)』 등을 지었다.

◎ 치격(絺綌) : '치격'은 갈포(葛布)로 만든 옷을 총칭하는 말이다. 갈(葛) 중에서도 가는 것을 '치(絺)'라고 바르며, 성근 것을 '격(綌)'이라고 부른다. 따라서 이러한 뜻에서 '치격'을 갈포로 만든 옷을 가리키는 용어로 사용하는 것이다.

◎ 침문(寢門) : '침문'은 침문(寑門)이라고도 부른다. 노문(路門)을 가리킨다. '노문'은 궁실(宮室)의 건축물 중에서도 가장 안쪽에 있었던 정문을 뜻하는데, 여러 문들 중에서도 노침(路寢)과 가장 가까운 위치에 있었기 때문에, '노문'이라는 명칭이 생겼다. '침문'이라는 용어 또한 '노침'에 가까이 있었기 때문에 붙여진 명칭이다. 한편 가장 안쪽에 있었던 정문이었으므로, '침문'을 내문(內門)이라고도 부른다.

◎ 칭(稱) : '칭'은 수량을 나타내는 양사(量詞)이다. 즉 짝을 지어 갖추는

일련의 의복 등을 헤아리는 단위이다. 예를 들어 포(袍)라는 옷에는 반드시 겉에 걸치는 옷이 있어야 하며, 홑옷으로 입어서는 안 되고, 상의에는 반드시 그에 맞는 하의가 있어야 하는데, 이처럼 포(袍)에 겉옷을 갖추고, 상의에 맞게 하의까지 갖추는 것을 1칭(稱)이라고 부른다. 『예기』「상대기(喪大記)」편에는 "袍必有表不禪, 衣必有裳, 謂之一稱."이라는 기록이 있다.

ㅍ

◎ **포(袍)** : '포'는 오래된 솜을 넣어서 만든 옷을 뜻한다.

◎ **풍씨(馮氏)** : =양헌풍씨(亮軒馮氏)

◎ **피변(皮弁)** : '피변'은 고대에 사용되었던 관(冠)의 한 종류이다. 백색 사슴의 가죽으로 만든 모자이다. 한편 관(冠)에 따른 의복까지 포함한 의미로 사용되기도 한다. 『주례』「하관(夏官)·변사(弁師)」편에는 "王之皮弁, 會五采玉璂, 象邸, 玉笄."라는 기록이 있다.

ㅎ

◎ **현관(玄冠)** : '현관'은 흑색으로 된 관(冠)이다. 고대에는 조복(朝服)을 입을 때 착용을 하였다. 『의례』「사관례(士冠禮)」편에는 "主人玄冠朝服, 緇帶素韠."이라는 기록이 있다.

◎ **황간(皇侃, A.D.488~A.D.545)** : =황씨(皇氏). 남조(南朝) 때 양(梁)나라의 경학자이다. 『주례(周禮)』, 『의례(儀禮)』, 『예기(禮記)』 등에 해박하여, 『상복문구의소(喪服文句義疏)』, 『예기의소(禮記義疏)』, 『예기강소(禮記講疏)』 등을 지었지만, 현재는 전해지지 않는다. 그 일부가 마국한(馬國翰)의 『옥함산방집일서(玉函山房輯佚書)』에 수록되어 있다.

◎ **황씨(皇氏)** : =황간(皇侃)

번역 참고문헌

- 『禮記』, 서울 : 保景文化社, 초판 1984 (5판 1995) / 저본으로 삼은 책이다.
- 『禮記正義』 1~4(전4권, 『十三經注疏 整理本』 12~15), 北京 : 北京大學出版社, 초판 2000 / 저본으로 삼은 책이다.
- 朱彬 撰, 『禮記訓纂』 上·下(전2권), 北京 : 中華書局, 초판 1996 (2쇄 1998) / 저본으로 삼은 책이다.
- 孫希旦 撰, 『禮記集解』 上·中·下(전3권), 北京 : 中華書局, 초판 1989 (4쇄 2007) / 저본으로 삼은 책이다.
- 服部宇之吉 評點, 『禮記』, 東京 : 富山房, 초판 1913 (증보판 1984) / 鄭玄 注 번역에 대해 참고했던 서적이다.
- 竹內照夫 著, 『禮記』 上·中·下(전3권), 東京 : 明治書院, 초판 1975 (3판 1979) / 經文에 대한 이해에 참고했던 서적이다.
- 市原亨吉 외 2명 著, 『禮記』 上·中·下(전3권), 東京 : 集英社, 초판 1976 (3쇄 1982) / 經文에 대한 이해에 참고했던 서적이다.
- 陳澔 注, 『禮記集說』, 北京 : 中國書店, 초판 1994 / 『集說』에 대한 번역에 참고했던 서적이다.
- 王文錦 譯解, 『禮記譯解』 上·下(전2권), 北京 : 中華書局, 초판 2001 (4쇄 2007) / 經文 및 주석 번역에 참고했던 서적이다.
- 錢玄·錢興奇 編著, 『三禮辭典』, 南京 : 江蘇古籍出版社, 초판 1998 / 용어 및 器物 등에 대해 참고했던 서적이다.
- 張撝之 外 主編, 『中國歷代人名大辭典』 上·下권(전2권), 上海 : 上海古籍出版社, 초판 1999 / 인명에 대해 참고했던 서적이다.
- 呂宗力 主編, 『中國歷代官制大辭典』, 北京 : 北京出版社, 초판 1994 (2쇄 1995) / 관직명에 대해 참고했던 서적이다.
- 中國歷史大辭典編纂委員會 編纂, 『中國歷史大辭典』 上·下(전2권), 上海 : 上海辭書出版社, 초판 2000 / 용어 및 인명에 대해 참고했던 서적이다.
- 羅竹風 主編, 『漢語大詞典』 1~12(전12권), 上海 : 漢語大詞典出版社, 초판 1988 (4쇄 1995) / 용어에 대해 참고했던 서적이다.

- 王思義 編集, 『三才圖會』 上·中·下(전3권), 上海 : 上海古籍出版社, 초판 1988 (4쇄 2005) / 器物 등에 대해 참고했던 서적이다.
- 聶崇義 撰, 『三禮圖集注』 (四庫全書 129책) / 器物 등에 대해 참고했던 서적이다.
- 劉績 撰, 『三禮圖』 (四庫全書 129책) / 器物 등에 대해 참고했던 서적이다.

역자 **정병섭(鄭秉燮)**

- 1979년 출생
- 2002년 성균관대학교 유교철학과 졸업
- 2004년 성균관대학교 대학원 유학과 석사
- 2013년 성균관대학교 대학원 유학과 철학박사
- 현재 『역주 예기집설대전』 완역을 위해 번역중이며,
  이후 『의례』, 『주례』, 『대대례기』 시리즈 번역과
  한국유학자들의 예학 관련 저작들의 번역을 계획 중이다.

예기집설대전 목록

譯註
禮記集說大全 問喪

編　陳澔(元)
附　正義 · 訓纂 · 集解

초판 인쇄　2016년　7월　15일
초판 발행　2016년　7월　22일

역　　자 | 정 병 섭
펴 낸 이 | 하 운 근
펴 낸 곳 | 學古房

주　　소 | 경기도 고양시 덕양구 통일로 140 삼송테크노밸리 A동 B224
전　　화 | (02)353-9908　편집부(02)356-9903
팩　　스 | (02)6959-8234
홈페이지 | http://hakgobang.co.kr/
전자우편 | hakgobang@naver.com, hakgobang@chol.com
등록번호 | 제311-1994-000001호

ISBN　978-89-6071-605-6　94150
　　　978-89-6071-267-6　(세트)

값 : 22,000원

이 도서의 국립중앙도서관 출판예정도서목록(CIP)은 서지정보유통지원시스템 홈페이지(http://seoji.nl.go.kr)와 국가자료공동목록시스템(http://www.nl.go.kr/kolisnet)에서 이용하실 수 있습니다. (CIP제어번호 : CIP2016017376)